한눈에 보는 **회계원리**

한눈에 보는 회계원리

2015년 3월 2일 초판 인쇄
2015년 3월 6일 초판 발행

지은이 | 김원기 · 박주현 · 박경재
펴낸이 | 이찬규
펴낸곳 | 북코리아
등록번호 | 제03-01240호
주소 | 462-807 경기도 성남시 중원구 사기막골로 45번길 14
우림2차 A동 1007호
전화 | 02) 704-7840
팩스 | 02) 704-7848
이메일 | sunhaksa@korea.com
홈페이지 | www.북코리아.kr
ISBN | 978-89-6324-397-9(93320)

값 20,000원

한눈에 보는 회계원리

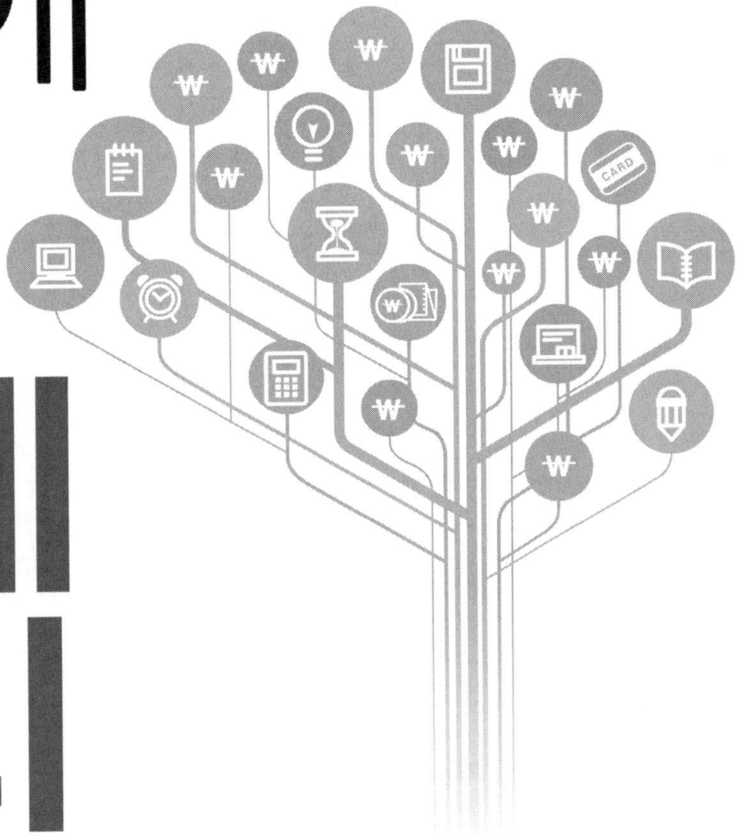

김원기 · 박주현 · 박경재 지음

북코리아

머리말

현대 사회가 복잡해지고 기업의 경영이 세계화되면서 회계정보의 국제간 비교가능성을 증진시키기 위한 노력이 계속되고 있으며, 이러한 노력의 일환으로 국제회계기준(IFRS: International Financial Reporting Standards)이 만들어졌다. 우리나라는 기업회계의 국제화와 투명성 제고를 위해 IFRS를 도입하여 한국채택국제회계기준(K-IFRS: Korean IFRS)을 제정하였다. 이로써 2011년부터 모든 상장기업은 K-IFRS를 적용하고 있다. 본서는 이러한 K-IFRS에 맞추어 회계의 개념적 기초를 설명하고 재무제표를 작성하고 활용하기 위한 회계절차와 원리를 설명하였다.

회계학은 대학에서 회계학이나 경영전공 학생들 또는 회계업무 종사자들이 공부하는 특수분야의 학문이 아닌 경제생활을 영위하는 일반 사람들이 유용하게 사용하는 실용적 학문이라고 할 수 있다. 따라서 본서는 누구나 이해할 수 있고 쉽게 배울 수 있어야 한다는 생각에 회계에 대한 주요 개념과 기본 원리에 대한 설명을 가능한 한 단순하고 쉽게 설명하고자 노력하였다.

본서는 다음과 같은 몇 가지 특징을 갖고 있다. 먼저 각 장의 주제들이 재무제표의 어디에 위치하고 또 어떠한 역할을 하는지에 대해 큰 흐름을 먼저 설명하여 이해하도록 한 후 세부내용을 기술하여 학생들이 회계 정보에 대한 큰 그림을 이해하는 데 도움이 되도록 하였다. 또한, 각 장의 주요 부분은 요점 정리 및 도시화하여 학생들의 이해도를 높이고자 하였으며, 각 장마다 예제와 연습문제를 제공하여 학습자가 이론을 구체적으로 이해하였는지를 스스로 점검하고 정리할 수 있도록 하였다.

이렇게 본서의 내용이 구성되었지만 분명 보완이 필요한 부분들이 있을 것이며, 보다 나은 책이 될 수 있도록 독자 여러분의 충고와 건설적 비판을 기대해 본다. 부디 저자의 노력이 학생들의 회계에 대한 관심과 학습의욕을 높이며 나아가 독자 모두 뜻하는 열매를 맺게 되기를 바란다.

끝으로 본서를 더 좋은 책으로 만들기 위해 출판 및 교정에 힘써주신 선학사 사장님과 직원 여러분께 감사드린다. 또 누구보다도 저작 기간 동안 격려와 힘을 실어준 저자의 가족에게 감사의 마음을 전한다.

2015년 2월 새봄을 기다리며
저자 씀

차 례

1장 회계의 기초

2장 회계의 기본원리

3장 회계의 순환과정 I: 기중의 회계처리

4장 회계순환과정 II: 기말의 회계처리

5장 재무보고를 위한 개념체계와 재무제표 표시

6장 현금·수취채권과 지급채무

7장 재고자산

8장 유형자산과 무형자산

9장 사채와 비유동부채

10장 자본

11장 기타 금융자산: 지분투자와 채권투자

12장 수익과 비용

13장 현금흐름표

14장 재무제표분석

1장 회계의 기초

▮ 경영자 : 기업의 경영자는 기업 외부에 대해서는 회계정보의 공급자이지만, 기업 내부의 회계정보 이용자이기도 하다. 즉, 기업의 경영자는 새로운 설비를 도입할 것인지의 여부, 올해의 매출액과 이익실적은 얼마이고, 지난해에 비해 얼마나 증감되었는지 등과 같은 여러 가지 결정을 하게 되는데, 이 때 회계정보를 활용하게 된다. 물론 경영자는 회계정보 외에도 주위 상황이나 경영전략 등을 고려해서 기업을 운영하지만 회계정보는 기업운영과 관련되는 필수적인 정보이다. 즉, 기업의 경영자는 회계정보를 기초로 자신의 결정이 기업의 재무상태에 어떻게 영향을 미치는지를 파악하고 있어야 한다. 만일 회계정보가 없다면 경영자는 의사결정을 제대로 할 수 없을 것이다. 따라서 경영자는 기업의 경영성과를 높이기 위해 회계정보를 최대한 활용해야 한다.

▮ 종업원 : 기업에 노동력을 공급하는 종업원들은 자신이 회사에 공헌한 정도와 회사의 지급능력을 고려해서 회사와 근로조건을 협상한다. 협상결과를 가지고 회사에 계속 근무할지 아니면 다른 회사로 옮길지를 결정한다. 이와 같은 의사결정을 할 때 회계정보를 파악하고 판단의 기초자료로 활용한다. 또한 잠재적 근로자, 즉 미래에 취직할 기업을 정하는 사람들도 해당 기업의 회계정보 등을 활용하여 기업의 장기전망을 평가하게 된다.

이와 같이 기업의 경영자, 채권자, 주주 및 정부기관 등의 이해관계자가 그 기업과 관련된 합리적인 판단이나 의사결정을 할 수 있도록 정보를 만들고 제공하는 것이 회계정보의 역할이다.

〈표 1-1〉 회계정보 이용자

이용자	정보수요	구분
채권자	대여금과 대여금에 대한 이자가 지급기일에 적절히 지급되는지를 결정하는데 회계정보를 활용	외부이용자
투자자	자신의 투자의사결정을 위해 회계정보를 활용	
정부기관	기업 활동을 규제하고 조세정책을 결정하며 국민소득이나 이와 유사한 통계자료의 근거로 사용하기 위해 회계정보 활용	
경영자	기업 경영에 필요한 각종 문제해결을 위한 의사결정에 회계정보를 활용	내부이용자
종업원	기업의 안정성과 수익성에 대한 정보에 관심을 갖고, 기업의 보수, 퇴직급여 및 임금인상 능력을 평가하는데 회계정보 활용	

3. 회계정보의 사회적 기능

(1) 자원의 효율적 배분

자본주의 경제체제의 기본은 시장기구이다. 시장에서 재화와 용역의 가격이 형성되고 이 가격 메커니즘을 통하여 제한된 자원이 효율적으로 배분된다. 그런데 자본시장의 자본공급자 측, 투자자나 채권자 등의 투자는 한정되어있다. 따라서 투자자나 채권자들이 어느 기업에 얼마만큼의 자본을 공급하는가하는 문제는 사회 전체적으로 볼 때 경제적 자원배분의 문제가 되는 것이다.

기업외부의 정보이용자들은 기업의 회계정보를 이용하여 보다 효율적이고 생산성이 높은 기업과 그렇지 못한 기업을 구분할 수 있게 된다. 이를 통해 기업외부의 정보이용자들은 자신들이 소유하고 있는 한정된 경제적 자원을 비효율적인 기업에서 효율적인 기업으로 배분할 수 있게 된다.

(2) 수탁책임의 보고

소유와 경영이 분리된 현대의 기업경영에서 주주는 자신이 직접 기업을 경영하지 않고 전문경영자에게 기업의 경영을 위탁한다. 경영을 수탁 받은 경영자는 주주들이 위탁한 기업의 경제적 자원을 효율적으로 관리하고 경영할 책임을 갖고 있는데, 이를 수탁책임(stewardship responsibility)이라고 한다.

경영을 수탁 받은 경영자는 자신이 수탁 받은 경영책임을 효과적으로 수행하였는지 여부를 주주들에게 보고하여야 한다. 이러한 수탁책임의 이행여부를 주주들에게 확인시키기 위하여 경영자는 회계정보를 주주들에게 제공하게 된다.

〈표 1-2〉 재무회계의 사회적 기능

자원의 효율적 배분	한정된 경제적 자원을 보다 효율적인 기업으로 배분
수탁책임보고	주주들로부터 수탁 받은 기업경영의 성과 등을 주주들에게 보고

4. 회계의 구분

회계정보는 기업의 내부이해관계자 뿐만 아니라 외부이해관계자 모두에게 필요한 정보를 제공하여 올바른 의사결정에 도움을 준다. 회계의 분야는 정보이용자 중심으로 재무회계와 관리회계로 크게 나누어지며, 추가적으로 세무회계, 회계감사, 비영리회계로 분류된다.

(1) 재무회계

재무회계는 기업의 거래와 사건 등을 측정하고 기록하여 생산된 회계정보를 외부정보이용자에게 제공하는 회계이다. 재무회계는 그러한 외부정보 이용자들의 정보수요를 충족시키는 역할을 하며 회계정보의 사회적 기능도 재무회계정보에 관한 것이다.

재무회계에서 특히 중요한 것은 일반적으로 인정된 회계원칙 또는 회계기준(generally accepted accounting principles : GAAP)에 따라 회계처리 및 보고를 해야 한다는 것이다. 회계원칙이 존재하는 이유는 각 기업마다 동일한 기준을 적용하면 정보이용자가 여러 회사의 회계정보를 비교할 수 있으며, 경영자가 자신의 이익에 따라서 자의적으로 회계원칙을 적용하는 것을 방지한다. 또한, 회계정보는 재무제표를 통해서 제공되며, 기업의 경영자는 회계기준을 적용하여 정기적으로 재무제표를 작성하고 기업 외부에 공시한다.

(2) 관리회계와 원가회계

관리회계는 기업의 내부정보이용자가 의사결정을 하는 데 필요한 정보를 제공하는 회계이다. 관리회계에서 다루는 의사결정문제들은 매우 다양하다. 예를 들어, 기업활동의 단기 목표를 설정하기 위한 예산편성, 제품의 판매가격 결정, 제품의 수익성 분석 등에는 각 상황에 적합한 회계정보가 필요하다. 따라서 그러한 정보를 생산함에 있어서 모든 기업이 반드시 준수해야 할 규범이 있는 것이 아니다. 또한, 경영자가 기업의 여러 활동에 관한 계획을 수립하는 데에는 미래에 대한 예측정보가 중요한 역할을 한다.

한편, 원가회계는 원가를 결정하고 관리하는 회계이다. 원가회계의 주요 관심사는 제품의 제조과정에서 발생하는 원가와 최종 제품의 원가이다.

〈표 1-3〉은 위에서 설명한 재무회계와 관리회계의 특징과 차이점을 여러 면에서 요약하여 나타내고 있다.

〈표 1-3〉 회계의 구분

구분	재무회계	관리회계
보고 대상	외부정보이용자	내부정보이용자
보고 기준	회계기준	없음
보고 시기	정기적으로 보고	수시로 보고
보고 형식	재무제표	일정한 형식이 없음
정보 특징	과거정보	미래정보

(3) 세무회계

세무회계는 세법에 따라 세액을 계산하는 업무를 말하며, 세법의 많은 규정들이 회계수치를 적용하고 있으므로 세무회계도 회계의 영역에 포함된다. 세무전문가는 세무에 관한 법률, 규칙, 법령, 판례 등에 관한 지식을 충분히 갖추고 있어야 하며 재무회계에 대해서도 이해하고 있어야 한다.

(4) 회계감사

기업의 재무제표가 부정이나 오류 없이 기업의 경제적 실상을 회계기준에 따라 적정하게 표시하였는지 여부를 외부감사인이 확인하는 회계분야이다. 즉, 회계기준에서 정한 방법에 따라 재무제표에 표시되는 회계수치들이 기업의 경제적 실상을 나타내고 있는지의 여부가 감사를 통해서 확인되며, 재무제표와 함께 보고되는 감사보고서에 감사의견을 표명한다. 기업의 재무제표가 회계기준에 따라 적정하게 작성되었다고 판단될 때에는 적정의견을 표명하며, 그 외에 회계기준에 위배된 정도에 따라 한정의견, 부적정의견, 의견거절 등을 표명하기도 한다. 이와 같이 회계감사는 재무제표에 표시되는 회계정보의 신뢰도를 높여 자본시장이 원활히 작동되게 하는 중요한 기능을 갖고 있다.

(5) 비영리회계

비영리회계는 정부기관, 학교, 병원 등의 비영리기관의 활동과 사건 등을 측정·기록하여 회계정보를 생산하는 활동이다. 비영리회계의 기본적 역할은 정부기관이나 비영리기관의 관리담당자가 법률, 기금 조성집단, 기부자 등의 규정 또는 요구사항을 엄격히 준수하도록 하는 것이다.

5. 회계기준과 외부감사제도의 필요성

회계정보의 이용자는 다양하고 광범위함으로 이들의 정보요구를 모두 충족시키는 것은 거의 불가능하다. 각각의 이해관계자는 의사결정 문제도 다를 것이므로 서로 다른 회계정보를 요구할 것이다. 따라서 회계는 다양한 이해관계자가 공통적으로 요구하는 최대한의 정보를 제공하여야 한다. 이와 같은 필요에 의해, 그리고 광범위한 회계정보 이용자의 공익적 보호를 위해 정부는 법규를 통해 회계정보의 작성·공시 및 감사를 규정하고 있다.

(1) 일반적으로 인정된 회계원칙(GAAP: Generally Accepted Accounting Principles)

불특정 다수의 이해관계자 모두를 만족시키기란 현실적으로 불가능하므로, 요구의 공통부분을 최대화하는 일정 기준을 정하여 정보를 생산할 필요가 있게 된다. 재무회계에서 그 기준이 되는 것이 회계기준이다. '일반적으로 인정된 회계원칙'은 회계실무에서 회계정보의 작성과 공시에 적용되는 일반원칙 및 기준이다. 이에는 기업회계기준이나 기업회계기준서 등과 같이 공식적으로 법적인 효력을 가지는 회계기준 뿐만 아니라 실무에서 관습적으로 사용되어 온 것을 모두 포함한다.

우리나라의 회계기준은 「주식회사의 외부감사에 관한 법률」에 그 법적 근거를 두고 있으며, 현재 회계기준의 제정업무를 맡고 있는 기관은 한국회계기준원이다. 자본시장이 글로벌화됨에 따라 통일된 회계기준에 대한 요구가 증가하고 이에 따라 많은 국가들이 국제회계기준위원회(IASB: International Accounting Standard Board)에서 제정한 국제회계기준(IFRS: International Financial Reporting Standards)을 자국의 회계기준으로 채택하기에 이르렀다. 이러한 움직임에 우리나라도 2011년부터 국제회계기준을 전면 도입하게 되었다. 따라서 모든 상장기업들은 의무적으로 국제회계기준을 적용하여 재무제표를 작성하고 있으며 이러한 기준을 「한국채택국제회계기준(K-IFRS)」이라고 부른다.

(2) 외부감사제도

외부감사는 투자자·채권자와 해당 기업과의 자유로운 계약에 의해서 이루어질 수도 있겠지만, 소액투자자들과 기타 불특정 다수의 이해관계자를 보호해야 하는 회계정보의 공공재적 성격에 따른 당위성 때문에 우리나라를 비롯한 대부분의 나라에서 법적으로 강제하고 있다. 재무회계는 다양한 이해관계자에게 회계정보를 제공하는데 이를 '일반목적 재무보고'라 하고,

그 주요한 수단이 되는 재무제표를 '일반목적 재무제표'라고 한다. 이러한 재무제표를 감사하는 외부감사인은 회계기준을 잘 알고 있는 회계전문가여야 하며, 공인회계사가 이러한 임무를 맡아 자본시장이 원활히 기능하게 하는 데 중요한 역할을 한다.

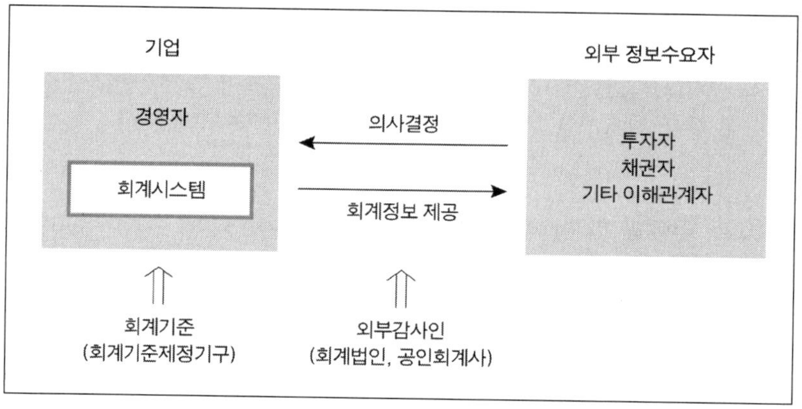

〈그림 1-2〉 회계기준과 감사의 역할

익힘문제

1. 회계정보의 개념이 무엇인지 설명하라.

2. 회계정보는 주식투자자의 의사결정에서 어떠한 역할을 하는지 설명하라.

3. 회계정보는 채권자의 의사결정에서 어떠한 역할을 하는지 설명하라.

4. 투자자와 채권자 이외의 회계정보이용자로는 어떤 주체들이 있는가?

5. 회계정보의 사회적 기능이란 무엇인지 설명하라.

6. 회계기준과 외부감사제도가 필요한 이유를 설명하라.

7. 재무회계와 관리회계의 차이점을 설명하라.

2장 회계의 기본원리

1. 부기제도

회계상의 거래가 발생하였을 경우 이를 기록하는 규칙이 부기(bookkeeping)제도이며, 부기는 다음과 같이 복식부기와 단식부기로 구분된다.

▮ 단식부기(single-entry bookkeeping) : 일정한 회계원칙이 없이 단지 재산의 증감만을 기록하는 간단한 기장방법이다. 가계부, 일기장 및 간편장부 등이 단식부기에 해당된다. 단식부기는 손익의 내용을 파악할 수 없고, 대차평균의 원리가 적용되지 않아 자기검증이 되지 않는 단점이 있다.

▮ 복식부기(double-entry bookkeeping) : 일정한 회계원칙(복식부기원리)에 따라 하나의 거래를 두 측면에서 기록한다. 하나의 거래가 발생하면 적어도 2개 이상의 항목이 변동된다. 예를 들어, 현금을 주고 차량을 구입하면 현금이라는 자산이 감소하고 차량이라는 자산이 증가한다. 복식부기에서는 이와 같은 거래를 두 측면으로 구분하여 완전하게 기록하는 기장방법이다. 오늘날 대부분의 기업에서는 이러한 복식부기의 원리를 기본으로한 회계제도를 채택하고 있다.

2. 부기와 회계

부기와 회계는 총체적으로 회계라는 학문분야에 속하는 것으로 명확히 구분하는 것은 쉽지 않다. 부기와 회계의 관계를 교통수단으로 비유해 볼 수 있다. 즉, 우리가 흔히 이용할 수 있는 교통수단으로는 비행기, 버스, 택시, 지하철 등이 있으며 이중에서 가장 경제적이고 효율적인 교통수단(tool)을 이용하게 된다. 마찬가지로 회계라는 광범위한 학문영역을 설명하기 위한 수단으로 부기라는 도구(tool)를 이용하게 되는 것이다. 즉, 부기는 단순한 거래를 기록, 계산하여 보고하는 기술적인 의미라면, 회계는 기업내외의 이해관계자들이 합리적 판단이나 의사결정을 할 수 있도록 기업실체에 관한 재무적 정보를 측정하여 제공하는 정보시스템으로써 학문적 체계를 형성하게 되면서 이론적인 측면을 강조하고 있다.

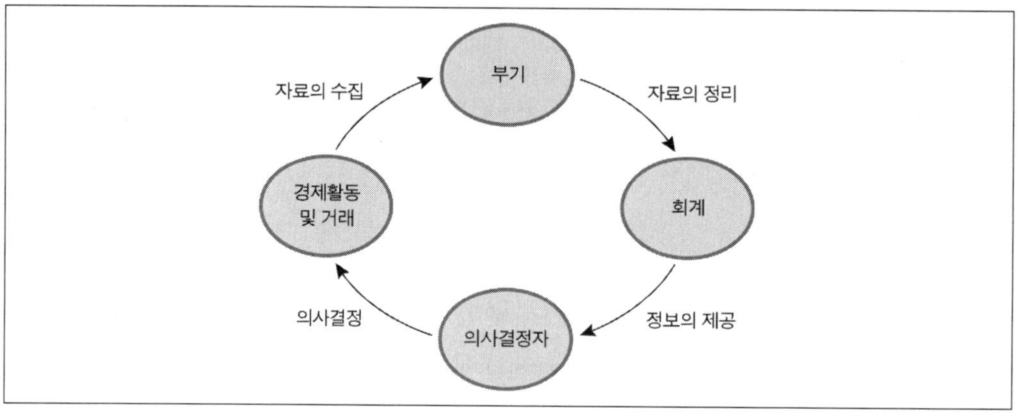

〈그림 2-1〉 부기와 회계의 관계

3. 재무제표

재무제표(financial statements)는 기업의 외부정보이용자에게 기업에 관한 유용한 재무정보를 전달하는 보고서이다. 즉, 기업의 경영자가 외부 이해관계자들에게 기업실체의 재무상태, 경영성과, 현금흐름 등에 관한 정보를 제공하는 수단이다. 국제회계기준에서 규정하고 있는 전체 재무제표는 재무상태표, 포괄손익계산서, 자본변동표, 현금흐름표, 주석 등을 포함한다. 재무상태에 관한 정보는 주로 재무상태표를 통해 제공되며, 성과에 관한 정보는 주로 포괄손익계산서를 통해 제공된다.

재무제표를 이해하기 위해서는 회계기간에 대한 이해가 필요하다. 기업의 경영활동은 영업을 시작하는 날로부터 폐업하는 날까지 계속되지만, 보다 효율적인 경영을 위한 정기적인 회계보고를 위해서 일정기간마다 재무상태와 경영성과를 파악하는 것이 필요하다. 이와 같이 인위적으로 6개월 또는 1년 등으로 구분한 기간을 보고기간(reporting period) 또는 회계기간(accounting period)이라고 한다. 그리고 한 보고기간이 시작되는 시점을 기초, 끝나는 시점을 기말이라고 한다. 또한 해당 보고기간을 당기, 이전 보고기간을 전기, 다음 보고기간을 차기라고 한다.

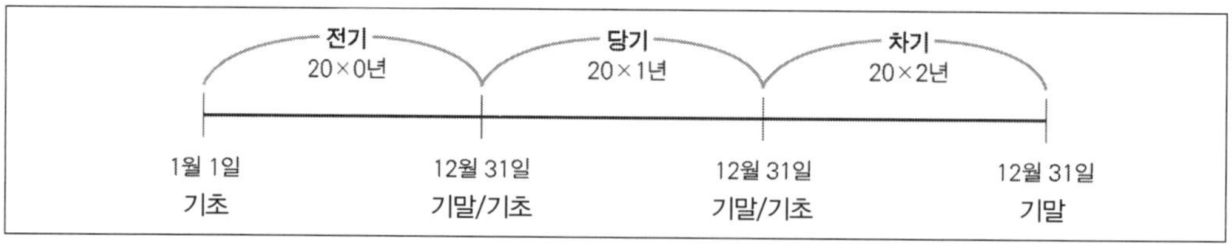

〈그림 2-2〉 회계기간: 1년인 경우

(1) 재무상태의 측정과 재무상태표

재무상태표(statements of financial position, balance sheet)는 일정시점 현재 기업이 보유하고 있는 재무상태에 대한 정보를 제공하는 보고서이다. 여기서 일정시점은 일반적으로 '회계기간 말'을 의미한다. 재무상태표는 자산(assets), 부채 (liabilities), 자본(owners' equity)을 요약하여 보여주는 보고서이며 이들의 개념을 정리하면 다음과 같다.

- 자산이란 과거 사건의 결과로 기업이 통제하고 있고, 동시에 미래 경제적 효익을 가져다 줄 것으로 기대되는 자원을 말한다. 미래경제적 효익이란 직접 또는 간접으로 기업의 미래 현금 유입에 기여하게 될 잠재력을 의미한다. 자산의 예로는 현금, 상품, 비품, 건물, 토지 등의 재화, 경영활동을 통한 각종 채권, 물리적형태가 없는 특허권, 저작권 등이 있다.
- 부채는 과거 사건에 의해 발생하였으며 경제적 효익을 갖는 자원이 기업으로부터 유출될 것으로 기대되는 현재 의무이다. 또한 기업의 자산 중에서 기업 채권자들이 소유권을 주장할 수 있는 부분인 채권자의 지분을 의미하며, 타인자본이라고도 부른다. 부채의 예로는 상품 구입시 그 대금을 아직 지급하지 않은 금액, 은행에서 빌린 차입금 등이 있다.
- 자본은 기업의 총자산에서 총부채를 차감한 순자산(net assets)으로, 기업의 자산 중 주주의 지분을 나타낸다. 자본은 상환 의무가 없으므로 자기자본이라고도 부른다.

재무상태표

㈜ 열매	20x1년 12월 31일		(단위 : 천원)
자산		**부채**	
현금 및 현금성자산	₩125,000	매입채무	₩70,000
매출채권	185,000	장기차입금	300,000
재고자산	125,000	부채총계	₩370,000
유형자산	550,000		
영업권	80,000	**자본**	
기타무형자산	55,000	납입자본	₩500,000
		이익잉여금	150,000
		기타포괄손익누계액	100,000
		자본총계	₩750,000
자산총계	₩1,120,000	자본및부채총계	₩1,120,000

〈그림 2-3〉 재무상태표의 예

재무상태표의 구조와 형식은 다음과 같은 재무상태표 등식 또는 회계등식을 이용하여 작성된다.

자산 = 부채 + 자본

재무상태표의 등식은 자산은 부채와 자본의 합이라는 것을 보여주는데, 이 등식에서 기억할 점은 자산은 왼쪽에 표시하고, 부채와 자본은 오른쪽에 표시한다는 것이다. 회계에서는 왼쪽을 차변(debit), 오른쪽을 대변(credit)이라고 부른다. 경영활동을 통하여 자산, 부채, 자본은 계속 변하지만 재무상태표 등식은 계속 성립한다.

예제 2-1 재무상태표 작성

다음은 20x4년 12월 31일 현재 (주)열매가 보유하고 있는 자산, 부채 및 자본항목들의 금액이다.

현금및현금성자산	₩1,350,000	매출채권	₩1,120,000	상품	₩160,000
단기대여금	₩115,000	건물	₩1,120,000	매입채무	₩1,365,000
비품	₩130,000	단기차입금	₩670,000	미지급금	₩560,000

물음 1] 20x4년 12월 31일 현재 (주)열매의 재무상태표를 작성하시오.

물음 2] 20x4년 12월 31일 현재 (주)열매의 자본금을 산출하시오.

풀이

1) 재무상태표

재무상태표
(20×4년 12월 31일 현재)

(주)열매 (단위 : 원)

자 산	금 액	부채 및 자본	금 액
현금 및 현금성자산	1,350,000	매입채무	1,365,000
매출채권	1,120,000	단기차입금	670,000
단기대여금	115,000	미지급금	560,000
상품	160,000	(자본금)	(1,400,000)
비품	130,000		
건물	1,120,000		
	3,995,000		3,995,000

2) 자본금 : ₩1,400,000

(2) 경영성과의 계산과 포괄손익계산서

포괄손익계산서(statement of comprehensive income)는 일정기간 동안 기업실체의 경영성과에 대한 정보를 제공하는 재무보고서이다. 즉, 일정기간 동안 기업이 재화의 판매·용역의 제공 등에서 획득한 수익, 수익획득과정에서 발생한 비용, 그리고 수익에서 비용을 차감한 순이익(net income) 등에 관한 정보를 제공한다.

- 수익(revenues)은 일정기간 기업의 주된 영업활동인 재화의 판매나 용역의 제공 등의 대가로 발생한 경제적 효익의 증가분을 의미한다. 수익 항목들을 기록·정리하기 위하여 사용하는 용어들의 예는 다음과 같다.
  - 매출액 : 고객에게 상품을 팔고 얻은 대가
  - 수수료수익 : 용역을 제공하고 얻은 수수료
  - 이자수익 : 은행예금에 대한 수입이자
- 비용(expenses)이란 수익을 획득하기 위해 희생된 경제적 대가를 말한다. 비용 항목들을 기록·정리하기 위하여 사용하는 용어들의 예는 다음과 같다.
  - 매출원가 : 고객에게 판매한 상품의 원가
  - 종업원급여 : 종업원에 대한 급여 지급액
  - 광고선전비 : 기업의 상품에 대한 광고선전활동을 위하여 지출된 비용
  - 이자비용 : 차입금에 대한 지급이자
  - 임차료 : 사무실 건물 등을 사용하기 위하여 지출된 비용

〈그림 2-4〉는 포괄손익계산서의 예시이다. 포괄손익계산서의 구조는 크게 수익에서 비용을 차감하여 당기순이익을 산출하고, 당기순이익에 기타포괄손익을 더해주면 총포괄이익을 구할 수 있다.

포괄손익계산서		
(주)열매	20x4년 1월1일부터 20x4년 12월31일까지	
수익		
	매출	₩1,085,000
비용		
	매출원가	515,000
	감가상각비	80,000
	종업원급여	190,000
	이자비용	60,000
	법인세비용	50,000
당기순이익		190,000
기타포괄손익		
	유형자산재평가이익	100,000
총포괄이익		₩290,000

〈그림 2-4〉 포괄손익계산서 예

이상과 같은 포괄손익계산서의 기본양식을 등식으로 표현하면 다음과 같다.

수익 – 비용 = 이익

또한 포괄이익 (comprehensive income)은 당기순이익에 기타포괄손익을 가산한 것이다. 즉,

총포괄손익 = 당기순손익 + 기타포괄손익

여기서 말하는 기타포괄손익이란 회계기준에 의하여 당기순이익(순손실)에 반영하지 못하도록 규정되어, 자본을 증가 또는 감소시키지만 순이익 계산시에는 제외되는 기타항목이다. 기타포괄손익의 예로, 토지나 건물 등의 유형자산에 대한 자산재평가이익이 있다.

예제 2-2 포괄손익계산서 작성

다음은 (주)열매의 20×4년 1월 1일부터 20×4년 12월 31일까지의 수익과 비용 항목들의 금액이다.

매출액	₩3,500,000	이자수익	620,000	잡비	120,000
수수료수익	840,000	급여	1,160,000	임차료	600,000
보험료	120,000	광고선전비	140,000	감가상각비	65,000
당기순이익	?	매출원가	2,000,000		

물음] (주)열매의 20×4년도 포괄손익계산서를 작성하시오. (단, 법인세는 법인세 비용차감전순이익에서 34%를 법인세로 계산한다.)

풀이

포괄손익계산서

(주)열매	20X4년 1월 1일~20X4년 12월 31일	(단위 : 원)
매출액		3,500,000
매출원가		(2,000,000)
매출총이익		1,500,000
이자수익		620,000
수수료수익		840,000
잡비		(120,000)
급여		(1,160,000)
임차료		(600,000)
보험료		(120,000)
광고선전비		(140,000)
감가상각비		(65,000)
법인세비용차감전순이익		755,000
법인세비용(34%)		(256,700)
당기순이익		498,300

(3) 자본변동표

자본변동표(statement of changes in equity)는 기업의 회계기간 동안 발생한 소유주지분, 즉 자본의 변동을 종합적으로 보고하는 재무제표이다. 자본변동표는 기초와 비교하여 기말자본의 각 항목이 어떻게 변동하였는가를 일목요연하게 보여준다.

(주)열매	자본변동표 20x4년 1월 1일부터 20x4년 12월 31일까지			
	납입자본	이익잉여금	기타포괄손익	자본총계
20x4년 1월 1일	₩0	₩0	₩0	₩0
증자	500,000			500,000
당기순이익		190,000		190,000
기타포괄손익			100,000	100,000
배당금		(40,000)		(40,000)
	₩500,000	₩150,000	₩100,000	₩750,000

〈그림 2-5〉 자본변동표의 예

〈그림 2-5〉 자본변동표의 예에서 기초의 자본은 ₩0이며 기말 자본은 ₩750,000을 나타내고 있는데, 여기서 당기순이익은 이익잉여금을 증가시키고 배당금은 이익잉여금을 감소시키는 관계를 보여주고 있다.

(4) 현금흐름표

현금흐름표(statement of cash flow)는 기업의 회계기간 동안 발생한 현금의 유입 및 유출에 관한 정보를 제공한다. 현금흐름표는 기업의 주된 영업활동 현금흐름, 투자활동 현금흐름, 재무활동 현금흐름 정보를 분류하여 표시한다. 이러한 현금흐름 정보는 기업의 현금흐름창출능력과 현금지급능력, 위험 등을 평가하는 데 유용한 정보이다.

현금흐름표

(주)열매 20x4년 1월 1일~20x4년 12월 31일

과목	제 xx기 금액
Ⅰ. 영업활동으로 인한 현금흐름	xxx
1. 당기순이익 2. 현금의 유출이 없는 비용 등의 가산 가. 감가상각비 나. 퇴직급여 다. ------------------------ 3. 현금의 유입이 없는 수익 등의 차감 가. 사채상환이익 나. ------------------------ 4. 영업활동으로 인한 자산부채의 변동 가. 재고자산의 감소 (증가) 나. 매출채권의 감소 (증가) 다. 매입채무의 증가 (감소) 라. 미지급법인세의 증가 (감소) 마. ------------------------	
Ⅱ. 투자활동으로 인한 현금 흐름	xxx
1. 투자활동으로 인한 현금 유입액 가. 유가증권의 처분 나. 토지의 처분 다. ------------------------ 2. 투자활동으로 인한 현금 유출액 가. 유가증권의 취득 나. 토지의 취득 다. ------------------------	
Ⅲ. 재무활동으로 인한 현금 흐름	xxx
1. 재무활동으로 인한 현금 유입액 가. 사채의 발행 나. 보통주의 발행 다. ----------------------- 2. 재무활동으로 인한 현금 유출액 가. 단기 차입금의 상환 나. 사채의 상환 다. -----------------------	
Ⅳ. 현금의 증가 (감소) (Ⅰ+Ⅱ+Ⅲ)	xxx
Ⅴ. 기초의 현금	xxx
Ⅵ. 기말의 현금	xxx

〈그림 2-6〉 현금흐름표 예

(5) 주석

주석(notes)은 재무상태표, 포괄손익계산서, 자본변동표 그리고 현금흐름표의 항목에 대하여 이용자의 정보수요에 목적적합한 추가정보를 포함한다. 즉, 재무제표의 보고상의 한계를 보완하기 위하여 일반적으로 다음 사항 들을 포함한다.

① 재무제표 작성기준 및 중요한 회계정책

② 국제회계기준에서 주석공시를 요구하는 사항

③ 재무상태표, 포괄손익계산서, 현금흐름표 및 자본변동표의 본문에 표시되지 않지만 재무제표를 이해하는 데 목적적합한 정보

4. 재무제표의 상호연관성

재무상태표는 회계기간말의 재무상태를 나타내고, 포괄손익계산서는 한 회계기간의 재무성과를 나타낸다. 또한 현금흐름표는 한 회계기간 동안의 현금의 유입과 유출을 나타내며 자본변동표는 한 회계기간 동안의 자본의 변동내역을 나타낸다. 그렇다면 이러한 재무제표가 어떻게 상호연관되어 있는지 알아보도록 하자.

재무제표는 매 회계기간마다 작성된다. 한 회계기간 말의 재무상태표는 다음 회계기간의 관점에서 보면 기초의 재무상태표이다. 다음 기간에는 그 기간에 대한 포괄손익계산서가 새로이 작성되고, 또 그 기간 말의 재무상태표도 새로이 작성되게 된다. 이러한 관계는 〈그림 2-7〉에 요약되어 있다.

기초 재무상태표 → 포괄손익계산서 → 기말재무상태표

〈기초자산〉	〈기초부채〉
	〈기초자본〉

포괄손익계산서
수익 총액 - 비용 총액
당기순이익 ±기타포괄손익
총포괄이익

〈기말자산〉	〈기말부채〉
	〈기말자본〉

〈그림 2-7〉 기초 및 기말 재무상태표와 포괄손익계산서

기업은 기초재무상태표에 나타난 자산, 부채, 자본으로 경제적 활동을 시작한다. 그리고 이러한 당해 기간의 영업활동이 자산, 부채, 자본의 증감을 초래하고 수익, 비용을 발생시켜 기말

재무상태표를 결정한다. 즉, 수익이 발생하면 자산이 증가하거나 부채가 감소해서 자본이 증가하는 효과를 가진다. 반대로 비용이 발생하면 자산이 감소되거나 부채가 증가해서 자본이 감소되는 효과를 가진다. 이처럼 자본은 당해 연도 포괄손익계산서와 기말재무상태표의 연결고리가 되는 것이다. 이러한 활동 결과 회계기간 중에 발생한 당기순이익과 기타포괄손익으로 인해 기말시점의 자본은 기초시점의 자본과 다르게 된다.

재무상태표와 포괄손익계산서가 서로 어떻게 연관되어 있는지를 더 자세히 살펴보도록 하자. 만약 회계기간 내에 자본을 변동시키는 다른 요인(유상증자나 배당금 등)이 없다면, 기말자본은 다음의 관계식에 따라 결정된다.

〈유상증자나 배당이 없는 경우〉

기초자본 + 총포괄이익 = 기말자본

기초자본 + 당기순이익 ± 기타포괄손익 = 기말자본

위의 식을 이해하기 위하여 다음 예제를 살펴보도록 한다. 만일 A사의 20X4년 기초에 자산 200만원, 부채 80만원, 자본 120만원(자본금 80만원, 이익잉여금 10만원, 재평가잉여금 30만원)으로 구성되어 있었다고 하자.

20X4년 중 총수익은 90만원, 총비용은 70만원, 기타포괄손익으로서 자산재평가차익이 5만원 발생했고, 부채의 변동이 없었다고 가정한다면, 20X4년의 기말 재무상태표의 구성은 다음과 같이 변하게 된다.

기초재무상태표 (단위 : 만원)

차변	대변
기초자산 200	기초부채 80
	기초자본금 80
	기초이익잉여금 10
	기초기타포괄이익 (재평가잉여금) 30

포괄손익계산서 (단위 : 만원)

총수익	90
- 총비용	70
당기순이익	20
± 기타포괄손익	5
총포괄이익	25

기말재무상태표 (단위 : 만원)

차변	대변
기말자산 225	기말부채 80
	기말자본금 80
	기말이익잉여금 30
	기말기타포괄이익 (재평가잉여금) 35

기초자본 120만원 → 기말자본 145만원

위의 예에서 기초자본이 120만원이고 총포괄이익이 25만원이므로 기말자본은 145만원이 된다. 총포괄이익은 당기순이익 20만원과 기타포괄손익 5만원으로 구성된다. 여기서 당기순이익은 자본항목 중 이익잉여금을 증가시키고(이익잉여금은 기업이 획득한 순이익을 누적시키는 자본항목), 소유주에게 이익배당을 할 수 있는 원천이 된다. 따라서 당기순이익 20만원은 기말의 이익잉여금에 포함시키게 된다. 그리고 기타포괄손익인 자산 재평가잉여금 5만원은 자본항목 중에서 기타포괄이익(재평가잉여금)을 증가시킨다.

만일 회계기간 중에 유상증자(소유주의 추가출자)와 배당금의 지급이 있었다면, 이러한 요소들도 기말 자본을 증가시킨다. 여기서 유상증자의 경우, 수익이 아니기 때문에 포괄손익계산서를 거치지 않고 기말자본을 증가시킨다. 즉, 기중에 주주로부터 추가출자액이 있는 경우 기말의 납입자본이 증가된다. 당기순이익(손실)은 기말이익잉여금을 증가(감소)시키고, 기타포괄손익은 기타포괄손익누계액을 증감시킨다.

기업이 당기 영업활동 결과 배당을 지급하는 경우, 포괄손익계산서에 비용으로 인식되지 않고 이익잉여금에서 직접 차감되며, 자본 항목 중 이익잉여금이 감소된다. 주주에게 지급되는 배당금은 기업의 현금이 감소하지만, 재화·용역의 판매활동과 아무 관련이 없고 기업이 벌어들인 순이익을 소유주에게 분배하는 것이다. 따라서 배당은 비용이 아니므로 포괄손익계산서를 거치지 않고 자본을 감소시킨다.

이와 같이 회계기간 중에 유상증자와 배당이 있었을 경우 기말자본의 크기는 다음과 같이 결정된다.

〈유상증자나 배당이 있는 경우〉

기초자본 + 총포괄이익 + 유상증자 - 배당 = 기말자본

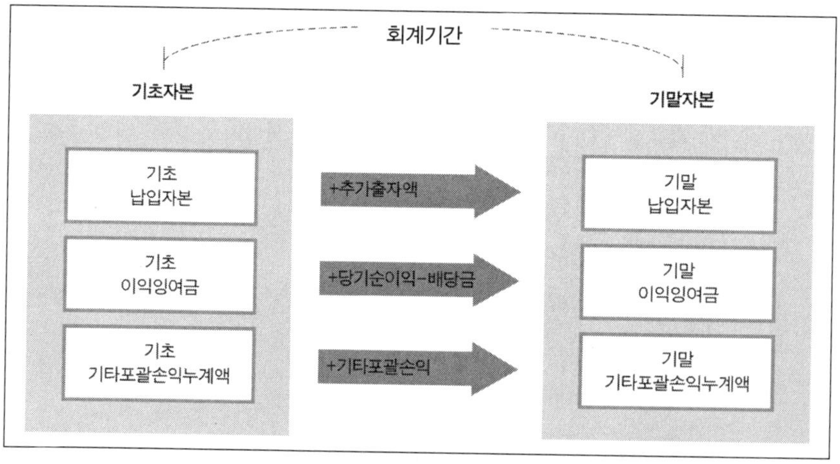

〈그림 2-8〉 자본의 변동

〈그림 2-8〉은 각각의 자본항목들에 영향을 미치는 요소 중 유상증자와 배당금을 추가로 고려하여 보여주고 있다.

만일 앞의 A사의 경우 20X4년 중에 10만원의 유상증자와 3만원의 배당을 하였다고 가정하면 기말자본 총액과 그 구성은 다음과 같이 된다.

기초재무상태표 (단위 : 만원)

차변	대변	변동
기초자산 200	기초부채 80	
	기초자본금 80	+추가출자액 10
	기초이익잉여금 10	+당기순이익20-배당금3
	기초기타포괄이익 (재평가잉여금) 30	+기타포괄손익 5

기말재무상태표 (단위 : 만원)

차변	대변
기말자산 225	기말부채 80
	기말자본금 90
	기말이익잉여금 30
	기말기타포괄이익 (재평가잉여금) 35

기초자본 120만원 ──────► 기말자본 152만원

재무제표중 재무상태표와 포괄손익계산서 뿐만 아니라 자본변동표와 현금흐름표도 함께 관련되어 있다. 즉, 자본변동표를 통해서 기중에 어떤 거래들을 통해 기초와 기말 자본이 변동하였는지를 파악할 수 있다. 한편, 현금흐름표에는 당기 중 현금변동액이 영업활동, 투자활동, 재무활동에서 어떻게 발생하였는지를 나타내준다. 지금까지 살펴본 바와 같이 각각의 재무제표들은 서로 밀접한 관계를 갖고 있다.

예제 2-3 회계등식과 재무제표 연계관계

아래의 문제들은 서로 독립적이며, 기타포괄손익은 없다고 가정한다. 빈칸의 금액을 계산하라.

(단위 : 원)

문제	기초자산	기초부채	기말부채	기말자본	총수익	총비용	배당금
1.	3,200	①	2,200	2,500	2,800	2,200	300
2.	4,500	2,500	3,200	2,800	②	2,500	400

풀이

1. 기초자본 + 당기순이익 ₩600 - 배당금 ₩300 = 기말자본 ₩2,500
   기초자본 =₩2,200　따라서 기초부채 = ₩1,000
2. 기초자본 ₩2,000 +당기순이익 - 배당금 ₩400 = 기말자본 ₩2,800
   당기순이익 = ₩1,200　따라서 총수익 = ₩3,700

익힘문제

1. 재무상태표는 무엇에 대한 정보를 제공하는 재무보고서인가?

2. 재무상태표의 구성요소인 자산, 부채, 자본의 개념을 각각 설명하라.

3. 포괄손익계산서는 무엇에 대한 정보를 제공하는 재무보고서인가?

4. 포괄손익계산서의 구성요소인 수익, 비용, 순이익, 기타포괄손익, 포괄이익의 개념을 각각 설명하라.

연습문제

1. 자산, 부채, 자본, 수익, 비용항목의 식별

다음은 재무상태표와 포괄손익계산서에 표시되는 항목들을 열거한 것이다. 각각을 자산, 부채, 자본, 수익, 비용 항목으로 구분하여 표시하시오.

매입채무	(　　)	현금	(　　)	매출원가	(　　)
소모품비	(　　)	이익잉여금	(　　)	법인세비용	(　　)
상품	(　　)	매출액	(　　)	차입금	(　　)
건물	(　　)	차량운반구	(　　)	소모품	(　　)
매출채권	(　　)	토지	(　　)	자본금	(　　)
이자비용	(　　)	종업원급여	(　　)	감가상각비	(　　)

2. 재무상태표

다음 자료를 참고하여 (주)열매의 20x4년 1월 1일과 12월 31일의 재무상태에 의하여 기초재무상태표와 기말재무상태표를 작성하시오.

〈1월 1일의 재무상태〉

현　금	600,000	매출채권	800,000
상　품	500,000	매입채무	600,000
차 입 금	400,000	토　지	200,000

〈12월 31일의 재무상태〉

현　금	800,000	예　금	400,000
매출채권	300,000	상　품	500,000
토　지	1,000,000	매입채무	500,000
차 입 금	300,000	미지급금	500,000

3. 포괄손익계산서

다음의 자료를 바탕으로 (주)열매의 20x4년 순손익을 구하시오.

재무상태표

㈜ 열매 20x4. 1. 1

자산	금액	부채와 자본	금액
현금및현금성자산	600,000	매입채무	600,000
매출채권	800,000	차입금	400,000
상품	500,000	자본금	1,100,000
토지	200,000		
자산총계	2,100,000	부채와 자본총계	2,100,000

재무상태표

㈜ 열매 20x4. 12. 31

자산	금액	부채와 자본	금액
현금및현금성자산	1,200,000	매입채무	500,000
매출채권	300,000	차입금	300,000
상품	500,000	미지급금	500,000
토지	1,000,000	자본금	1,700,000
자산총계	3,000,000	부채와 자본총계	3,000,000

4. 포괄손익계산서

다음 자료를 참고하여 (주)열매의 20x4년 순순익을 구하시오.

급여	300,000	상품매출	800,000
임대료	400,000	광고선전비	150,000
이자비용	50,000	소모품비	100,000

5. 재무제표

다음 여러 기업의 재무제표를 보고 빈칸을 채우시오. 각 기업 설립 후 회계연도 말 시점이라고 가정한다.

	수익	비용	당기순이익	자산총계	부채총계	자본총계
(주)갑	₩60,000	₩45,000	( )	₩35,000	₩13,000	( )
(주)을	12,500	( )	₩2,000	( )	9,000	₩5,500

6. 재무제표

다음의 물음에 답하시오.

1) 기초자산은 ₩500,000, 기초부채가 ₩200,000, 기말자산은 ₩900,000, 기말부채가 ₩500,000 이고, 그 기간 동안 수익총액이 ₩700,000인 경우 같은 기간 동안의 비용 총액은 얼마인가?
2) 기초자산은 ₩500,000, 기초부채가 ₩200,000, 기말자산은 ₩900,000, 기말부채가 ₩500,000 이고, 해당기간동안 추가출자금액은 ₩50,000, 배당으로 지급한 금액은 ₩30,000이었다. 당기순이익은 얼마인가?

7. 회계등식과 재무제표의 연계관계

아래의 문제들은 서로 독립적이다. 문제에서 언급되지 않은 사항에 대해서는 금액이 없는 것으로 가정하고 물음에 답하라.

(1) 기초자본이 ₩1,200,000, 당기순이익이 ₩500,000이면 기말자본은 얼마인가?
(2) 기초자본이 ₩1,400,000, 총수익 ₩1,500,000, 총비용이 ₩900,000이면 기말자본은 얼마인가?
(3) 기초자본이 ₩1,500,000, 총수익이 ₩1,400,000, 당기순손실이 ₩200,000이면 기말자본은 얼마인가?
(4) 총수익이 ₩1,800,000, 총비용이 ₩1,200,000, 기말자본이 ₩2,300,000이면 기초자본은 얼마인가?
(5) 기초자본이 ₩1,500,000, 총수익이 ₩1,400,000, 총비용이 ₩900,000, 그리고 추가출자액이 ₩800,000이고 배당금이 ₩300,000이면 기말자본은 얼마인가?

8. 기초 및 기말 재무상태표와 순이익 산정

다음은 (주)열매의 2x14년 기초 및 기말시점의 회계자료이다.

기초시점 자료

현금	₩200,000	매입채무	₩300,000
매출채권	500,000	단기차입금	400,000
상품	1,400,000	차량운반구	1,300,000
자본금	2,500,000	이익잉여금	?

기말시점 자료

현금	₩250,000	매입채무	₩250,000
매출채권	550,000	단기차입금	450,000
상품	1,500,000	차량운반구	1,200,000
자본금	2,500,000	이익잉여금	?

(1) 기초시점의 재무상태표를 작성하라.

(2) 기말시점의 재무상태료를 작성하라.

(3) 추가출자와 배당이 없었다면 2x14년의 순이익은 얼마인가? 기타포괄손익은 없다고 가정한다.

(4) 만일 2x14년 중에 ₩80,000의 배당이 있었다면 2x14년의 순이익은 얼마인가? 기타포괄손익은 없다고 가정한다.

9. 종합예제

다음 자료를 참고하여 (주)열매의 20x4년도의 기초재무상태표와 기말재무상태표, 포괄손익계산서를 완성하라. 단, (주)열매은 외부감사 법인이 아님.

(주)열매의 기초 재무상태

현 금	500,000	상 품	1,200,000	매출채권	800,000
받을어음	600,000	대 여 금	400,000	지급어음	300,000
매입채무	200,000	미지급금	700,000		

(주)열매의 기말 재무상태

현 금	1,000,000	상 품	1,600,000	매출채권	2,000,000
선 급 금	500,000	건 물	3,500,000	차 입 금	1,000,000
매입채무	700,000	미지급금	500,000		

(주)열매의 경영성과

매 출 액	2,800,000	이자수익	1,000,000	임 대 료	2,000,000
통 신 비	200,000	급 여	500,000	이자비용	600,000
임 차 료	400,000				

기초재무상태표

(주)열매 20x4. 1. 1

기말재무상태표

(주)열매 20x4. 12. 31

손익계산서

(주)열매 20x4.1.1~ 12.31

연습문제 해답

1.

매입채무	부채	현금	자산	매출원가	비용
소모품비	비용	이익잉여금	자본	법인세비용	비용
상품	자산	매출액	수익	차입금	부채
건물	자산	차량운반구	자산	소모품	자산
매출채권	자산	토지	자산	자본금	자본
이자비용	비용	종업원급여	비용	감가상각비	비용

2.

재무상태표

㈜ 열매 20x4. 1. 1

현금및현금성자산	600,000	매입채무	600,000
매출채권	800,000	차입금	400,000
상품	500,000	자본금	1,100,000
토지	200,000		
	2,100,000		2,100,000

재무상태표

㈜ 열매 20x4. 12. 31

현금및현금성자산	1,200,000	매입채무	500,000
매출채권	300,000	차입금	300,000
상품	500,000	미지급금	500,000
토지	1,000,000	자본금	1,700,000
자산총계	3,000,000	부채와 자본총계	3,000,000

3. (1) 기초 순자산

2,100,000원 (자산) - 1,000,000원 (부채) = 1,100,000원 (순자산, 자본)

(2) 기말 순자산

3,000,000원 (자산) - 1,300,000원 (부채) = 1,700,000원 (순자산, 자본)

(3) 순이익

1,700,000원 (기말 순자산) - 1,100,000원 (기초 순자산) = 600,000원

기말자본 - 기초자본 = 당기순이익

4. (1) 수 익

800,000원 (상품매출) + 400,000원 (임대료) = 1,200,000원

(2) 비 용

300,000원 (급여) + 150,000원 (광고선전비) + 50,000원 (이자비용) + 100,000원 (소모품비) = 600,000원

(3) 순이익

1,200,000원 (수익) - 600,000원 (비용) = 600,000원

5.

(주)갑 : 당기순이익	₩15,000	자본총계	₩22,000
(주)을 : 비용	₩10,500	자산총계	₩14,500

6. 1) 기말자본-기초자본=당기순이익 ₩400,000-₩300,000=₩100,000

총수익-총비용=당기순이익 ₩700,000-총비용=₩100,000

총비용=₩600,000

2) 기말자본=기초자본+당기순이익+추가출자-배당금

₩400,000=₩300,000+당기순이익+₩50,000-₩30,000

당기순이익=₩80,000

7. (1) 기말자본 = ₩1,200,000+₩500,000 = ₩1,700,000

(2) 기말자본 = ₩1,400,000+[1,500,000-900,000] = ₩2,000,000

(3) 기말자본 = ₩1,500,000-₩200,000 = ₩1,300,000

(4) 기말자본 = ₩2,300,000-[1,800,000-1,200,000] = ₩1,700,000

(5) 기말자본 = ₩1,500,000+[1,400,000-900,000]+800,000-300,000 = ₩2,500,000

8. (1)

기초재무상태표

(주)열매 2x14년 1월 1일

현금	₩200,000	매입채무	₩300,000
매출채권	500,000	단기차입금	400,000
상품	1,400,000	자본금	2,500,000
차량운반구	1,300,000	이익잉여금	200,000
자산총계	₩3,400,000	부채와자본총계	₩3,400,000

(2)

기말재무상태표

(주)열매 2x14년 12월 31일

현금	₩250,000	매입채무	₩250,000
매출채권	550,000	단기차입금	450,000
상품	1,500,000	자본금	2,500,000
차량운반구	1,200,000	이익잉여금	300,000
자산총계	₩3,500,000	부채와자본총계	₩3,500,000

(3) 당기순이익 = 기말 이익잉여금 - 기초이익잉여금

= 300,000 - 200,000 = 100,000

(4) 당기순이익 = 기말 이익잉여금 - 기초이익잉여금 + 배당금

= 300,000 - 200,000 + 80,000 = 180,000

9.

재무상태표

㈜ 열매 20x4. 1. 1

현금및현금성자산	500,000	매입채무	500,000
매출채권	1,400,000	미지급금	700,000
대여금	400,000	자본금	2,300,000
상품	1,200,000		
	3,500,000		3,500,000

기말재무상태표

㈜ 열매 20x4. 12. 31

현금및현금성자산	1,000,000	매입채무	700,000
매출채권	2,000,000	미지급금	500,000
선급금	500,000	차입금	1,000,000
상품	1,600,000	자본금	6,400,000
건물	3,500,000	(당기순이익 4,100,000)	
	8,600,000		8,600,000

포괄손익계산서

㈜ 열매 20x4. 1. 1 ~ 20x4. 12. 31

통신비	200,000	매출액	2,800,000
급여	500,000	이자수익	1,000,000
이자비용	600,000	임대료	2,000,000
임차료	400,000		
△ 당기순이익	4,100,000		
	5,800,000		5,800,000

3장 회계의 순환과정 I: 기중의 회계처리

기업의 회계과정은 반복적인 경영활동의 수행을 보고하는 순환과정을 갖게 된다. 회계의 순환과정은 회계상 거래의 인식, 분개, 원장에의 전기, 시산표의 작성, 수정분개, 재무제표의 작성, 결산분개와 장부마감의 순서로 이루어진다.

1. 회계거래의 인식과 기록

(1) 회계거래의 정의

수많은 경제적 사건들이 매일 발생하지만, 기업이 그 모든 경제적 사건들을 기록대상으로 삼지는 않는다. 회계가 기록대상으로 삼는 경제적 사건을 회계상의 거래(accounting transaction)라고 하며, 경제적 사건이 회계상의 거래가 되려면 다음의 두 가지 조건을 만족 시켜야 한다. ① 회계단위로서 객관적이고 합리적으로 측정 가능해야 하고, ② 당해 기업의 재무상태의 변동(자산, 부채, 자본의 증감)을 초래해야 한다.

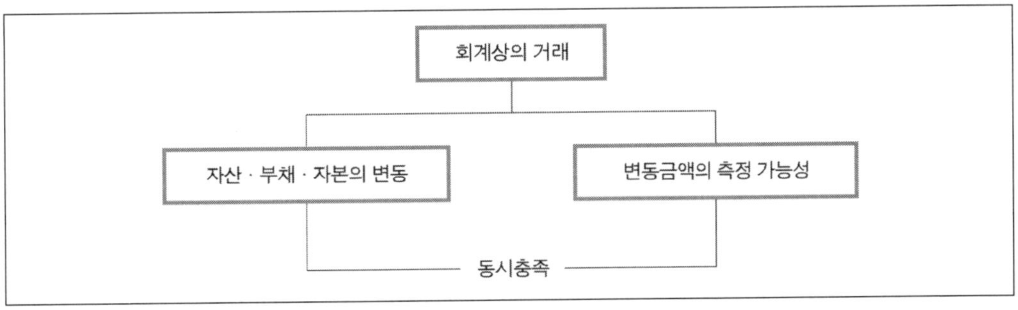

〈그림 3-1〉 회계상 거래의 조건

일상의 거래와 회계거래는 서로 유사하기도 하지만 차이가 있다. 먼저 일반적으로 거래로 알고 있는 것이 회계상 거래가 아닌 경우가 있다. 예를 들어, 어떤 기업이 거래처와 원재료를 단위당 100만원씩 100단위를 구입하기로 계약을 했다고 가정하자. 이 경우 일반적으로 거래가 성사 되었지만 회계상 거래는 아니다. 왜냐하면 객관적이고 합리적으로 측정가능 하기는 하지만, 재무상태의 변동을 초래하지 않았기 때문이다. 즉, 계약을 한 것만으로 자산이 증가하거나 부채가 발생하지는 않는다. 재무상태의 변동을 초래하려면, 원재료를 전달 받았거나, 돈을 지불했거나 해야 한다.

반면에, 일반적으로 거래로 인식되지 않지만 회계상 거래인 경우도 있다. 예를 들면, 기업의 상품 창고에서 화재가 발생하여 창고를 포함해 모든 상품이 불에 탔다고 하자. 이럴 경우 일반적으로 거래가 발생했다고 하지 않지만 회계상 거래이다. 왜냐하면 창고와 화재로 소실된 상품이 장부상에 기록되어 있으므로 객관적이고 합리적으로 측정 가능하며, 상품과 창고가 불에 탔으므로 재무상태의 감소를 초래했기 때문이다.

어떤 경제적 사건이 회계상 거래인 것으로 판단되었다면, 그 회계상의 거래가 재무상태의 변동을 초래한 금액과 영향을 받은 구체적인 계정과목을 파악해야 한다.

〈표 3-1〉 일반거래와 회계상 거래의 예

일반적인 거래	회계상의 거래	예
yes	no	주문, 계약, 약속 등
yes	yes	상품판매, 건물매매, 자금차입 등
no	yes	분실, 도난, 화재 등

예제 3-1 회계상 거래의 식별

다음의 각 거래 중 회계상의 거래에 해당하는 것과 해당하지 않는 것을 고르고 그 이유를 설명하라.

(1) 현금 500,000원을 정기적금에 가입하기로 약정하다.

(2) 사무실에서 사용할 비품을 200,000원에 구입하고 대금은 현금으로 지급하다.

(3) 화재로 1,000,000원의 건물이 소실되다.

(4) 은행에 현금 100,000원을 예금하다.

(5) 거래처에 상품 2,000,000원을 매출하기로 계약하다.

(6) 현금 30,000원을 도난당했다.

(7) 상품 150,000원을 매출하고 대금은 현금으로 받다.

(8) 현금 5,000,000원을 출자하여 회사를 설립하다.

(9) 기업의 운영자금 차입을 위해 거래은행에 취득가액 2억원의 건물을 담보로 제공한다.

풀이

1. 회계상의 거래

(2) 자산(비품) 200,000원이 증가하고 자산(현금) 200,000원이 감소하였으므로 회계상의 거래이다.

(3) 자산(건물) 1,000,000원이 감소하고 비용(재해손실) 1,000,000원이 발생하였으므로 회계상의 거래이다.

(4) 자산(현금) 100,000원이 감소하고 자산(예금) 100,000원이 증가하였으므로 회계상의 거래이다.

(6) 자산(현금) 30,000원이 감소하고 비용(도난손실) 30,000원이 발생하였으므로 회계상의 거래이다.

(7) 수익(매출) 150,000원이 발생하고 자산(현금) 150,000원이 증가하였으므로 회계상의 거래이다.

(8) 자산(현금) 5,000,000원이 증가하고 자본(자본금) 5,000,000원이 증가하였으므로 회계상의 거래이다.

2. 회계상의 거래가 아닌 것

(1) 약정한 사실만으로는 자산, 부채, 자본에 아무런 영향을 미치지 않으므로 회계상의 거래가 아니다.

(5) 매출을 계약한 사실만으로는 자산, 부채, 자본에 아무런 영향을 미치지 않으므로 회계상의 거래가 아니다.

(9) 담보제공은 자산, 부채, 자본의 변화가 없으므로 회계상 거래가 아니다.

(2) 회계거래의 양면성과 재무상태표 등식

상품을 판매하고 현금을 받은 거래의 경우 '상품을 판매하였으므로(원인)→ 현금을 받았다(결과)'와 같이 원인과 결과로 나눌 수 있다. 또한 토지를 구입하고 현금을 지급한 거래의 경우 '토지를 구입하였으므로(원인) → 현금을 지급하였다(결과)'와 같이 원인과 결과로 나눌 수 있다. 위의 두 거래에서 공통적으로 볼 수 있는 것은 한 거래가 반드시 원인과 결과라고 하는 두 얼굴을 동시에 가지고 있는 것이다. 이것을 회계에서 거래의 양면성 또는 거래의 이중성(duality)이라고 한다.

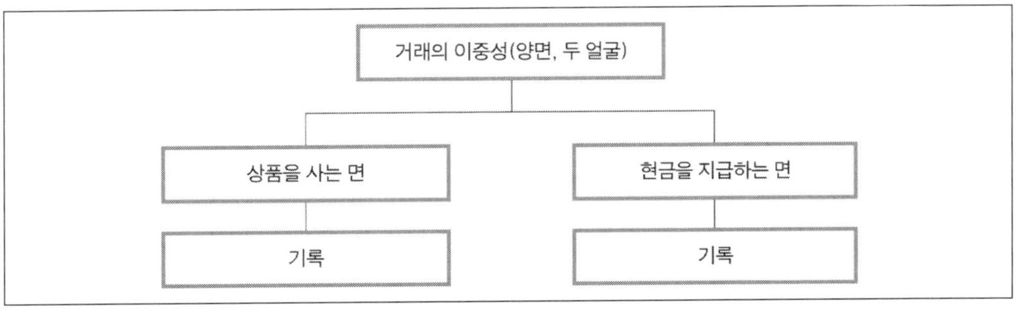

〈그림 3-2〉 거래의 이중성

회계의 체계적 기록방법인 복식부기의 가장 큰 특징은 이와 같은 거래의 두 얼굴인 원인과 결과를 동시에 기록한다는 것이다. 복식부기의 복식(複式)이란 말도 이와 같이 하나의 거래를 두 번 기록한다는 뜻에서 나온 말이다.

회계거래의 인식에 따라 기업의 자산, 부채, 자본은 수시로 변하지만, 거래의 이중성을 통해 새로운 재무상태표 등식(자산=부채+자본)은 어느 시점에서나 항상 성립한다. 다음의 예제를 통해서 회계거래가 재무상태표 등식에 미치는 영향을 살펴보도록 하자.

예제 3-2 대차평균의 원리

① 주식을 발행하고 주주들로부터 현금 ₩500,000을 납입받았다.

자산	=	부채	+	자본
현금 (+)₩500,000	=	0		자본금 (+) ₩500,000

② 매출채권 ₩60,000 회수하다.

자산	=	부채	+	자본
현금 (+)₩60,000 매출채권 (-)₩60,000	=	0		0

③ 복사기를 ₩200,000에 구입하고 대금은 외상으로 하다.

자산	=	부채	+	자본
비품 (+)₩200,000	=	미지급금 (+) ₩200,000		0

④ 매입채무 ₩300,000을 현금으로 지급하다.

자산	=	부채	+	자본
현금 (-)₩300,000	=	매입채무 (-) ₩300,000		0

⑤ 운임 ₩10,000을 지급하다.

자산	=	부채	+	자본
현금 (-)₩10,000	=			운송비 (-) ₩10,000

⑥ 용역을 제공한 대가로 ₩3,000,000을 현금으로 받다.

자산	=	부채	+	자본
현금 (+)₩30,00,000	=			용역수익 (+)₩300,000

〈예제 3-2〉에서 살펴보았듯이 모든 회계거래는 최소한 두 개 이상의 항목에 영향을 주고, 재무상태표 등식의 양변에 동일한 금액만큼의 효과를 준다. 따라서 새로운 회계거래가 발생하더라도 재무상태표 등식은 항상 유지된다.

2. 계정과 계정기입

계정(accounts)이란, 회계상 각 거래가 자산, 부채, 자본, 수익 및 비용의 세부 항목별로 기록되는 장소를 말한다. 그리고 이 계정에 구체적인 명칭을 붙인 것을 계정과목이라고 한다. 계정과목은 계정의 내용이 분명히 나타나도록 해야 한다. 〈표3-2〉는 일반적으로 기업에서 사용되는 대표적인 계정의 분류와 예를 나타낸다.

〈표 3-2〉 계정과목의 예

분류	계정과목	분류	계정과목
〈자산〉	현금	〈수익〉	매출(재화의 판매)
	대여금(단기,장기)		용역수익
	매출채권		임대료
	미수금		이자수익
	미수수익		배당금수익
	선급비용		
	상품		
	제품	〈비용〉	매출원가
	소모품		종업원급여
	토지		임차료
	건물		통신비
	기계장치		운송비
	비품		보험료
	차량운반구		소모품비
			광고비
〈부채〉	매입채무		복리후생비
	차입금(단기, 장기)		수도광열비
	미지급금		감가상각비
	선수수익		대손상각비
	미지급비용		이자비용
			법인세비용
〈자본〉	자본금		
	이익잉여금	* 당기순이익과 포괄이익에 대해서는 계정이 설정되지 않음	
	재평가잉여금		

계정은 회계기간 중에 발생하는 거래들의 효과를 체계적으로 기록할 수 있게 하여 항목별로 증가, 감소 및 현재 잔액을 쉽게 알 수 있게 한다. 계정이 어떤 구조로 되어 있는지 살펴보도록 하자. 〈그림 3-3〉은 현금계정의 예를 보여준다.

현금계정

차변(왼쪽)	대변(오른쪽)
⇓	⇓
현금의 증가를 기록	현금의 감소를 기록

〈그림 3-3〉 계정의 예: 현금계정

위의 현금계정은 왼쪽과 오른쪽 두 부분으로 구성되어있는데, 계정의 왼쪽은 차변(Debit, Dr.), 오른쪽을 대변(Credit, Cr) 이라고 한다. 또한 계정은 영문자 T자 형태를 나타내므로 흔히 T-계정이라고 부른다. 현금계정의 차변에는 현금의 증가를 기록하고, 대변에는 현금의 감소를 기록한다. 따라서 현금의 잔액은 「차변기입액의 합계 - 대변기입액의 합계」금액이 된다.

회계거래가 발생하면 원인과 결과를 구분하여 차변과 대변에 각각 기록하게 되는데, 이를 분개(journal entry)라고 한다. 거래의 기록은 일정한 원칙에 따라 기록되어진다. 즉, 자산항목의 증가는 차변에, 자산항목의 감소는 대변에 기록한다. 부채와 자본항목은 증가를 계정의 대변에, 감소는 차변에 기록한다. 이는 재무상태표 등식(자산=부채+자본)에 따라 기록되어지기 때문이다.

한편, 회계기간 중 발생한 수익과 비용항목들을 계정에 기록하는 방법은 자본항목의 기록방법과 같다. 즉, 수익은 자본을 증가시키므로 자본과 같이 대변계정에 기록하고, 비용은 자본을 감소시키므로 차변계정에 기록한다. 〈표3-3〉는 계정기입의 원칙을 정리한 것이다.

〈표 3-3〉 계정기입의 원칙

차변요소(4가지)	대변요소(4가지)
자산의 증가(+)	자산의 감소(-)
부채의 감소(-)	부채의 증가(+)
자본의 감소(-)	자본의 증가(+)
비용의 증가(+)	수익의 증가(+)

〈그림 3-4〉는 어느 시점에서의 각 계정의 잔액(=차변기입액-대변기입액)의 위치와 그 결과를 나타낸다.

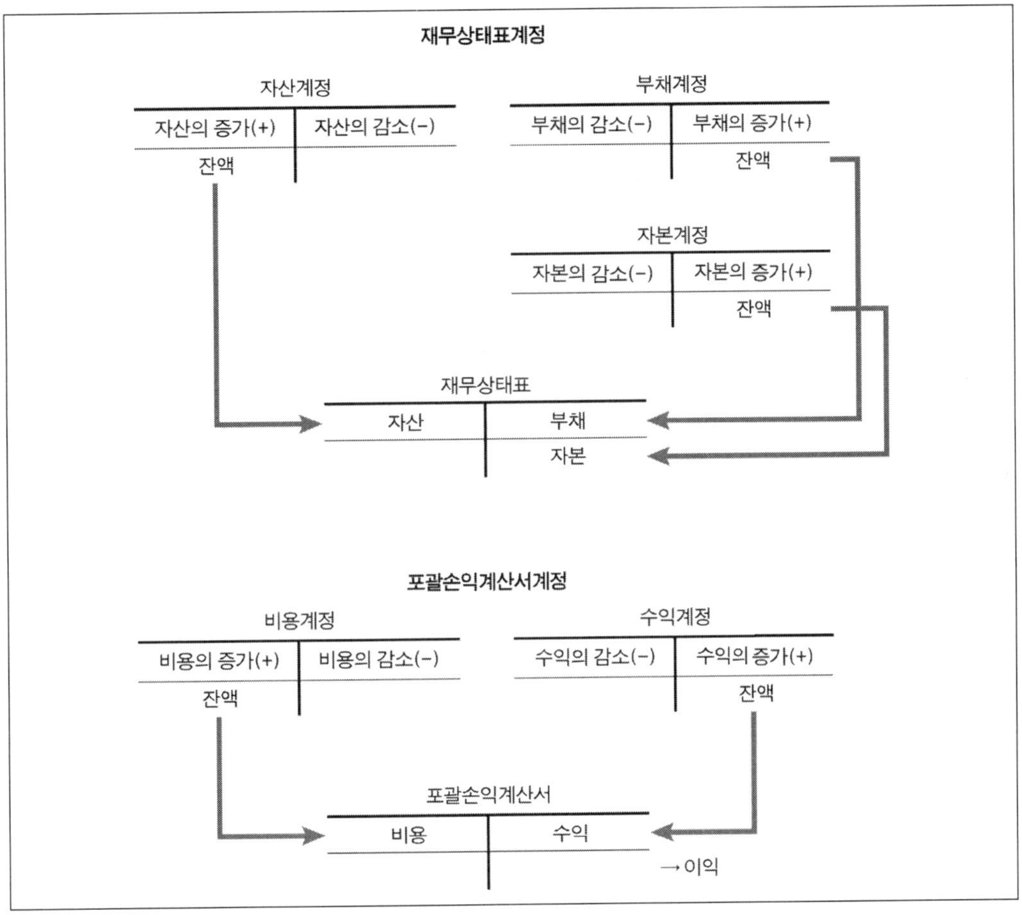

〈그림 3-4〉 계정기입 원칙과 결과

회계기간 말 자산, 부채 및 자본계정의 잔액들은 재무상태표에 계상이 되고, 수익계정의 대변기입액의 합계와 비용계정의 차변기입액의 합계는 포괄손익계산서에 계상된다.

3. 재무제표 기본요소의 인식

인식(recognition)이란 어떤 항목을 재무상태표나 포괄손익계산서에 반영하는 과정을 말한다. 재무제표 요소의 정의에 부합하는 항목이 다음 기준을 모두 충족한다면 재무제표에 인식되어야 한다.

① 그 항목과 관련된 미래 경제적 효익이 기업에 유입되거나 유출될 가능성이 높다.

② 그 항목의 원가 또는 가치를 신뢰성있게 측정할 수 있다.

원가나 가치에 대한 객관적인 정보가 없는 경우 합리적인 추정을 사용하는데, 이를 신뢰성있게 측정할 수 없는 경우에는 재무제표에 인식할 수 없다. 예를 들어, 법적 소송으로부터 예상되는 배상금이 신뢰성있게 측정할 수 없다면 이를 자산이나 수익으로 인식할 수 없다. 즉, 위의 두 가지 인식조건 중 하나라도 충족하지 못하면 회계거래를 인식할 수 없다.

(1) 자산의 인식

자산은 미래경제적 효익이 기업에 유입될 가능성이 높고 해당 항목의 원가 또는 가치를 신뢰성있게 측정할 수 있을 때 재무상태표에 인식한다. 만약 어떤 거래로 인해 지출이 발생하였으나 미래 경제적 효익이 유입가능성이 낮다고 판단된다면 자산으로 인식하지 않고 포괄손익계산서에 비용으로 인식한다.

(2) 부채의 인식

부채는 기업이 현재 의무를 이행함에 따라 경제적 효익을 갖는 자원의 유출가능성이 높고 결제될 금액을 신뢰성있게 측정할 수 있을 때 재무상태표에 인식한다.

(3) 수익·비용의 인식

회계거래 인식에 있어 두 가지 회계절차가 있다. 현금수입과 지출이 있을 때 수익과 비용을 인식하는 회계절차를 현금기준 회계(cash accounting)라고 한다. 반면에 현금이 유입· 유출되는 기간이 아니라 해당 거래가 발생한 기간에 수익과 비용을 인식하는 회계절차를 발생기준회계(accrual accounting)라고 한다. 우리나라의 「재무회계 개념체계」는 수익과 비용을 인식함에 있어 발생기준회계를 채택하고 있다.

수익은 자산의 증가나 부채가 감소하여 미래 경제적 효익이 증가하고 이를 신뢰성있게 측정할 수 있을 때 포괄손익계산서에 인식[1]한다. 즉, 일반적으로 판매시점에서 상품이나 용역이 인도되며, 수익인식을 위한 신뢰성 있는 가격이 결정되어 현금 및 현금청구권이 취득되므로 판매시점에 수익을 인식하게 되는 것이다.[2]

비용은 대체로 상품이 판매되거나 용역이 제공되는 시점(수익 발생되는 시점)에 발생하는 것이 보통이다. 즉, 수익이 인식되는 회계기간과 같은 기간에 인식하여 수익과의 인과관계를 설명할 수 있어야 하는 데 이를 수익·비용대응의 원칙이라고 한다. 만일 수익이 당 회계기간에 발생하지 않으면 이에 관련되는 원가와 비용은 관련 수익에 대응될 때까지 자산으로 표시된다. 이후 다음 회계기간에 수익을 인식하는 시점에 관련 비용으로 인식한다. 이렇게 수익과 비용을 서로 대응하여 같은 회계기간에 인식하는 것은 발생주의 회계 핵심이라고 할 수 있다.

4. 회계순환과정

회계순환과정(accounting cycle)이란 회계거래나 사건이 정확하게 기록되어 일정한 절차에 따른 회계처리 과정을 거쳐 재무제표가 완성되기까지의 모든 과정이 일정한 회계기간동안 주기적으로 반복되는 것을 말한다. 회계순환과정을 간략히 표현하면 〈그림 3-5〉과 같이 표시할 수 있다.

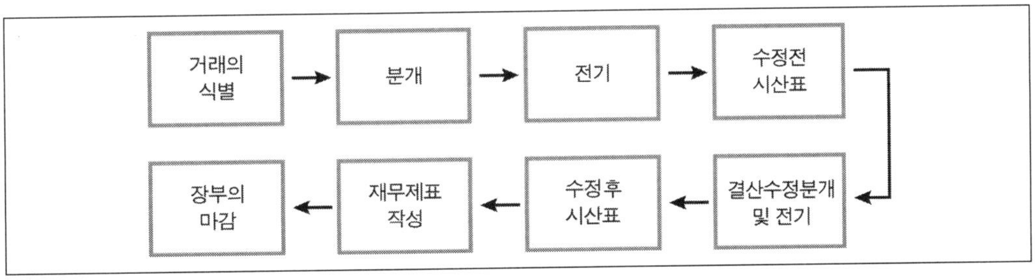

〈그림 3-5〉 회계순환과정

1) 수익인식기준은 실현기준과 가득기준 두 가지로 구체화된다. 실현기준 수익은 실현되었거나 또는 실현가능한 시점에서 인식한다. 기업이 영업활동으로 상품이나 용역을 제공하는 그 대가로 현금 또는 현금 청구권을 수취하였을 경우 수익이 실현되었다고 한다. 기업이 고객에게 상품을 인도하였거나 용역을 제공함으로써 자신의 의무를 모두 완료하였을 때 수익이 가득되었다고 할 수 있다. 일반적으로 재화의 판매시점에 수익을 위한 위의 두 가지 조건이 모두 만족된다.

2) 한편, 서비스나 교육 등 용역을 제공하는 경우나 건설회사처럼 장기간 건물을 건설하는 경우 등에는 판매시점이 아니라 다른 수익인식기준을 적용해야 할 것이다.

회계기간 중 거래가 발생하면 이를 식별하고 분개를 한다. 이 거래들을 각 계정별로 모으기 위해 전기를 한 후, 계정별 잔액을 각각 차변과 대변에 모아 수정전시산표를 작성한다. 이는 차변의 합계와 대변의 합계가 일치하는 가를 확인해 보기 위함이다.

다음으로 기말에 추가로 반영해야 할 결산 수정분개를 한 후, 이를 전기하고 수정후시산표를 작성한다. 이 수정전시산표를 토대로 재무제표를 작성하게 되고, 다음 회계연도에 계속하여 거래를 기록할 수 있도록 계정을 마감한다.

여기에서 거래의 식별, 분개, 전기 및 수정전시산표를 설명하고, 제4장에서는 결산수정분개 및 전기, 수정후 시산표, 재무제표 및 장부의 마감을 살펴본다.

(1) 1단계 : 거래의 식별 및 측정

회계순환과정의 제1단계는 회계기간 중 발생하는 거래 또는 사건이 회계상 거래인지를 판단해야한다. 회계상 거래로 판단이 되면 이 거래를 측정하여 회계장부에 기록한다.

(2) 2단계 : 분개

회계순환과정 중 제2단계는 분개이다. 분개는 해당 회계거래를 차변과 대변으로 나누어 기록하는 것으로서 분개장(journal)이라는 장부에 기록을 한다. 〈그림 3-6〉은 분개장의 예를 나타낸다.

분개장

20x4년 12월 1일부터

20x4년 12월 31일까지

㈜열매 (1)

일자	적 요	원면	차 변	대 변
12 1	(현금)	1	100,000,000	
	(자본금)	5		100,000,000
	현금을 출자하여 개업			
1	(현금)	1	100,000,000	
	(차입금)	4		100,000,000
	은행에서 현금 차입			
	차면으로		200,000,000	200,000,000

〈그림 3-6〉 분개장의 예

(3) 3단계 : 전기(posting)

회계순환과정 중 제3단계는 전기인데, 분개장에 분개된 거래들을 총계정원장의 각 계정에 기록하는 과정이다. 총계정원장(general ledge)은 모든 계정기록을 각 계정별로 모아 놓은 장부이다. 즉, 차변에 분개된 내용은 해당 계정의 차변에, 대변에 분개된 내용은 해당 계정의 대변에 전기된다. 전기가 끝나고 나면 계정 잔액을 계산할 수 있다. 이 때 계정의 잔액은 일반적으로 계정의 증가가 기록되는 쪽에 나타난다. 즉, 자산계정들은 잔액이 주로 차변에, 부채나 자본 계정들은 잔액이 주로 대변에 나타난다.

총계정원장

현 금

20x4년 12월 1일부터
20x4년 12월 31일까지

(주)열매 (1)

일자		적 요	분면	차 변	대 변	잔액
12	1	자본금	1	100,000,000		100,000,000
12	1	차입금	1	100,000,000		200,000,000

자본금

20x4년 12월 1일부터
20x4년 12월 31일까지

(주)열매 (5)

일자		적 요	분면	차 변	대 변	잔액
12	1	현금	1		100,000,000	100,000,000

차입금

20x4년 12월 1일부터
20x4년 12월 31일까지

(주)열매 (4)

일자		적 요	분면	차 변	대 변	잔액
12	1	현금	1		100,000,000	100,000,000

〈그림 3-7〉 총계정원장 예

(4) 4단계 : 수정전 시산표(trial balance)

회계기간 동안 모든 거래를 기록하고 기말에 이르면 시산표를 작성하는데, 이는 모든 계정의 잔액 혹은 총액을 한곳에 모아놓은 표이다. 시산표는 기본적으로 계정기록의 정확성을 점검하고 결산을 준비하기 위한 목적을 위해 작성된다.[3)]

만약 시산표의 차변합계와 대변합계가 일치하지 않다면 회계기간 중의 분개 ~ 전기의 과정에 오류가 있었음을 의미한다. 예를 들어, 분개장의 차변기입을 원장의 대변으로 전기하였거나 또는 금액을 잘못 기입하였다면 시산표에서의 차변합계와 대변합계는 같지 않게 된다. 그러나 시산표의 차변합계와 대변합계가 일치한다고 해서 전혀 오류가 없다고 볼 수 없다. 예를 들어, 현금계정의 차변에 기록되어야 할 것이 소모품계정의 차변에 기록된다면 시산표의 차변합계와 대변합계는 일치하므로 이러한 오류는 검증되지 않는다. 또는 거래의 기록이 완전히 누락될 경우에도 시산표의 차변합계와 대변합계는 일치하므로 이러한 유형의 오류는 시산표의 작성만으로 발견될 수 없다.

회계기간 중에 각 계정기입이 올바로 이루어졌다면 시산표의 차변합계와 대변합계는 일치하게 되는데 이를 등식으로 나타내면 다음과 같다.

$$\text{시산표 등식 : } \underbrace{\text{자산} + \text{비용}}_{\text{차변잔액 합계}} = \underbrace{\text{부채} + \text{자본} + \text{수익}}_{\text{대변잔액 합계}}$$

시산표는 기업이 의무적으로 작성해야 하는 것은 아니지만 위와 같은 유용성을 가지고 있으므로 많은 기업들이 시산표를 작성하고 있다. 시산표에는 모든 계정의 잔액이 나열되기 때문에 시산표로부터 재무상태표와 포괄손익계산서를 바로 작성할 수 있다.

〈예제 3-3〉을 통해 회계순환과정 중 거래의 식별에서부터 재무제표 작성에 이르기까지의 과정을 살펴본다.

예제 3-3 회계순환과정

(주)열매설계는 건축설계업을 하는 기업이다. 기업은 20x4년 5월 1일에 설립되었고, 회계기간은 1개월 (5월 1일~5월 31일)이라고 가정하고 5월에 대한 회계순환의 각 단계는 다음과 같다.

---

3) 시산표는 세 가지 유형이 있다. 즉, 각 계정의 총액을 모아 놓은 합계시산표, 잔액을 모아놓은 잔액시산표, 합계와 잔액을 모두 모아놓은 합계잔액시산표가 있는데, 본서에서는 잔액시산표에 대해서만 설명한다.

회계기간(5월1일~5월 31일) 중에 발생한 거래들은 다음과 같다.

5월 1일 : 주주들이 출자하여 현금 ₩3,000,000 이 납입되었다.

5월 2일 : 사무실 임차계약을 하고 5월~7월의 3개월 임차료 ₩900,000을 현금으로 지급하였다.

5월 15일 : L사에 설계용역을 제공하고 용역대금 ₩600,000을 현금으로 받았다.

5월 25일 : 종업원급여 ₩100,000을 현금으로 지급하였다.

5월 31일 : 소모품₩100,000을 구입하고 대금은 1개월 후에 지급하기로 하였다.

위의 거래들은 증빙자료에 의해 모두 확인되었다고 가정할 경우, 분개와 총계정원장에 전기한 결과는 다음과 같다.

[거래의 분개]

5월 1일 : (차) 현금 3,000,000 (대) 자본금 3,000,000

5월 2일 : (차) 선급임차료 900,000 (대) 현금 900,000

5월 15일 : (차) 현금 600,000 (대) 용역수익 600,000

5월 25일 : (차) 종업원급여 100,000 (대) 현금 100,000

5월 31일 : (차) 소모품 100,000 (대) 미지급금 100,000

[계정에 전기]

현금

5/1 3,000,000	5/2 900,000
5/15 600,000	5/25 100,000

선급임차료

5/2 900,000	

소모품

5/31 100,000	

미지급금

	5/31 100,000

자본금

	5/1 3,000,000

용역수익

	5/15 600,000

종업원급여

5/25 100,000	

[수정전시산표 작성]

수정전시산표

(주)열매설계 20X4년 5월 31일 현재

계정과목	차변	대변
현금	₩2,600,000	
선급임차료	900,000	
소모품	100,000	
미지급금		₩100,000
자본금		3,000,000
용역수익		600,000
종업원급여	100,000	
합계	₩3,700,000	₩3,700,000

수정전시산표는 계정과목에 대한 기록(분개 및 전기)이 정확하게 작성되었는지를 차변잔액의 합계액과 대변잔액의 합계액이 일치하는가를 통해 확인하는 과정이다. 위 수정전시산표는 차변잔액의 합계액과 대변잔액의 합계액이 각각 ₩3,700,000으로 일치하므로 잔액의 합계액을 기준으로 할 때 정확하게 작성되었다고 볼 수 있다. 주의할 점은 잔액의 합계액이 일치한다고 해서 모든 세부적인 기록까지 정확하다고 판단할 수는 없다.

익힘문제

1. 회계거래란 무엇을 의미하는가?

2. 복식부기의 원리(분개의 원리)는 무엇인가?

3. 분개와 전기의 의미는 무엇인가?

4. 발생주의 회계와 현금주의 회계의 차이점은 무엇인가?

5. 수익 · 비용 대응의 원칙이 무엇인가?

연습문제

1. **회계거래**

다음 상황 중 회계거래인 것을 고르고 각각 자산, 부채, 자본에 어떤 영향을 미치는지 밝히시오.

(1) 주식을 발행하고 현금을 납입받아 기업을 설립하였다.
(2) 사무실을 임차하고 월말에 임차료를 지급하기로 하였다.
(3) 은행으로부터 단기자금을 현금으로 차입하였다.
(4) 다음 주부터 용역을 제공해주기로 계약을 체결하였다.
(5) 은행으로부터 빌린 자금에 대한 이자를 현금으로 지급하였다.

2. **회계거래**

다음의 거래가 자산, 부채, 자본의 증감에 어떠한 영향을 미치는지를 설명하시오(예를 들면 자산 증가 - 자산 감소 등).

1) 비품을 구입하고 대금은 나중에 주기로 하다.
2) 상품을 판매하고 대금은 나중에 받기로 하다.
3) 광고를 하고 대금은 현금을 지급하다.
4) 상품의 외상판매대금을 현금으로 회수하다.
5) 신한은행에서 현금을 단기간 차입하다.

3. **분개**

서비스 업체인 (주)열매가 사용하는 계정은 다음과 같다. 이를 사용하여 아래에 나타난 거래를 분개하라.

현금, 선수수익, 자본금, 차입금, 급여, 광고비, 매출, 건물, 이자비용

1월 1일	주당 ₩5,000인 주식 20주를 액면발행하여 현금으로 납입받았다.
1월 2일	은행으로부터 ₩50,000을 차입하였다.
1월 3일	건물 ₩100,000을 현금으로 구입하였다.
1월 5일	₩5,000을 지급하고 신문에 광고를 하였다.
1월 8일	3월부터 건물을 임대해주기로 계약하고 ₩80,000을 미리 받았다.

1월 30일　　차입금에 대한 이자를 ₩1,000 지급하였다.

1월 31일　　종업원들에게 ₩10,000의 급여를 지급하였다.

4. 분개

(주)열매컨설팅의 거래는 다음과 같다. 분개를 하고 현금, 매출채권, 미지급금에 대한 T−계정을 작성하시오.

1월 1일　　주당 ₩500인 주식 200주를 액면발행하여 현금으로 납입받음

2월 1일　　건물을 ₩20,000에 취득하고 대금은 2월말에 납부하기로 함

2월 5일　　고객에게 ₩40,000의 자문 서비스를 외상으로 제공함

2월 15일　　발생한 종업원 급여 ₩30,000에 대해서 ₩25,000을 지급하고 남은 ₩5,000은 추후 지급하기로 함

2월 20일　　2월 5일 제공한 서비스에 대한 대금 중 ₩30,000을 수취함

2월 25일　　은행으로부터 ₩10,000의 단기차입금을 차입함

2월 28일　　건물 구입 대금을 전부 지급함

5. 분개

다음 주어진 상황에 대해 회계처리가 필요한 경우에 한해서 분개하시오.

(1) 기계를 ₩50,000에 구입하고 대금은 추후 지불하기로 약속함

(2) 새로운 거래처와 계약을 맺고 다음 달에 ₩30,000의 상품을 공급하기로 함

(3) 지난 3년간 매달 평균 ₩200,000의 매출을 올리던 우수사원의 퇴직으로 회사에 ₩1,000,000의 경제적 손실이 발생한 것으로 판단됨

(4) 거래처로부터 상품대금 ₩100,000을 미리 받았으나 생산을 시작하지 않은 상태임

(5) ₩300,000의 토지를 구입하고 ₩100,000의 현금을 지불하고 남은 ₩200,000은 추후 지불하기로 함

(6) 은행에 예금한 ₩10,000에 이자가 발생하여 통장에 ₩1,000이 입금됨

6. 포괄손익계산서 작성

다음은 고둘리씨가 작성한 (주)열매의 2x14년 포괄손익계산서이다. 그런데 고둘리씨는 회계에 익숙하지 않은 까닭에 아래의 포괄손익계산서에는 오류가 있다.

포괄손익계산서		
(주)열매	20x14년 1월 1일~ 2x14년 12월 31일	(단위:원)
수익 : 매출액		4,500,000
이익잉여금		100,000
비용: 매출원가	2,800,000	
종업원급여	550,000	
매입채무	120,000	
광고비	100,000	
감가상각비	80,000	
단기차입금	500,000	
이자비용	50,000	4,200,000
당기순이익		400,000
기타포괄손익		0
당기포괄손익		400,000

(1) 포괄손익계산서에 포함되지 않아야 할 항목은 무엇인가?

(2) 올바른 포괄손익계산서를 작성하라.

(3) 위의 잘못된 포괄손익계산서에 표시된 이익잉여금 ₩100,000은 기초이익잉여금이다. 2x14년 중에 배당이 없었다면 기말이익잉여금은 얼마인가?

7. 발생주의와 현금주의

(주)열매는 책 대여점 체인을 운영하고 있다. 이 대여점의 회원들은 편의상 선금을 내고 한도 내에서 책을 빌려가는 사람들이 있는가 하면, 외상으로 책을 빌렸다가 주인이 경고를 하고 나서야 대여료를 납부하는 사람들도 있다. 다음은 (주)열매의 20×4년 1월말과 2월말 재무상태표에 기록된 매출채권과 선수금 잔액이다.

	20×4년 1월	20×4년 2월
매출채권	₩100,000	₩70,000
선 수 금	30,000	50,000

(1) 20×4년 2월중 (주)열매의 매출이 ₩500,000인 경우 회원들로부터 현금으로 수취한 금액은 얼마인가?

(2) 현금으로 수취한 금액과 매출을 비교했을 때, 어느 수치가 경영자의 의사결정에 더 유용한가?

8. 회계등식과 분개 및 전기

(주)열매퀵서비스의 2X14년 7월 1일 설립되었으며, 7월 1일부터 7월 31일까지의 기간 동안 다음의 거래들이 발생하였다.

① 7월 1일	주주들이 현금 ₩300,000을 출자하여 회사를 설립하였다. (주)열매퀵서비스는 사무실 임차계약을 체결하고, 2개월마다 임차료 ₩100,000을 지급하기로 계약하였다. 또한 매월 급여 ₩50,000을 주기로 하고 종업원을 채용하였다.
② 7월 3일	영업을 위한 차량을 ₩100,000에 구입하였다. 구입대금 중 ₩50,000은 현금으로 지급하고 나머지는 2개월 후에 지불하기로 하였다.
③ 7월 7일	K사로부터 ₩50,000 상당의 퀵서비스 주문을 받고 용역을 제공하였으며, 용역대금을 현금으로 받았다.
④ 7월 15일	L사로부터 ₩100,000 상당의 퀵서비스 주문을 받고 용역을 제공하였으며, 용역대금 일부인 ₩40,000을 현금으로 받았다. 나머지 용역대금 중 ₩30,000은 일주일 후에, 그리고 ₩30,000은 1개월 후에 받기로 하였다.
⑤ 7월 22일	L사로부터 용역대금 ₩30,000을 현금으로 회수하였다.
⑥ 7월 25일	종업원 급여 ₩50,000을 현금으로 지급하였다.
⑦ 7월 28일	7월의 통신비 ₩3,000을 현금으로 지급하였다.
⑧ 7월 31일	임차료가 지급되지는 않았지만, 7월의 임차료 발생액 ₩50,000을 인식하였다.

(1) 7월의 거래를 일자별로 분개하고 전기하라.

(2) 7월의 포괄손익계산서를 작성하라. 단, 차량운반구의 감가상각비는 무시한다.

연습문제 해답

1. (1) 현금(자산)이 증가하고, 자본금(자본)이 증가하는 회계거래임

(2) 임차료(자본: 이익잉여금의 형태로 자본이 감소하게 됨)이 발생하고, 미지급임차료(부채)가 증가하는 회계거래임

(3) 현금(자산)이 증가하고, 단기차입금(부채)이 증가하는 회계거래임

(4) 자산, 부채, 자본에 변동이 생기지 않으므로 회계거래가 아님

(5) 이자비용(자본: 이익잉여금의 형태로 자본이 감소하게 됨)이 발생하고, 현금(자산)이 감소하는 회계거래임

2. 1) 자산 증가 - 부채 증가

2) 자산 증가 - 자본 증가

3) 자본 감소 - 자산 감소

4) 자산 증가 - 자산 감소

5) 자산 증가 - 부채 증가

3.

1월 1일	(차) 현 금	100,000	(대) 자 본 금	100,000
1월 2일	(차) 현 금	50,000	(대) 차 입 금	50,000
1월 3일	(차) 건 물	100,000	(대) 현 금	100,000
1월 5일	(차) 광 고 비	5,000	(대) 현 금	5,000
1월 8일	(차) 현 금	80,000	(대) 선수수익	80,000
1월 30일	(차) 이자비용	1,000	(대) 현 금	1,000
1월 31일	(차) 급 여	10,000	(대) 현 금	10,000

4.

1월 1일	(차) 현 금	100,000	(대) 자 본 금	100,000
2월 1일	(차) 건 물	20,000	(대) 미지급금	20,000
2월 5일	(차) 매출채권	40,000	(대) 매 출	40,000
2월 15일	(차) 급 여	30,000	(대) 현 금	25,000
			미지급금	5,000
2월 20일	(차) 현 금	30,000	(대) 매출채권	30,000
2월 25일	(차) 현 금	10,000	(대) 단기차입금	10,000
2월 28일	(차) 미지급금	20,000	(대) 현 금	20,000

현　금

1월 1일	₩100,000	2월 15일	₩25,000
2월 20일	30,000	2월 28일	20,000
2월 25일	10,000		
합계	₩140,000	합계	₩45,000
잔액	₩95,000		

매출채권

2월 5일	₩40,000	2월 20일	₩30,000
합계	₩40,000	합계	₩30,000
잔액	₩10,000		

미지급금

2월 28일	₩20,000	2월 1일	₩20,000
		2월 15일	5,000
합계	₩20,000	합계	₩25,000
		잔액	₩5,000

5. (1) (차) 기　계　50,000　(대) 미지급금　50,000

(2) 상품 공급 계약은 회계처리대상이 아니다. 기업의 자산, 부채, 자본에 변동이 없다.

(3) 회계처리대상이 아니다.

(4)	(차) 현　금	100,000	(대) 선 수 금	100,000
(5)	(차) 토　지	300,000	(대) 현　금	100,000
			미지급금	200,000
(6)	(차) 현　금	1,000	(대) 이자수익	1,000

6. (1) 이익잉여금, 매입채무, 단기차입금

(2) 올바른 포괄손익계산서

<u>포괄손익계산서</u>

(주)열매	20x14년 1월 1일~ 2x14년 12월 31일	(단위:원)
수익 : 매출액		4,500,000
비용: 매출원가	2,800,000	
종업원급여	550,000	
광고비	100,000	
감가상각비	80,000	
이자비용	50,000	3,580,000
당기순이익		920,000
기타포괄손익		0
당기포괄손익		920,000

(3) 기말 이익잉여금 = 기초이익잉여금 + 당기순이익

= 100,000 + 920,000 = 1,020,000

7. (1)

	₩500,000	(2월중 매출)
+	30,000	(매출채권의 감소분만큼 현금이 유입됨)
+	20,000	(선수금의 증가분만큼 현금이 유입됨)
	₩550,000	(2월중 현금유입액)

(2) 경영자의 의사결정에 더 유용한 정보는 발생주의에 따라 계산된 매출액 ₩500,000이다.

8. (1) 거래의 분개

① 7월 1일	(차) 현금	300,000	(대) 자본금	300,000
② 7월 3일	(차) 차량운반구	100,000	(대) 현금	50,000
			미지급금	50,000
③ 7월 7일	(차) 현금	50,000	(대) 용역수익	50,000
④ 7월 15일	(차) 현금	40,000	(대) 용역수익	100,000
	매출채권	60,000		
⑤ 7월 22일	(차) 현금	30,000	(대) 매출채권	30,000
⑥ 7월 25일	(차) 종업원급여	50,000	(대) 현금	50,000
⑦ 7월 28일	(차) 통신비	3,000	(대) 현금	3,000
⑧ 7월 31일	(차) 임차료	50,000	(대) 미지급비용	50,000

현금	
① 300,000	② 50,000
③ 50,000	⑥ 50,000
④ 40,000	⑦ 3,000
⑤ 30,000	

매출채권	
④ 60,000	⑤ 30,000

차량운반구	
② 100,000	

미지급금	
	② 50,000

미지급비용	
	⑧ 50,000

자본금	
	① 300,000

용역수익	
	③ 50,000
	④ 100,000

종업원급여	
⑥ 50,000	

통신비	
⑦ 3,000	

임차료	
⑧ 50,000	

(2) 7월의 포괄손익계산서

수익:	용역수익		150,000
비용:	종업원급여	50,000	
	통신비	3,000	
	임차료	50,000	103,000
당기순이익			47,000
기타포괄손익			0
당기포괄이익			47,000

4장 회계순환과정 II: 기말의 회계처리

기중의 회계처리는 주로 거래가 발생하면 이를 식별하고 기록하는 과정이다. 수정전시산표를 통해 계정기록의 정확성이 확인되면 각 계정잔액을 확정시키는 절차에 들어가게 된다. 이 중 일정항목들은 회계기간 말이 되어야 그 금액이 확정되는데, 이를 위해 결산 수정분개(adjusting entries)를 하고 이를 해당 계정에 전기한다. 이러한 수정분개는 재무제표 작성을 위해 필수적으로 거쳐야하는 과정이다. 이 때 결산수정분개는 발생주의를 반영하여 정확한 금액으로 조정하는 분개인데, 본 장에서는 그러한 수정분개의 유형을 구체적으로 살펴본다.

1. 5단계 : 결산수정분개 및 전기

(1) 미지급비용

미지급비용(accrued expense)이란 회계기간 중에 비용이 발생하였는데, 아직 현금으로 지급하지 않았기 때문에 기중에 인식하지 않은 비용이다. 미지급비용은 결산수정분개를 통하여 당기의 비용으로 인식하고 발생한 비용만큼 현금을 지급해야할 의무가 있으므로 이를 부채로 인식하는 것이다.

[예 1] A사는 20x4년 5월 25일에 지급해야 할 5월분 종업원 급여 ₩600,000을 6월 10일에 지급하였다.

회계기간이 1개월이라고 가정하면 A사의 20X4년 5월 31일 결산수정분개는 다음과 같다.

5월 31일 : (차) 종업원급여 600,000 (대) 미지급급여[4] 600,000
(비용) (부채)

(2) 미수수익

미수수익(accrued revenue)은 회계기간 중에 발생하였는데, 아직 그 금액을 현금으로 받지 않아서 기중에는 인식하지 않은 수익이다. 미수수익은 결산수정분개를 통하여 수익으로 인식하고, 발생한 수익만큼 현금을 수취할 수 있으므로 미수수익이라는 자산을 인식하는 것이다.

---

4) 결산수정분개에서 대변에 '미지급급여'의 계정과목을 사용하였는데, '미지급비용'이라는 포괄적 명칭의 계정과목을 사용할 수 있다. 그런데 미지급비용에는 여러 항목이 있을 수있으므로 세분된 계정과목을 사용함으로써 각각의 미지급액을 쉽게 파악할 수 있을 것이다.

[예 2] 건축업을 하는 B사는 20X4년 5월 1일에 연9% 이자율로 ₩1,000,000을 L사에게 1년간 대여하였다. 이자 ₩90,000은 만기인 1년 후에 받기로 하였다.

회계기간이 1개월이라고 가정하면 B사는 20X4년 5월 31일 다음과 같은 수정분개를 해야한다.

5월 31일 : (차) 미수이자 7,500 (대) 이자수익[5] 7,500
(자산) (수익)

(3) 선급비용

선급비용(prepaid expense)은 회계기간 중에 비용이 발생하기 전에 현금을 먼저 지급한 경우에 미리 지급한 금액만큼 자산인 선급비용으로 기록한 것이다. 그 후 회계기간이 경과하면서 비용이 발생하면 나중에 수정분개를 하게 된다. 선급비용에는 선급이자, 선급임차료, 선급보험료 등이 있다.

[예 3] C사는 20X4년 5월 1일에 자동차보험계약을 체결하고 향후 1년간 보험료 ₩120,000을 보험회사에 선급하였다.

회계기간이 1개월이라고 가정하고, 5월 1일에 C사가 보험료 선급액을 자산항목인 선급보험료계정에 기록하였다고 가정하자.

회계처리방법 1〉

지급시점(5월 1일) : (차) 선급보험료 120,000 (대) 현금 120,000
(자산) (자산)

5월 31일 현재 C사는 5월 한달동안 보험서비스를 제공 받았으므로 관련 총보험료 ₩120,000 중 ₩10,000(=₩120,000 X 1/12)을 비용으로 인식해야하며, 5월 31일 수정분개를 해야 한다.

---

5) 결산수정분개에서 차변에 '미수이자'의 계정과목을 사용하였는데, '미수수익'이라는 포괄적 명칭의 계정과목을 사용할 수 있다. 그런데 미수수익에는 여러 항목이 있을 수 있으므로 세분된 계정과목을 사용함으로써 각각의 금액을 구체적으로 파악할 수 있을 것이다.

수정분개(5월 31일) : (차) 보험료 10,000 (대) 선급보험료 10,000
(비용) (자산)

선급보험료	
5/1 120,000	5/31 10,000
잔액 110,000	

보험료	
5/31 10,000	
잔액 10,000	

위와 같이 수정분개를 한 결과, 5월 31일 현재 재무상태표의 자산항목인 선급보험료계정의 차변 잔액은 미경과된 보험료 ₩110,000 (=₩120,000-₩10,000) 을 나타내고 있다. 또한 보험료계정의 차변에는 5월분 (경과)보험료 비용이 ₩10,000으로 계상된다.

회계처리방법 2〉

지급시점에 선급액을 비용항목인 보험료계정에 기록하고 기말 수정분개에서 보험료계정의 금액을 수정하고 미경과된 보험료를 선급보험료계정에 기록하는 방법도 있다. 이 방법을 위의 예에 적용하면 다음과 같다.

지급시점(5월 1일) : (차) 보험료 120,000 (대) 현금 120,000
(비용) (자산)

수정분개(5월 31일) : (차) 선급보험료 10,000 (대) 보험료 10,000
(자산) (비용)

선급보험료	
5/31 110,000	
잔액 110,000	

보험료	
5/1 120,000	5/31 110,000
잔액 10,000	

여기서 선급보험료 계정의 기말잔액(₩110,000)과 보험료계정의 기말잔액(₩10,000)은 앞의 방법과 금액이 같다.

(4) 선수수익

선수수익(unearned revenue)은 회계기간 중 수익이 발생하기 전에 미리 현금을 받은 경우, 현금의 증가를 기록하는 분개를 한다. 예를 들어, 임대업을 하면서 임대료를 미리 받은 경우가 이에 해당한다. 이러한 경우 아직 수익이 실현되지 않았기 때문에 대변은 부채항목인 선수수익(unearned revenues)이 된다. 그런 후 기간이 경과하면서 수익이 실현되면 기말에 수정분개를 하게 된다. 선수수익에는 선수이자, 선수임대료 등이 있다.

[예 4] D사는 20X4년 5월 1일에 사무실 일부를 E사에게 1년간 임대해 주면서 5월~7월의 3개월 임대료 ₩600,000을 받았다.

회계처리방법 1〉

회계기간이 1개월이라고 가정하고, 5월 1일에 D사가 임대료 선수액을 부채항목인 선수임대료계정에 기록했다고 가정하자.

수취시점(5월1일) : (차) 현금 600,000 (대) 선수임대료 600,000
(자산) (부채)

기말시점인 5월 31일이 되면, D사는 수정분개를 통해 5월의 임대료 수익을 인식하고 동시에 선수임대료 계정잔액을 감소시켜야 한다.

수정분개(5월 31일) : (차) 선수임대료 200,000 (대) 임대료 200,000
(부채) (수익)

선수임대료	
5/31 200,000	5/1 600,000
	잔액 400,000

임대료	
	5/31 200,000
	잔액 200,000

5월 31일 수정분개를 전기한 결과, 선수임대료계정의 대변잔액은 미실현된 임대료 ₩400,000 (= ₩600,000 X 2/3)을 나타내고, 임대료 계정의 대변잔액은 5월분 임대료수익 ₩200,000 (=₩600,000 X 1/3) 이 계상된다.

회계처리방법 2〉

수취시점에 선수액을 먼저 수익항목인 임대료계정에 기록하고 기말에 이를 수정할 수도 있다. 즉, 기말에 수정분개에서 임대료계정의 금액을 수정하는 한편 미실현된 임대료를 선수임대료계정에 기록한다. 이 방법을 위의 예에 적용하면 다음과 같다.

수취시점(5월 1일) : (차) 현금 600,000 (대) 임대료 600,000

수정분개(5월31일) : (차) 임대료 400,000 (대) 선수임대료 400,000

선수임대료	
	5/1 40,000
	잔액 400,000

임대료	
5/31 400,000	5/1 600,000
	잔액 200,000

선수임대료계정의 기말잔액 ₩400,000과 임대료계정의 기말잔액 ₩200,000은 앞의 방법과 같은 금액들이다.

(5) 소모품

기업이 영업활동 과정에서 문구류 등의 소액의 소모품을 빈번하게 구입하고 사용하게 된다. 회계기간 중에 소모품을 구입할 때 자산 항목인 소모품(supplies)으로 인식한다. 그러나 회계기간 중에는 매일 그 사용액을 계정에 일일이 확인하여 매번 비용으로 기록하는 것은 실익이 없을 것이다. 따라서 기말시점에 일괄적으로 남아 있는 소모품을 조사하여 사용된 소모품을 비용항목인 소모품비로 인식한다.

[예 5] G사는 2X14년 5월 1일에 소모품 ₩100,000을 구입하고 현금을 지급하였다. 기말인 5월 31일에 소모품 재고를 조사한 결과 ₩40,000의 소모품이 남아있다.

회계처리방법 1〉

기말의 소포품 재고액이 ₩40,000이므로 회계기간 동안 소모품 사용액은 ₩60,000이 된다. 소모품의 구입시점의 분개와 기말 수정분개는 다음과 같다.

구입시점(5월 1일) : (차) 소모품 100,000 (자산) (대) 현금 100,000 (자산)

수정분개(5월 31일) : (차) 소모품비 60,000 (비용) (대) 소모품 60,000 (자산)

소모품	
5/1 100,000	5/31 60,000
잔액 40,000	

소모품비	
5/31 60,000	
잔액 60,000	

회계처리방법 2〉

소모품 구입시점에 구입액을 먼저 비용항목인 소모품비 계정에 계상하였다가 기말에 수정분개를 통해 소모품비를 수정하고 소모품 재고액을 자산항목인 소모품계정에 기록하는 방법이다.

구입시점(5월 1일) : (차) 소모품비 100,000 (비용) (대) 현금 100,000 (자산)

수정분개(5월 31일) : (차) 소모품 40,000 (자산) (대) 소모품비 40,000 (비용)

소모품	
5/31 40,000	
잔액 40,000	

소모품비	
5/1 100,000	5/31 40,000
잔액 60,000	

〈표 4-1〉은 결산수정분개의 유형을 정리하였다.

〈표 4-1〉 결산수정분개의 유형

구분	기중분개		⇒	결산수정분개	
미지급비용	없음		⇒	(차) 비용	(대) 미지급비용
미수수익	없음		⇒	(차) 미수수익	(대) 수익
선급비용	① (차)선급비용	(대) 현금	⇒	(차) 비용	(대) 선습비용
	② (차)비용	(대) 현금	⇒	(차) 선급비용	(대) 비용
선수수익	① (차)현금	(대) 선수수익	⇒	(차) 선수수익	(대) 수익
	② (차)현금	(대) 수익	⇒	(차) 수익	(대) 선수수익
소모품	① (차)소모품	(대) 현금	⇒	(차) 소모품비	(대) 소모품
	② (차)소모품비	(대) 현금	⇒	(차) 소모품	(대) 소모품비

2. 6단계 : 수정후시산표

수정후시산표는 수정전시산표에 결산수정분개를 추가로 반영한 시산표이다. 수정사항이 발생한 계정에 대해서는 결산수정분개와 전기를 반영하여 계정잔액이 정해진다. 수정후시산표는 결산수정이 필요 없는 사항과 수정사항의 계정잔액을 모두 모아 작성하며, 모든 계정의 차변잔액의 합계액과 대변잔액의 합계액이 일치하는가를 표로 작성하여 보여주는 것이다.

다음은 〈예제 3-3〉'회계순환과정'의 (주)열매설계의 회계순환과정에서 제시된 예제의 연속되는 내용이다.

예제 4-2 회계순환과정 (예제 3-3 연속)

1~2단계에서 기록된 거래 중 5월 2일의 거래에 대한 분개를 보면, 5월~7월의 3개월 임차료 ₩900,000을 선급하면서 이를 자산항목인 선급임차료로 계상하였다. 그러나 5월 한달 동안 사무실을 사용했으므로 5월분 ₩300,000은 더 이상 선급액이 아니다. 따라서 ₩300,000을 5월의 임차료 비용으로 인식하고 또 선급임차료도 그만큼 감소시키는 수정분개를 해야한다.

5월 2일 : (차) 선급임차료 900,000 (대) 현금 900,000

⇓

5월 31일(수정분개) : (차) 임차료 300,000 (대) 선급임차료 300,000

[계정에 전기]

선급임차료	
5/2 900,000	5/31 300,000
잔액 600,000	

임차료	
5/31 300,000	
잔액 300,000	

[수정후시산표 작성]

수정후시산표

(주)열매설계 20X4년 5월 31일 현재

계정과목	차변	대변
현금	₩2,600,000	
선급임차료	600,000	
소모품	100,000	
미지급금		₩100,000
자본금		3,000,000
용역수익		600,000
종업원급여	100,000	
임차료	300,000	
합계	₩3,700,000	₩3,700,000

제3장에서의 수정전시산표와 수정후시산표를 비교하면, 선급임차료 잔액이 ₩600,000으로 수정되었고, 수정전시산표에는 없었던 임차료계정(₩300,000)이 수정후 시산표에 계상되어져 있음을 볼 수 있다.

3. 7단계 : 재무제표의 작성

수정후시산표로부터 재무상태표계정인 자산, 부채, 자본 계정금액과 포괄손익계산서계정인 수익, 비용 계정금액을 분류하여 재무상태표와 포괄손익계산서를 작성한다.

포괄손익계산서

(주)열매설계 20X4년 5월1일~20X4년 5월31일

수익	:	용역수익		₩600,000
비용	:	종업원급여	100,000	
		임차료	300,000	400,000
당기순이익				200,000
기타포괄손익				0
총포괄이익				₩200,000

재무상태표

(주)열매설계 20X4년 5월1일~ 20X4년 5월 31일

자산 :		부채 :	
현금	₩2,600,000	미지급금	₩100,000
선급임차료	600,000	부채 총계	
소모품	100,000		
		자본 :	
		자본금	₩3,000,000
		이익잉여금	200,000*
		자본 총계	
자산총계	₩3,300,000	부채와 자본총계	₩3,300,000

* 수정후시산표에 이익잉여금이 없었으므로 기말 이익잉여금은 당기순이익과 같다.

참고 정산표 작성

기업에서는 수정전시산표부터 결산수정분개 및 재무제표 작성까지의 결산과정을 하나의 표로 정리하여 작성하기도 하는데, 이 때 작성되는 표를 정산표(work sheet)라고 한다.

정산표의 작성은 결산과정에서 필수적인 절차는 아니다. 하지만 수정전시산표부터 재무제표 작성까지 회계순환과정을 하나의 표로 정리하여 보여주므로 회계순환과정을 이해하는데 도움을 준다. 또한 정산표는 결산수정분개를 정확하게 빠짐없이 반영하여 정확한 재무제표의 작성을 용이하게 하는 장점도 있다.

정산표는 가장 왼쪽부터 순서대로 계정과목, 수정전시산표, 결산수정분개 및 전기, 수정후시산표, 포괄손익계산서, 재무상태표가 작성되고 다시 각각의 영역들은 차변과 대변으로 구분되어져 있는 양식이다. 따라서 금액을 기록할 수 있는 열의 수가 10개이므로 이를 10위식 정산표라[6]고도

6) 수정후시산표를 별도로 두지 않고 바로 포괄손익계산서와 재무상태표로 연결되기도 하는데, 이를 8위식 정

한다.

다음은 〈예제 3-3〉과 〈예제 4-2〉 회계순환과정의 (주)열매설계의 10위식 정산표를 작성한 결과이다.

〈표 4-2〉 정산표 작성의 예

정산표

(주)열매설계 20x4년 5월 31일 (단위 : 천원)

계정과목	수정전시산표		결산수정분개		수정후시산표		포괄손익계산서		재무상태표	
	차변	대변	차변	대변	차변	대변	차변	대변	차변	대변
현금	2,600				2,600				2,600	
선급임차료	900			300	600				600	
소모품	100				100				100	
미지급금		100				100				100
자본금		3,000				3,000				3,000
용역수익		600				600		600		
종업원급여	100				100		100			
합계	3,700	3,700								
임차료			300		300		300			
당기순이익							200*			200*
합계			300	300	3,700	3,700	600	600	3,300	3,300

* 정산표에서 당기순이익은 포괄손익계산서의 수익과 비용 계정의 차이로 산출되며, 양자는 반드시 일치해야 한다는 점에 유의해야한다.

4. 8단계: 계정의 마감

회계순환의 마지막 단계는 총계정원장의 계정들을 마감(closing)하는 것이다. 즉, 계정의 마감은 한 회계기간의 기록내용과 다음 회계기간의 기록내용을 구분하고 준비하기 위하여 이루어지는 결산과정이다.

(1) 포괄손익계산서계정 마감

포괄손익계산서계정인 수익과 비용계정은 당기의 경영성과를 나타내며 다음 회계기간의 경영성과에 영향을 미쳐서는 안된다. 즉, 포괄손익계산서계정의 잔액들은 당기의 회계기간동

산표라고 한다.

안에만 의미가 있고, 다음 회계기간에는 아무 의미가 없으므로 이월되어서는 안되며 장부마감 후에 잔액을 가지지 않는다.

① 집합손익계정의 설정과 수익·비용계정의 마감

모든 수익과 비용계정 잔액들은 결산 때 임시로 설정되는 집합손익계정에 대체되면서 마감이 이루어진다. 이때 계정간 대체를 위한 분개를 하게 되는데, 이를 마감분개(closing entries)라 한다. 대체분개는 장부마감을 위한 형식적인 절차일 뿐 재무제표상의 수치에는 아무런 영향을 미치지 않는다. 다만, 대체분개를 하고 각 계정에 전기하면 모든 비용계정과 수익계정의 잔액은 ₩0이 된다.

수익계정의 마감 : (차) 수익항목 XXX (대) 집합손익 XXX
비용계정의 마감 : (차) 집합손익 XXX (대) 비용항목 XXX

② 집합손익계정의 마감

집합손익계정의 차변합계액과 대변합계액의 차액은 당기순이익 또는 당기순손실을 의미하는데, 만약 당기순이익이면 이익잉여금 대변에 대체되고, 당기순손실이면 이익잉여금계정의 차변에 대체되면서 집합손익계정이 마감된다.

당기순이익이 발생한 경우 : (차) 집합손익 XXX (대) 이익잉여금 XXX
당기순손실이 발생한 경우 : (차) 이익잉여금 XXX (대) 집합손익 XXX

이와 같이 마감분개를 하면 집합손익계정의 잔액이 "₩0"이 되고 이익잉여금이 당기순이익만큼 증가하던지, 또는 당기순손실만큼 감소하게 되어 재무상태표의 자본이 증가하거나 감소한다. 이처럼 수익과 비용계정들을 마감하고 나면 모든 포괄손익계산서의 잔액은 "₩0"이 되고 다음 회계연도의 재무성과가 새롭게 기록될 수 있다.

예제 4-3 계정 마감

〈예제 4-2〉 회계순환과정의 (주)열매설계에 대한 포괄손익계산서 계정의 마감분개를 나타낸다.

- 수익계정을 마감하는 분개 : (차) 용역수익 600,000 (대) 집합손익 600,000
- 비용계정을 마감하는 분개 : (차) 집합손익 400,000 (대) 종업원급여 100,000
  임차료 300,000

용역수익

5/31 600,000	5/15 600,000

종업원급여

5/25 100,000	5/31 100,000

임차료

5/31 300,000	5/31 300,000

집합손익

5/31 100,000	5/31 600,000
5/31 300,000	
⇓	⇓
(비용 금액)	(수익금액)

■ 집합손익계정을 마감하는 분개 : (차) 집합손익 200,000 (대) 이익잉여금 200,000

집합손익

5/31 100,000	5/31 600,000
5/31 300,000	
5/31 200,000	

이익잉여금

	5/31 200,000

(5월의 당기순이익)

비용계정

증가	감소
잔액	

집합손익계정

비용	수익
당기순이익	

수익계정

감소	증가
	잔액

이익잉여금계정

	당기순이익

〈그림 4-1〉 포괄손익계산서 관련계정의 마감절차

(2) 재무상태표 마감

재무상태표 계정들은 영구계정 또는 실질계정이라고 한다. 이는 한 회계기간이 종료되더라도 잔액이 "₩0"이 되지 않고 그 잔액이 차기로 이월되어 계속 유지되는 성격을 가지기 때문이다. 즉, 자산, 부채 및 자본은 다음 회계연도에도 권리나 의무가 그대로 존속하게 된다.

재무상태표 계정들의 마감은 분개없이 각 계정 내에서 이월기입의 형태로 이루어진다.

예제 4-4 재무상태표 계정 마감

〈예제 4-2〉회계순환과정의 (주)열매설계에 대한 재무상태표 계정의 마감분개를 나타낸다.

현금	
2,600,000	차기이월 2,600,000

선급임차료	
600,000	차기이월 600,000

소모품	
100,000	차기이월 600,000

미지급금	
차기이월 100,000	100,000

자본금	
차기이월 3,000,000	3,000,000

이익잉여금	
차기이월 200,000	200,000

자본계정

감소	xxx	증가	xxx
12월31일 차기이월	xxx		
계	xxx	계	xxx
		1월1일 전기이월	xxx

자산계정

증가	xxx	감소	xxx
		12월31일 차기이월	xxx
계	xxx	계	xxx
1월1일 전기이월	xxx		

부채계정

감소	xxx	증가	xxx
12월31일 차기이월	xxx		
계	xxx	계	xxx
		1월1일 전기이월	xxx

〈그림 4-2〉 재무상태표계정의 마감절차

익힘문제

1. 회계순환이란 무엇인지 간략히 설명하시오.

2. 회계기간 말에 필수적으로 해야 할 회계처리로서 수정분개가 있다. 수정분개를 하는 목적은 무엇인지 설명하시오.

3. 회계순환의 마지막 단계로 마감분개를 한다. 마감분개란 무엇인지 설명하시오.

4. 수익 및 비용계정을 마감하는 이유는 무엇인가?

5. 이익잉여금계정에 당기순이익을 기록하는 것은 어떤 분개를 통해 이루어지는가?

연습문제

1. 시산표

다음은 열매병원의 거래들이다. T-계정에 다음의 거래들을 기입하고, 수정전 시산표를 작성하여라.

(1) 12월 1일자로 병원을 설립하고, 출자된 납입금 ₩45,000,000을 병원명의로 개설된 당좌예금 계좌에 입금했다.

(2) 12월분 임차료 ₩750,000을 당좌수표로 발행하여 지급했다.

(3) 총 ₩5,100,000의 사무용비품을 외상으로 구입했다.

(4) 의료장비를 구입하고, 구입대금 ₩1,050,000에 대하여 수표를 발행하였다.

(5) 고객에게 진찰료 ₩7,200,000을 청구하고, 이를 장부에 기록했다.

(6) 직원의 급여 ₩1,275,000을 수표로 발행하여 지급했다.

(7) 비품의 외상매입액 중에서 ₩1,800,000을 수표로 발행하여 지급했다.

(8) 고객에게 청구한 진찰료 중에서 ₩4,200,000을 현금으로 회수하여 당좌예금 계좌에 입금시켰다.

2. 결산수정분개

다음의 각 항목은 상호 독립적인 상황이다. 각 사항에 대해 결산수정분개를 하라.

(1) 사무실을 임대하면서 미리 받은 임대료 ₩300,000을 선수임대료계정에 기록하였는데, 기말 현재 남아 있는 선수액은 ₩200,000이다.

(2) 회계연도말 현재 급여 ₩740,000이 발생했으나 아직 지급하지 않았다.

(3) (주)열매에 광고용역을 제공하였는데 용역대금 미수액 ₩200,000을 그 당시 기록하지 않았다.

(4) 선급보험료계정의 차변에 ₩150,000이 기록되어 있으나, 기말 현재 선급액은 ₩100,000이다.

(5) 대여금의 이자 ₩50,000이 발생했는데 아직 받지 못한 상태에 있다.

3. 결산수정분개

(주)열매가 20×4년 12월 1일에 1년분 보험료로 ₩60,000을 선급하고 전액을 선급보험료로 처리했다. 만약 (주)열매가 12월 31일에 필요한 결산수정분개를 하지 않았다면, 이러한 결산수정분개의 누락이 20×4년도의 손익계산서와 12월 31일 현재의 재무상태표에 어떠한 영향을 미치는가?

4. 회계순환

다음의 5개의 거래가 T-계정에 기록되어 있다. 각각의 거래가 어떠한 거래인지를 설명하시오.

현금			
(1)	35,000	(2)	3,000
		(3)	3,000
		(4)	2,000

매출채권			
(5)	20,000		

소모품			
(3)	3,000		

비품			
(2)	13,000		

자본금			
		(1)	35,000

용역매출			
		(5)	20,000

미지급금			
		(2)	10,000

급여			
(4)	2,000		

5. 결산수정분개

다음은 총계정원장상의 각 계정들의 기말잔액을 기초로 작성한 (주)열매의 수정전 잔액시산표이다.

잔액시산표

(주)열매 20×4년 12월 31일 현재

계정과목	차변잔액	대변잔액
현 금	₩646,200	
건 물	300,000	
자 본 금		₩900,000
임 대 료		14,400
보 험 료	7,200	
상 품	30,000	
매입채무		120,000
소 모 품	9,000	
대 여 금	60,000	
매출채권	60,000	
건물처분이익		78,000
합 계	₩1,112,400	₩1,112,400

(주)열매가 20×4년 12월 31일에 실시한 결산수정분개는 다음과 같다.

구 분	회계처리			
① 선수임대료	(차) 임 대 료	1,200	(대) 선수임대료	1,200
② 선급보험료	(차) 선급보험료	1,200	(대) 보 험 료	1,200
③ 소모품	(차) 소모품비	7,200	(대) 소 모 품	7,200
④ 이자수익	(차) 미수이자	4,200	(대) 이자수익	4,200
⑤ 대손상각비	(차) 대손상각비	12,000	(대) 대손충당금	12,000
⑥ 감가상각비	(차) 감가상각비	6,000	(대) 감가상각누계액	6,000

(주)열매의 수정전 시산표와 결산수정분개를 이용하여 수정후 시산표를 작성하라.

6. 마감분개

다음은 (주)열매의 수정후 시산표이다.

수정후 시산표

계정과목	차변잔액	대변잔액
현 금	₩2,100	
매출채권	1,845	
소 모 품	45	
선급보험료	120	
단기차입금		₩1,500
자 본 금		1,500
용역수익		1,725
종업원급여	450	
통 신 비	75	
소모품비	30	
보 험 료	60	
미지급이자		120
이자비용	120	
합 계	₩4,845	₩4,845

(1) 수익계정을 마감하는 분개를 하라.

(2) 비용계정을 마감하는 분개를 하라.

(3) 집합손익계정을 마감하는 분개를 하라.

7. 회계순환과정

다음은 20×4년 12월 1일에 설립된 (주)열매의 20×4년말 수정전 시산표와 결산수정에 관련된 추가정보이다.

수정전 시산표

(주)열매 20×4년 12월 31일 현재

계정과목	차변잔액	대변잔액
현 금	₩2,208,000	
매출채권	840,000	
선급보험료	252,000	
특 허 권	8,640,000	
미지급금		₩6,000,000
선 수 금		180,000
자 본 금		6,000,000
용역수익		1,440,000
수 리 비	180,000	
급 여	1,500,000	
합 계	₩13,620,000	₩13,620,000

(추가정보)

① 12월 1일 지급한 보험료 ₩252,000은 1년 계약기간에 대해 지급한 금액이다.

② 선수금 ₩180,000은 동일한 용역을 3회 지급하기로 하고 받은 금액이다. 제공하기로 한 용역 1회를 12월 30일에 실시하였다.

③ 12월 25일에 지급한 급여에는 다음연도 1월분 ₩540,000이 포함되어 있는데, 지급시에는 12월분 급여와 구분없이 모두 급여계정으로 회계처리되었다.

④ 당월의 광고비 미지급액이 ₩24,000이다.

(1) 위의 시산표와 결산수정분개에 관한 정보를 이용하여 20×4년말에 필요한 결산수정분개를 하라.

(2) 수정후 시산표를 작성하라.

(3) 20×4년도의 단일 포괄손익계산서를 작성하라.

(4) 20×4년말의 재무상태표를 작성하라.

(5) 20×4년말에 필요한 마감분개를 하라.

연습문제 해답

1.

	차변	금액	대변	금액
(1)	(차) 당좌예금	45,000,000	(대) 자 본 금	45,000,000
(2)	(차) 임 차 료	750,000	(대) 당좌예금	750,000
(3)	(차) 비 품	5,100,000	(대) 미지급금	5,100,000
(4)	(차) 의료장비	1,050,000	(대) 당좌예금	1,050,000
(5)	(차) 매출채권	7,200,000	(대) 용역매출(진료수익)	7,200,000
(6)	(차) 급 여	1,275,000	(대) 당좌예금	1,275,000
(7)	(차) 미지급금	1,800,000	(대) 당좌예금	1,800,000
(8)	(차) 당좌예금	4,200,000	(대) 매출채권	4,200,000

당좌예금

차변	대변
₩45,000,000	₩750,000
4,200,000	1,050,000
	1,275,000
	1,800,000

미지급금

차변	대변
₩1,800,000	₩5,100,000

의료장비

차변	대변
₩1,050,000	

용역매출(진료수익)

차변	대변
	₩7,200,000

사무용비품

차변	대변
₩5,100,000	

매출채권

차변	대변
₩7,200,000	₩4,200,000

급 여

차변	대변
₩1,275,000	

임 차 료

차변	대변
₩750,000	

자 본 금

차변	대변
	₩45,000,000

<u>수정전 시산표</u>

열매병원 20×1년 12월 31일 현재

계정과목	차변잔액	대변잔액
당좌예금	₩44,325,000	
매출채권	3,000,000	
소 모 품	1,050,000	
사무용비품	5,100,000	
미지급금		₩3,300,000
자 본 금		45,000,000
용역매출(진료수익)		7,200,000
급 여	1,275,000	
임 차 료	750,000	
합 계	₩55,500,000	₩55,500,000

2.

	차변	금액	대변	금액
(1)	(차) 선수임대료	100,000	(대) 임 대 료	100,000
(2)	(차) 급 여	740,000	(대) 미지급급여	740,000
(3)	(차) 매출채권	200,000	(대) 용역수익	200,000
(4)	(차) 보 험 료	50,000	(대) 선급보험료	50,000
(5)	(차) 미수이자	50,000	(대) 이자수익	50,000

3. 손익계산서에는 보험료라는 비용이 ₩5,000만큼 적게 인식됨으로써 당기순이익이 그만큼 과대계상된다. 또한 당기순이익이 과대표시되었으므로 재무상태표상의 자본(이익잉여금)이 ₩5,000만큼 과대되며, 선급보험료계정이 수정되지 않았기 때문에 자산도 ₩5,000만큼 과대계상된다.

4. (1) 현금 ₩35,000을 출자하여 영업을 시작하다.

(2) 비품 ₩13,000을 구입하면서 현금 ₩3,000을 지급하고 나머지는 나중에 주기로 하다.

(3) 소모품 ₩3,000을 현금으로 구입하다.

(4) 급여 ₩2,000을 현금으로 지급하다.

(5) 서비스를 제공하고 대금 ₩20,000은 나중에 받기로 하다.

5.

정산표

(주)열매　　　　　　　　　　20×4년 12월 31일 현재

계정과목	수정전 시산표		결산수정분개		수정후 시산표	
	차변	대변	차변	대변	차변	대변
현　　금	₩646,200				₩646,200	
건　　물	300,000				300,000	
자 본 금	7,200	₩900,000	₩1,200			₩900,000
임 대 료	30,000	14,400				13,200
보 험 료	9,000			₩1,200	6,000	
상　　품	60,000				30,000	
매입채무	60,000	120,000				120,000
소 모 품				7,200	1,800	
대 여 금					60,000	
매출채권					60,000	
건물처분이익		78,000				78,000
선수임대료			1,200	1,200		1,200
선급보험료			7,200		1,200	
소모품비			4,200		7,200	
미수이자					4,200	
이자수익			12,000	4,200		4,200
대손상각비					12,000	
대손충당금			6,000	12,000		12,000
감가상각비					6,000	
감가상각누계액				6,000		6,000
합 계	₩1,112,400	₩1,112,400	₩31,800	₩31,800	₩1,134,600	₩1,134,600

6.

(1)	(차) 용역수익	1,725	(대) 집합손익	1,725
(2)	(차) 집합손익	735	(대) 종업원급여	450
			통 신 비	75
			소모품비	30
			보 험 료	60
			이자비용	120
(3)	(차) 집합손익	990	(대) 이익잉여금	990

7. (1) (차) 보 험 료　21,000　(대) 선급보험료　21,000

→ 선급보험료 중 당월분 보험료를 비용으로 계상한다.

(차) 선 수 금　60,000　(대) 용역매출　60,000

→ 선수금 중 당월에 완료된 강의를 당기수익으로 계상한다.

(차) 선급급여 540,000 (대) 급 여 540,000

→ 당월의 비용으로 과대계상된 금액 중 차기분의 비용을 이연시킨다.

(차) 광 고 비 24,000 (대) 미지급광고비 24,000

→ 당기분 미지급광고비를 계상한다.

(2)

수정후 시산표

(주)열매 20×4년 12월 31일 현재

계정과목	차변잔액	대변잔액
현 금	₩2,208,000	
매출채권	840,000	
선급보험료	231,000	
선급급여	540,000	
특 허 권	8,640,000	
미지급금		₩6,000,000
미지급광고비		24,000
선 수 금		120,000
자 본 금		6,000,000
용역수익		1,500,000
급 여	960,000	
수 리 비	180,000	
보 험 료	21,000	
광 고 비	24,000	
합 계	₩13,644,000	₩13,644,000

(3)

포괄손익계산서

(주)열매 20×4년 12월 1일부터 12월 31일까지 (단위 : 천원)

수 익 :		
용역수익		₩1,500
비 용 :		
급 여	₩960	
수 리 비	₩180	
보 험 료	₩21	
광 고 비	₩24	₩1,185
당기순이익		₩315
기타포괄이익		₩0
총포괄이익		₩315

(4)

<u>재무상태표</u>

(주)열매 20×4년 12월 31일 현재 (단위: 천원)

자 산:		부 채:	
현 금	₩2,208	미지급금	₩6,000
매출채권	840	선 수 금	120
선급보험료	231	미지급광고비	24
선급급여	540	부채총계	₩6,144
특 허 권	8,640	자 본:	
		자 본 금	₩6,000
		이익잉여금	315
		자본총계	₩6,315
자산총계	₩12,459	부채와 자본총계	₩12,459

(5) (차) 용역수익	1,500,000	(대) 집합손익	1,500,000
(차) 집합손익	1,185,000	(대) 급 여	960,000
		수 리 비	180,000
		보 험 료	21,000
		광 고 비	24,000
(차) 집합손익	315,000	(대) 이익잉여금	315,000

5장 재무보고를 위한 개념체계와 재무제표 표시

재무제표의 작성과 표시를 위한 개념체계(이하 '개념체계')란 회계에 관한 현상의 기본이 되고 있거나 그 현상들을 지배하고 있는 규칙 또는 원칙을 체계화한 것을 말한다. 재무보고를 위한 개념체계는 보고기업의 재무보고 목적을 명확히함과 동시에 외부이용자를 위한 재무제표의 작성과 표시에 있어 기초가 되는 개념을 정립하는 데 목적이 있다. 또한 회계기준이 도출되는 기반이기도 하지만, 개념체계와 회계기준이 상충되는 경우에는 회계기준이 우선한다. 한국채택국제회계기준에서 발표한 개념체계는 다음 〈그림 5-1〉과 같은 체계로 구성되어있다.

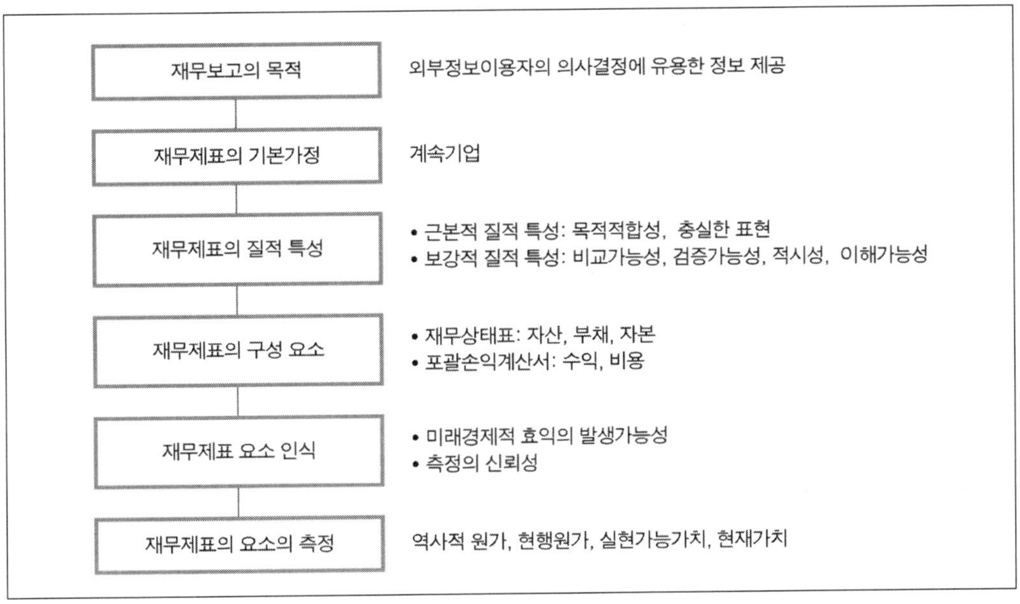

〈그림 5-1〉 재무보고를 위한 개념체계의 구조

개념체계에서는 재무보고의 목적, 기본가정, 유용한 재무정보의 질적특성, 재무제표를 구성하는 요소의 정의, 인식 및 측정 등에 관해 설명하고 있다. 본 장에서는 개념체계에서 규정하고 있는 재무제표의 기본가정과 유용한 재무정보의 질적특성에 대해서 간략히 살펴본다.

1. 재무제표의 기본가정

재무제표는 일반적으로 기업이 계속기업이라는 가정하에 작성된다. 계속기업(going concern)이란 기업이 예상가능한 기간 동안 영업을 계속할 것이며 경영활동을 청산하거나 중요하게 축소할 의도나 필요성을 갖고 있지 않다는 것을 의미한다.

이 가정은 기업이 자산을 취득원가('역사적원가'라고도 함)로 평가하는 근거를 제공한다. 즉, 기업이 계속된다는 전제하에 객관적이고 검증가능한 역사적원가로 평가하는 것이다. 예를 들어, 토지와 같은 자산을 취득시 지불한 금액으로 인식하는 역사적원가를 적용하는데, 그 이유는 기업이 청산을 하여 그 자산을 매각하는 상황을 가정하지 않기 때문이다. 만약, 기업이 곧 청산할 것이라면 역사적원가보다는 청산가치로 평가되는 것이 타당할 것이다.

2. 유용한 재무정보의 질적특성

재무제표의 질적특성이란 재무제표를 통해 제공되는 회계정보가 정보이용자의 의사결정에 유용한 정보가 되기 위해서 갖추어야 할 속성을 말한다. 이러한 재무제표의 근본적인 질적특성으로 목적적합성과 충실한 표현이 있고, 보강적 질적특성으로 비교가능성, 검증가능성, 적시성, 이해가능성이 있다. 이는 목적적합하고 충실하게 표현한 재무정보는 정보이용자들에게 유용할 것이고, 이러한 재무정보가 비교가능하고, 검증가능하며 적시성 있고 이해가능한 경우 그 재무정보의 유용성은 보강될 것이다.

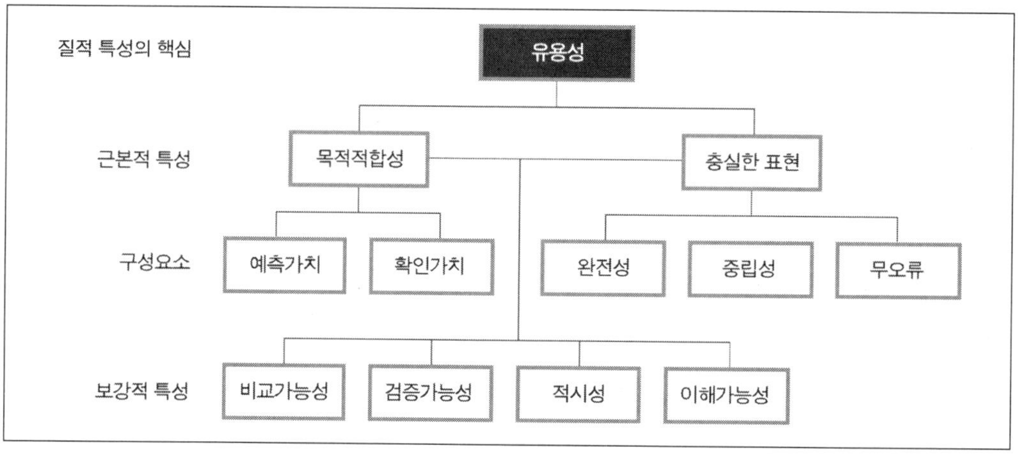

〈그림 5-2〉 유용한 재무정보의 질적특성

(1) 근본적 질적 특성

▌목적적합성(relevance)

목적적합성이란 정보이용자가 의도하고 있는 의사결정 목적과 회계정보가 관련이 있어야 하며, 회계정보를 이용하여 의사결정을 하는 경우와 이용하지 않고 의사결정을 하는 경우를 비교해서 의사결정에 차이를 발생하게 하는 정보 능력을 말한다.

재무정보에 예측가치와 확인가치 또는 둘 모두 있다면 의사결정에 차이가 나도록 할 수 있다. 미래 결과를 예측하기 위하여 정보이용자들이 사용하는 절차의 투입요소로 재무정보가 이용될 수 있다면 그 정보는 예측가치를 가진다. 또한, 재무정보가 이전의 평가에 대한 피드백을 제공한다면 그 정보는 확인가치를 갖고 있는 것이다. 일반적으로 회계정보의 예측가치와 확인가치는 상호관련이 있다. 즉, 회계정보는 과거의 예측을 확인 또는 수정하게 함으로써 이와 유사한 의사결정에 도움을 준다.

어떤 정보가 누락되거나 잘못 기재되어 특정 보고기업의 재무정보에 근거한 정보이용자의 의사결정에 영향을 준다면 그 정보는 중요한 것이다. 즉, 중요성은 개별기업의 재무보고와 관련하여 그 정보가 관계되는 항목의 성격이나 크기에 관련되며, 이는 기업의 특성에 따라 달라진다. 따라서 중요성과 관련하여 획일적인 계량 임계치를 정하거나 특정 상황에서 무엇이 중요한 것인지를 미리 결정할 수는 없다.

〈표 5-1〉 목적적합성

구분	내용
예측가치	미래 결과를 예측하기 위해 사용하는 절차의 투입요소로 사용
확인가치	과거평가에 대해 피드백을 제공(확인 또는 변경)
중요성	누락되거나 잘못 기재된 경우 의사결정에 영향을 미친다면 중요함

▌충실한 표현(faithful representation)

재무정보가 유용하기 위해서는 그와 관련 있는 현상을 나타내야 하고, 또한 나타내고자 하는 현상을 충실하게 표현해야 한다. 충실한 표현을 하기 위해서는 서술이 완전하고, 중립적이며, 오류가 없어야 할 것이다. 즉, 완전한 표현은 정보이용자가 거래를 이해하는데 필요한 모든 정보를 포함하는 것이며, 중립적 표현은 재무정보의 선택이나 표시에 편의가 없는 것이다. 또한 충실한 표현은 모든 면에서 정확한 것을 의미하는 것이 아니라 현상의 기술에 오류나 누락이 없고, 보고정보를 생산하는데 사용되는 절차의 선택과 적용시 절차상 오류가 없음을 의미한다. 물론 완벽함은 달성하기 어려우므로 회계기준위원회의 목적은 가능한 정도까지 그 특성을 극대화하는 것이다.

〈표 5-2〉 충실한 표현

구분	내용
완전한 서술	정보이용자가 서술되는 현상을 이해하는 데 필요한 모든 정보를 포함
중립적 서술	재무정보의 선택이나 표시에 편의가 없는 것
오류가 없는 서술	현상의 기술에 오류나 누락이 없으며 보고정보를 생산하는 데 사용되는 절차의 선택과 적용시 절차상 오류가 없음

(2) 보강적 질적특성

▌비교가능성(comparability)

비교가능성은 정보이용자가 항목 간의 유사점과 차이점을 식별하고 이해할 수 있게 하는 질적특성이다. 보고기업에 대한 정보는 다른 기업에 대한 유사한 정보, 해당 기업에 대한 다른 기간이나 다른 일자의 유사한 정보와 비교할 수 있다면 더욱 유용하다. 다른 질적 특성과 달리 비교가능성은 비교하려면 최소한 두 항목이 필요하다.

▌검증가능성(verifiability)

검증가능성은 정보가 나타내고자 하는 경제적 현상을 충실히 표현하는지에 대해 정보이용자가 확인하는데 도움을 준다. 검증가능성은 합리적인 판단력이 있고 독립적인 다른 관찰자가 어떤 서술이 충실한 표현이라는데 의견이 일치할 수 있다는 것을 의미한다.

▌적시성(timeliness)

적시성은 의사결정에 영향을 미칠 수 있도록 의사결정자가 정보를 제때에 이용가능하게 하는 것을 의미한다. 일반적으로 정보는 오래될수록 유용성이 낮아진다. 그러나 일부 정보는 보고기간 말 이후에도 오랫동안 적시성이 있을 수 있다. 예를 들어, 일부 정보이용자는 추세를 식별하고 평가할 필요가 있을 수 있기 때문이다.

▮ 이해가능성(understandability)

이해가능성은 이용자가 정보를 쉽게 이해할 수 있어야 한다는 것으로, 정보를 명확하고 간결하게 분류하고, 특징을 묘사·표시하면 이해가능성이 높아지게 된다. 재무보고서는 사업활동과 경제활동에 대해 합리적인 지식이 있고, 부지런히 정보를 검토하고 분석하는 정보이용자를 위해 작성된다. 때로는 박식하고 부지런한 정보이용자도 복잡한 경제적 현상에 대한 정보를 이해하기 위해 자문가의 도움을 받는 것이 필요할 수 있다.

3. 재무제표의 작성 및 표시의 일반원칙

재무제표는 기업의 재무상태와 재무성과를 체계적으로 표현한 것이다. 재무제표의 목적은 광범위한 정보이용자의 경제적 의사결정에 유용한 기업의 재무상태, 재무성과와 재무상태변동에 관한 정보를 제공하는 것이다. 국제회계기준은 기업이 공시하는 재무제표가 과거기간의 재무제표나 다른 기업의 재무제표와 비교가능할 수 있도록 재무제표 표시에 관한 기준을 정하고 있다. 한국채택국제회계기준서 제1001호 '재무제표 표시'는 재무제표를 작성하고 표시하는데 준수해야 할 일반원칙을 제시하고 있는데 이들 내용을 간략히 살펴보면 다음과 같다.

(1) 재무제표의 공정한 표시

재무제표는 기업의 재무상태, 경영성과, 자본변동 및 현금흐름을 공정하게 표시해야 한다. 공정한 표시를 위해서는 개념체계에서 정한 자산, 부채, 수익 및 비용에 대한 정의와 인식요건에 따라 거래, 그 밖의 사건과 상황의 효과를 충실하게 표현해야 한다. 공정한 표시는 관련 「한국채택국제회계기준」(K-IFRS)를 준수함으로써 달성되며, K-IFRS에 따라 작성된 재무제표는 공정하게 표시된 재무제표로 보며, 국제회계기준을 준수하여 작성된 재무제표임을 주석으로 공시할 수 있다.

(2) 계속기업

경영진은 재무제표를 작성할 때 계속기업(going concern)으로서의 존속가능성을 평가해야 한다. 경영진이 기업을 청산하거나 경영활동을 중단할 의도를 가지고 있지 않거나, 청산 또는 경영활동의 중단 외에 다른 현실적 대안이 없는 경우가 아니면 계속기업을 전제로 재무제표를 작성한다. 재무제표가 계속기업의 가정하에 작성되지 않는 경우에는 그 사실과 함께 재무제표가 작성된 기준 및 그 기업을 계속기업으로 보지 않는 이유를 공시해야 한다.

(3) 발생기준

기업은 현금흐름 정보를 제외하고는 발생기준을 사용하여 재무제표를 작성해야 한다. 발생기준 회계를 사용하는 경우, 각 항목이 '개념체계'의 정의와 인식요건을 충족할 때 자산, 부채, 자본, 광의의 수익 및 비용으로 인식한다.

(4) 중요성과 통합표시

유사한 항목은 중요성(materiality) 분류에 따라 재무제표에 구분하여 표시한다. 상이한 성격이나 기능을 가진 항목은 구분하여 표시하고, 중요하지 않은 항목은 성격이나 기능이 유사한 항목과 통합하여 표시할 수 있다.

(5) 상계

K−IFRS에서 요구하거나 허용하지 않는 한 자산과 부채 그리고 수익과 비용은 상계(offsetting)하지 않는다.[7] 왜냐하면 상계하여 표시하는 경우 발생한 거래나 그 밖의 사건과 상황을 이해하고 기업의 미래현금흐름을 분석할 수 있는 재무제표이용자의 능력을 저해할 수 있기 때문이다.

(6) 보고빈도

전체 재무제표(비교정보를 포함)는 적어도 1년마다 작성한다. 보고기간 종료일을 변경하여 재무제표의 보고기간이 1년을 초과하거나 미달하는 경우에는 관련 사항을 공시한다.

(7) 비교정보

K−IFRS에서 허용하거나 달리 요구하는 경우를 제외하고는 당기 재무제표에 보고되는 모든 금액에 대해 전기 비교정보를 공시한다. 당기 재무제표를 이해하는 데 목적적합하다면 서술형 정보의 경우에도 비교정보를 포함한다.

7) 재고자산에 대한 재고자산평가충당금과 매출채권에 대한 대손충당금과 같은 평가충당금을 차감하여 관련 자산을 순액으로 표시하는 것은 상계표시에 해당하지 않는다.

(8) 표시의 계속성

재무제표 항목의 표시와 분류는 예외적 경우를 제외하고는 매기 동일해야 한다. 예외적 경우란, K-IFRS에서 표시방법의 변경을 요구하거나, 사업내용에 유의적인 변화가 있거나, 재무제표를 검토한 결과 다른 표시나 분류방법이 더 적절한 것이 명백한 경우를 말한다.

4. 재무제표의 작성원칙[8)]

(1) 재무상태표의 표시 방법

재무상태표는 일정시점 현재 기업이 보유하고 있는 경제적 자원인 자산과 경제적 의무인 부채, 그리고 자본에 대한 정보를 제공하는 보고서이다. 재무상태표는 유동성 순서에 따라 표시(유동성배열법)하거나 또는 유동성구분법에 따라 유동자산과 비유동자산, 유동부채와 비유동부채로 재무상태표에 구분하여 표시한다. 그러나 신뢰성있고 더욱 목적적합한 정보를 제공한다면 자산과 부채의 일부는 유동성 구분법으로, 나머지는 유동성 순서에 따른 표시 방법으로 표시하는 것이 허용된다. 이러한 혼합표시방법은 기업이 다양한 사업을 영위하는 경우에 필요할 수 있다.

〈표 5-3〉 재무상태표의 구분방법

구분	내용	적용기업
유동성구분법	자산(부채)를 유동자산(부채)와 비유동자산(부채)로 구분 표시	영업주기내에 재화나 용역을 제공하는 경우
유동성배열법	모든 자산과 부채를 유동성 순서로 표시	금융업
혼합법	유동성구분법과 유동성배열법을 혼용함	다양한 사업을 영위하는 경우

8) 국제회계기준 중 '재무제표의 작성과 표시'에 의한 재무제표의 구성요소를 기준으로 분류, 설명한다.

(1) 유동성구분법

재무상태표

각 연도 12월 31일 (단위 : 원)

		20x2	20x1
자산			
비유동자산			
	유형자산	xxx	xxx
	무형자산	xxx	xxx
	투자부동산	xxx	xxx
	비유동자산 총계	xxx	xxx
유동자산			
	현금 및 현금성 자산	xxx	xxx
	매출채권	xxx	xxx
	재고자산	xxx	xxx
	기타유동자산	xxx	xxx
	유동자산 총계	xxx	xxx
	자산 총계	xxx	xxx
부채 및 자본			
비유동부채			
	장기차입금	xxx	xxx
	장기충당부채	xxx	xxx
	비유동부채 총계	xxx	xxx
유동부채			
	매입채무	xxx	xxx
	단기차입금	xxx	xxx
	미지급비용	xxx	xxx
	미지급법인세	xxx	xxx
	유동부채 총계	xxx	xxx
	부채 총계	xxx	xxx
자본			
	납입자본	xxx	xxx
	이익잉여금	xxx	xxx
	기타자본요소	xxx	xxx
	자본총계	xxx	xxx
	부채 및 자본총계	xxx	xxx

(2) 유동성배열법

재무상태표

각 연도 12월 31일 (단위 : 원)

		20x2	20x1
자산			
	현금 및 현금성 자산	xxx	xxx
	매출채권	xxx	xxx
	재고자산	xxx	xxx
	기타비유동자산	xxx	xxx
	투자부동산	xxx	xxx
	유형자산	xxx	xxx
	무형자산	xxx	xxx
	자산총계	xxx	xxx
부채 및 자본			
부채			
	매입채무	xxx	xxx
	단기차입금	xxx	xxx
	미지급비용	xxx	xxx
	미지급법인세	xxx	xxx
	장기차입금	xxx	xxx
	장기충당부채	xxx	xxx
	부채총계	xxx	xxx
자본			
	납입자본	xxx	xxx
	이익잉여금	xxx	xxx
	기타자본요소	xxx	xxx
	자본총계	xxx	xxx
	부채 및 자본총계	xxx	xxx

〈주의〉 유동성구분법의 경우 유동자산(부채)과 비유동자산(부채)으로 구분하고, 유동성 순서대로 보고할 수도 있다.

〈그림 5-3〉 재무상태표의 표시방법(보고식)

(2) 재무상태표의 분류

▌자산의 분류

재무상태표에 자산을 표시하는 방법에는 유동성·비유동성 구분법(유동성구분법)과 유동성순서에 따른 표시방법(유동성배열법)이 있다. 다음의 경우에는 자산은 유동자산으로 분류하며 그 밖에 모든 자산은 비유동자산으로 분류한다.

① 기업의 정상적인 영업주기[9] 내에 실현될 것으로 예상되거나 정상적인 영업주기 내에 판매하거나 소비할 의도가 있는 자산

② 단기매매 목적으로 보유하는 자산

③ 보고기간 후 12개월 이내에 실현될 것으로 예상하는 자

④ 교환이나 부채상환 목적으로의 사용에 대한 제한기간이 보고기간 후 12개월 이내인 현금이나 현금성자산

〈표 5-4〉 자산의 예

구분	예
유동자산	현금및현금성자산 : 현금, 예금 등 매출채권 : 외상매출금, 받을어음 재고자산 : 상품, 제품, 반제품, 재공품, 원재료, 저장품 등 기타유동자산 : 미수금, 미수수익 등
비유동 자산	유형자산 : 토지, 건물, 기계장치, 차량운반구, 건설중인 자산 등 영업권 : 기업결합으로 취득한 영업권 무형자산 : 특허권, 개발비 등 매도가능금융자산 : 주식, 채권 등

▌부채의 분류

재무상태표에 부채를 표시하는 방법은 자산과 같이 유동성·비유동성구분법(유동성구분법)과 유동성순서에 따른 표시방법(유동성배열법)이 있다. 다음의 경우 유동부채로 분류하며 그 밖에 모든 자산은 비유동부채로 분류한다.

① 기업의 정상적인 영업주기 내에 결제될 것으로 예상되는 부채

② 주로 단기매매 목적으로 보유하고 있는 부채

③ 보고기간 후 12개월 이내에 실현될 것으로 예상되는 부채

9) 영업주기는 영업활동을 위한 자산의 취득시점부터 그 자산이 현금이나 현금성자산으로 실현되는 시점까지 소요되는 기간이다.

④ 보고기간 후 12개월 이상 부채의 결제를 연기할 수 없는 부채

〈표 5-5〉 부채의 예

구분	예
유동 부채	매입채무 : 외상매입금, 지급어음 미지급금 : 유형자산매입대금 등 단기차입금 : 만기가 1년 이내 도래하는 은행차입금 유동성장기차입금 : 장기차입금 중 만기가 1년 이내 도래하는 부분
비유동 부채	장기차입금 : 만기가 1년 이후 도래하는 은행차입금 장기충당부채 : 제품보증충당부채 등

▌자본의 분류

자본은 납입자본, 이익잉여금 및 기타자본으로 구분한다.

① 납입자본 : 주주가 실제로 회사에 납입한 금액을 의미하며, 자본금과 주식발행초과금을 포함한다. 여기서 자본금은 기업이 주식을 발행할 때 발행한 주식의 액면금액을 합을 나타내고, 주식발행초과금은 액면금액을 초과하여 납입한 금액을 나타낸다.

② 이익잉여금 : 기업이 일정기간 동안 벌어들인 순이익 중에서 주주들에게 배당하지 않고 기업 내에 유보된 부분을 말한다.

③ 기타자본 : 자본조정과 기타포괄손익누계액을 포함한다. 기타포괄손익은 당기순이익에 포함되지 않는 손익을 의미하고, 자본에 포함되는 기타포괄손익누계액은 과거 연도부터 발생한 기타포괄손익의 누계액을 의미한다.

〈표 5-6〉 자본의 분류

구분	예
납입자본	보통주자본금, 우선주자본금, 주식발행초과금 등
이익잉여금	법정적립금, 임의적립금, 미처분이익잉여금
기타자본	매도가능금융자산평가손익, 자산재평가잉여금 등의 기타포괄손익누계액과 자본조정 등

(3) 포괄손익계산서의 표시 방법

포괄손익계산서는 일정기간동안 기업의 재무성과에 대한 정보를 제공하는 재무보고서이다. 국제회계기준은 기업이 포괄손익계산서를 보고할 때 단일 포괄손익계산서로 보고(통합형

식)하거나 또는 두 개의 보고서로 나누어 공시(분리형식)하는 것을 허용하고 있다. 두 개의 보고서는 당기순손익의 구성요소를 배열하는 보고서인 '별개의 손익계산서'와 당기순손익에서 시작하여 기타포괄손익의 구성요소를 배열하는 보고서인 '포괄손익계산서' 등 두 개의 보고서로 작성하는 방법이다.

(1) 단일 포괄손익계산서(통합형식)

포괄손익계산서

	20x2	20x1
수익	xxx	xxx
비용	xxx	xxx
:	:	:
당기순손익	xxx	xxx
기타포괄손익		
매도가능금융자산재측정손익	xxx	xxx
:	:	:
세후기타포괄손익	xxx	xxx
총포괄손익	xxx	xxx
기본 및 희석주당이익	xxx	xxx

(2) 두 개의 보고서(분리형식)

별개의 손익계산서

	20x2	20x1
수익	xxx	xxx
비용	xxx	xxx
:		
당기순손익	xxx	xxx
기본 및 희석주당이익	xxx	xxx

포괄손익계산서

	20x2	20x1
당기순손익	xxx	xxx
기타포괄손익	xxx	xxx
매도가능금융자산재측정손익	xxx	xxx
:	:	:
세후기타포괄손익	xxx	xxx
총포괄손익	xxx	xxx

〈그림 5-4〉 포괄손익의 표시방법

(4) 비용의 분류 방법

K-IFRS에서 비용은 발생빈도, 손익의 발생가능성 및 예측가능성의 측면에서 서로 다를 수 있는 경영성과의 구성요소를 강조하기 위해 성격별 또는 기능별로 분류하여 표시하도록 규정하고 있다.

성격별분류법은 당기손익에 포함된 비용을 그 성격별로 통합하며, 기능별로 배분하지 않는다. 비용을 기능별 분류로 배분할 필요가 없기 때문에 적용이 간단할 수 있다. 비용의 성격별 분류 예로 감가상각비, 원재료의 구입, 운송비, 종업원급여와 광고비 등을 들 수 있다.

기능별 분류법(매출원가법)은 비용을 매출원가, 물류원가, 관리활동원가 등과 같이 기능별로 분류한다. 이 방법에서는 적어도 매출원가를 다른 비용과 분리하여 공시한다. 이 방법은 성격별 분류보다 재무제표이용자에게 더욱 목적적합한 정보를 제공할 수 있지만 비용을 기능별로 배분하는데 자의적인 배분과 상당한 정도의 판단이 개입될 수 있다.

(1) 성격별 분류법 (분리형식)

별개의 손익계산서(당기손익 부분)

		20x1
수익		xxx
기타수익		xxx
제품 및 재공품 재고 변동	xxx	
원재료와 소모품 사용	xxx	
종업원급여비용	xxx	
감가상각비	xxx	
유형자산손상차손	xxx	
기타비용	xxx	
금융원가	xxx	(xxx)
관계기업이익지분		xxx
세전이익		xxx
법인세비용		xxx
당기순이익		xxx
기본 및 희석주당이익		xxx

(2) 기능별 분류법 (분리형식)

별개의 손익계산서(당기손익 부분)

	20x1
수익	xxx
매출원가	xxx
매출총이익	xxx
기타수익	xxx
물류원가	(xxx)
관리비	(xxx)
기타비용	(xxx)
금융원가	(xxx)
관계기업이익지분	xxx
세전이익	xxx
법인세비용	xxx
당기순이익	xxx
기본 및 희석주당이익	xxx

〈그림 5-5〉 비용의 분류에 따른 포괄손익계산서 표시방법

익힘문제

1. 유동자산의 의미를 간략히 설명하고 유동자산 항목을 다섯 개만 제시하라.

2. 유동부채의 의미를 간략히 설명하고 유동자산 항목을 다섯 개만 제시하라.

3. 자본의 구성항목 중 자본금이란 무엇인가?

4. 자본의 구성항목 중 주식발행초과금이란 무엇인가?

5. 비용을 기능별로 분류할 경우 단일의 포괄손익계산서는 어떠한 구조로 작성되는지 설명하라.

연습문제

1. **재무상태표**

다음은 (주)열매의 20×4년 12월 31일 재무상태표 계정과목의 잔액들이다. (주)열매의 20×4년 12월 31일자 재무상태표를 작성하라.

현금및현금성자산	₩21,000	건　물	₩25,000
단기대여금	18,000	미지급금	18,000
매출채권	500,000	토　지	6,500
상　품	410,000	미지급비용	5,000
미수수익	5,500	기초이익잉여금	364,000
매입채무	470,000	만기보유금융자산	55,000
장기차입금	8,000	단기차입금	10,000
기계장치	51,000	자 본 금	5,000
당기순이익	200,000	사　채	12,000

2. **재무상태표**

다음은 재무상태표에 표시되는 자산과 부채 항목들을 열거한 것이다. 각각의 물음에 답하여라.

미지급급여	장기대여금	선 급 금
미지급이자	기 계 장 치	건　물
토　지	매 출 채 권	장기차입금
현　금	매 입 채 무	미지급임차료
상　품	차량운반구	미 지 급 금
미 수 이 자	만기보유금융자산	단기차입금
미 수 금	컴퓨터소프트웨어	단기대여금
선급보험료	제　품	사　채

(1) 유동자산에 속하는 항목은?

(2) 유동부채에 속하는 항목은?

3. 포괄손익계산서

각 빈칸에 적절한 금액을 기입하라.

손익계산서

매 출 액	₩3,000
매출원가	( )
매출총이익	1,700
기타수익	170
기타비용	80
금융비용	150
법인세비용차감전순이익	( )
법인세비용	80
당기순이익	( )

연습문제 해답

1.

재무상태표

(주)열매	20×4년 12월 31일 현재		(단위 : 원)
자 산 :		부 채 :	
유동자산		유동부채	
현금및현금성자산	₩21,000	매입채무	₩470,000
매출채권	500,000	미지급금	18,000
단기대여금	18,000	미지급비용	5,000
미수수익	5,500	단기차입금	10,000
상 품	410,000	비유동부채	
비유동자산		사 채	12,000
만기보유금융자산	55,000	장기차입금	8,000
토 지	6,500	부채총계	₩523,000
건 물	25,000	자 본 :	
기계장치	51,000	자 본 금	₩5,000
		이익잉여금	564,000*
		자본총계	₩569,000
자산총계	₩1,092,000	부채와 자본총계	₩1,092,000

* 이익잉여금 = 기초이익잉여금 + 당기순이익 = ₩364,000 + 200,000 = ₩564,000

2. (1) 현금, 매출채권, 상품, 선급금, 미수이자, 미수금, 단기대여금, 제품, 선급보험료

(2) 매입채무, 미지급금, 미지급이자, 단기차입금, 미지급급여, 미지급임차료

3.

손익계산서

매 출 액	₩3,000
매출원가	1,300
매출총이익	1,700
기타수익	170
기타비용	80
금융비용	150
법인세비용차감전순이익	1,640
법인세비용	80
당기순이익	₩1,560

6장 현금·수취채권과 지급채무

1. 금융상품과 금융자산의 의의

금융상품(financial instruments)이란 거래당사자 일방에게 금융자산을 발생시키고 동시에 다른 거래상대방에게 금융부채나 지분상품을 발생시키는 모든 계약을 말한다. 계약(contract)이란, 명확한 경제적 결과를 가지고 있고, 법적 구속력이 있으므로 당사자가 그러한 경제적 결과를 자의적으로 회피할 여지가 적은 둘 이상의 당사자간 합의를 말한다.

따라서 일방이 금융자산으로 분류하면 거래상대방은 거래의 실질과 성격에 따라 금융부채 또는 지분상품으로 분류한다. 금융상품은 금융기관이 취급하는 정기예금이나 양도성예금 등 예금상품 뿐만 아니라 거래당사자에게 금융자산과 금융부채 또는 지분상품을 발생시키는 모든 계약상의 권리와 의무를 포함한다.

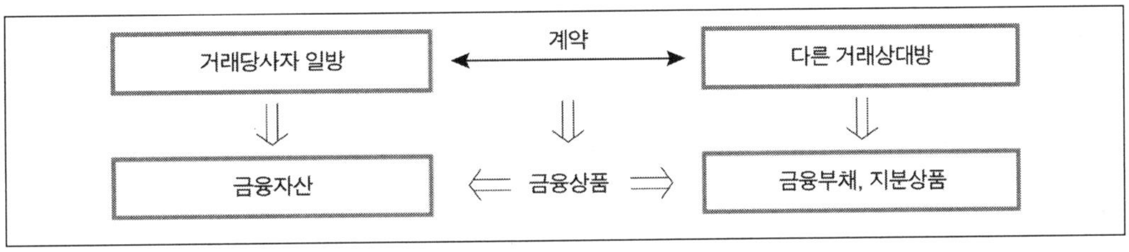

〈그림 6-1〉 금융상품의 개념

본 장에서는 금융자산으로 분류되는 현금및현금성자산과 수취채권 및 금융기관이 취급하는 금융상품에 대해서 살펴보기로 한다.

2. 현금및현금성자산과 은행계정 조정

(1) 현금및현금성자산

현금및현금성자산(cash and cash equivalents)은 기업이 보유하는 자산 중 결제수단으로 자유로이 사용가능한 자산들을 통칭하는 개념이다. 현금 및 현금성자산은 현금과 현금성자산으로 구성되며, 유동성이 가장 큰 자산이다.

1) 현금

현금(cash)이란, 재화나 용역을 구입하는데 사용하는 교환의 대표적 수단이며, 단기 채무의 결제에 즉시 사용될 수 있는 지불수단이 된다. 회계에서 현금은 통화, 통화대용증권 및 요구불 예금 등을 포함하는데, 이를 정리해 보면 다음과 같다.

- 통화 : 지폐, 주화
- 통화대용증권 : 당좌수표, 가계수표, 자기앞수표, 여행자수표, 우편환증서, 지급기일이 도래한 공채와 사채의 이자표, 배당금지급 통지표 등
- 요구불예금 : 보통예금, 당좌예금 등

그러나 우표와 수입인지, 선일자수표, 차용증서, 부도수표 등은 현금으로 분류되지 않는다.

우표와 수입인지는 우편요금이나 수입인지대금을 선급한 것이므로 선급비용이나 소모품으로 처리된다. 선일자수표는 수표권면에 표시된 미래의 발행일자에 지급제시를 하기 때문에 이를 수취한 회사는 매출채권(받을어음)으로 처리한다. 차용증서(IOU)는 돈을 빌린 사실이 있음을 입증하기 위해 차입자가 대여자에게 발행 및 교부하는 증서로서 대여금 등 수취채권으로 기록한다. 부도수표는 발행회사의 당좌예금 잔액이나 당좌차월한도액을 초과하여 현금과의 교환이 거절된 수표이다. 만일 은행에 제시한 수표가 부도처리되면 수표를 수취한 원인에 따라 회계처리해야 한다.

2) 현금성자산

현금성자산은 단기의 현금수요를 충족하기 위한 목적으로 보유하는 자산을 의미한다. 기업회계기준서 제1007호 '현금흐름표'에서는 '현금성자산이란, 유동성이 매우 높은 단기금융자산으로서 확정된 금액의 현금으로 전환이 용이하고 가치변동의 위험성이 경미한 자산'으로 정의하고 있다. 이 때 단기란, 일반적으로 3개월 이내를 의미하므로 금융자산은 취득일로부터 만기일 또는 상환일이 3개월 이내인 경우에만 현금성자산으로 분류된다.

현금성자산의 예를 제시하면 다음과 같다.

- 취득당시 만기가 3개월 이내에 도래하는 국공채와 사채
- 취득당시 상환일이 3개월 이내에 도래하는 상환우선주
- 취득당시 만기가 3개월 이내에 도래하는 양도성예금증서(CD)
- 3개월 이내의 환매조건을 가진 환매채(RP), 단기수익증권(MMF)[10] 등

10) 환매채(repurchase agreement)는 금융기관이 일정 기간 후 확정금리를 가산하여 되사는 조건으로 발행하는 채권으로 환매조건부채권의 줄임말이다. 단기금융상품(money market fund)은 투자신탁회사가 고객들의 자금을 모아 펀드를 구성한 후 금리가 높은 만기 1년 미만의 기업어음, 양도성예금증서 등의 단기금융상

3) 금융상품

정기예금, 정기적금, 사용이 제한되어있는 예금, 기타 정형화된 예금·금융회사의 상품으로, 단기적 자금운용목적으로 취득하거나 기한이 보고기간 말로부터 1년 이내에 도래하는 금융상품 중 현금성자산에 속하지 않는 금융상품은 단기금융상품으로 분류한다. 한편, 금융상품 중 보고기간 말부터 1년 이후에 만기가 도래하는 금융상품은 장기금융상품으로 분류한다.

〈표 6-1〉 현금및현금성자산과 금융상품의 분류

구분	항목		계정분류
현금및현금성자산	통화 및 타인발행수표, 요구불예금, 송금환, 기일도래 공사채이자표, 배당금지급통지표		
금융상품	정기예금, 정기적금, 사용이 제한된 예금, 금융상품	취득일로부터 3개월 이내 만기도래	현금성자산 (사용제한된 예금 제외)
		보고기간말로부터 1년 이내 만기도래	단기금융상품
		보고기간말로부터 1년 이후 만기도래	장기금융상품
기타항목	선일자수표(매출채권 또는 미수금), 차용증서(단기대여금), 우편 및 수입인지(선급비용 또는 소모품), 당좌개설보증금(장기금융상품), 당좌차월(단기차입금)		

(2) 은행계정조정표

은행계정조정표(bank reconciliation)란, 회사의 당좌예금 잔액과 은행의 당좌예금 잔액의 차이를 조정하는 표를 말한다. 은행계정조정표는 특정시점에서 사용가능한 정확한 당좌예금잔액을 확인하고, 횡령 등의 사고가능성을 미연에 방지하기 위한 내부통제 목적에서 작성된다.

은행계정조정표는 은행측 수정 전 당좌예금잔액과 회사 장부의 수정 전 당좌예금잔액에서 각각 출발하여 차이 금액을 가감 조정하여 정확한 사용가능 당좌예금잔액을 계산하는 방식으로 작성된다. 은행측 당좌예금 잔액과 회사의 당좌예금 장부잔액의 차이를 발생시키는 원인 및 그 조정방법은 다음과 같다.

품에 투자하여 발생된 수익을 고객에게 되돌려주는 만기 30일 이내의 금융상품이다.

▌은행측 원인

- 미기입예금(deposit-in-transit, 마감후 입금) : 회사가 현금을 은행에 입금하고 회계처리하였으나, 은행에서 입금처리하지 않은 경우를 말한다. 이 경우 동 금액을 은행측 잔액에 가산한다.
- 기발행미인출수표(outstanding check, 미결제수표) : 회사가 당좌수표를 발행하고 당좌예금계정에서 차감 처리 하였으나, 거래처가 지급제시를 하지 않아 은행이 당좌예금계정에서 차감하지 못한 경우를 말한다. 이 경우 동 금액은 은행측 잔액에서 차감 조정한다.
- 은행측 오류(entry error) : 은행의 오류에 의해 당좌예금 잔액이 잘못되는 경우를 말한다. 이 경우 원인별로 은행통장에 가감 조정한다.

▌회사측원인

- 미통지입금(deposit in transit) : 거래처에서 대금결제를 위해 기업의 당좌예금계좌에 직접 예입하였으나 회사가 이를 통보받지 않아 장부에 기입하지 못하는 경우를 말한다. 이 경우 동 금액은 회사장부에 가산 조정한다.
- 부도수표(not sufficient fund check: NSF checks) : 회사는 타사로부터 받은 수표를 은행에 예입하고 당좌예금이 증가하는 것을 기록하였으나, 상대방 은행으로부터 지급 거절되어 반송이 되면 부도수표가 발생한다. 이 경우 은행은 부도수표 금액만큼 당좌예금계정에서 즉시 차감한다. 따라서 회사는 동 금액을 회사측 잔액에서 차감 조정한다.
- 은행수수료(bank service charges) : 당좌차월에 대한 이자와 같은 은행서비스에 대한 수수료가 당좌계좌에서 차감되었으나 기업은 통보를 받지 않아 아직 기록되지 않은 경우이다. 이 경우 동 금액만큼 회사측 잔액을 차감 조정한다.
- 한편, 예금 및 차입금에 대한 발생이자를 회사의 당좌예금계정에서 가감하는 경우에는 회사측 잔액에서 동 금액을 가감 조정한다. 또한, 회사측에서 오류가 발생하는 경우에는 회사측 잔액에 오류발생 금액을 가감한다.

〈표 6-2〉는 불일치의 유형들과 은행계정조정표상의 조정방향을 정리한 것이다.

〈표 6-2〉 은행계정조정표

구분	은행계산서상 잔액	회사의 당좌예금계정 잔액
• 미기록예금 • 기발행미인출수표	가산(+) 차감(-)	조정없음
• 미통지예금 • 이자수익 • 은행수수료 • 부도수표 • 당좌차월이자	조정없음	가산(+) 가산(+) 차감(-) 차감(-) 차감(-)

예제 6-2 은행계정조정표

(주)열매는 20x4년 12월 31일 당좌거래은행인 조은은행의 당좌예금잔액을 조회한 결과 ₩2,525,000임을 확인하였다. 회사의 당좌예금잔액은 ₩851,000이며 그 차이의 원인을 조사한 결과 다음과 같다.

(1) 회사가 12월 31일 입금하였으나 은행 거래 원장에 기입되지 아니한 것이 ₩2,615,000 있다.

(2) 회사가 12월 중 발행한 수표 중 ₩3,210,000이 아직 인출되지 않았다.

(3) 은행측 거래내역을 조회한 결과 외상매출금이 직접 이체된 것이 ₩1,320,000이었으며, 차월이자가 ₩50,000, 부도수표 발생액이 ₩350,000이었으나 동 거래내역은 회사장부에 기입되지 않았다.

(4) 회사가 12월 31일 매입채무지급을 위하여 수표를 발행하면서 출금 기장하였으나 거래처에 지급하지 않고 보관중인 것이 ₩150,000있다.

(5) 회사가 입금하면서 ₩465,000을 ₩456,000으로 잘못 기재하였음을 확인하였다. 동 금액은 매출채권의 회수액으로 매출처원장에도 잘못 기재되어 있었다.

물음 1] 20x4년 12월 31일 은행계정조정표를 작성하시오.
물음 2] 필요한 수정분개를 하시오.

풀이

1. 은행계정조정표

	은행측 당좌예금잔액	회사측 당좌예금잔액
수정전 잔액	₩2,525,000	₩851,000
조정항목 :		
① 미기입예금	2,615,000	
② 기발행미인출수표	(3,210,000)	

③ 채권입금		1,320,000
④ 차월이자		(50,000)
⑤ 부도수표		(350,000)
⑥ 기발행미인도수표		150,000
⑦ 회사측 오류		9,000
수정후 잔액	₩1,930,000	₩1,930,000

2. 수정분개

③ (차) 당좌예금	1,320,000	(대) 매출채권	1,320,000
④ (차) 이자비용	50,000	(대) 당좌예금	50,000
⑤ (차) 매출채권(부도수표)	350,000	(대) 당좌예금	350,000
⑥ (차) 당좌예금	150,000	(대) 매입채무	150,000
⑦ (차) 당좌예금	9,000	(대) 매출채권	9,000

3. 매출채권과 매입채무

(1) 매출채권

수취채권(receivables)이란 기업이 재화나 용역 등을 외상으로 판매하고 그 대가로 미래에 현금을 수취할 수 있는 계약상 권리를 말한다. 수취채권은 발생원천에 따라 크게 매출채권과 비매출채권으로 구분할 수 있다.

매출채권(trade receivable)은 기업의 주된 영업활동과 관련하여 상품을 판매하거나 용역을 제공하는 과정, 즉 일반적인 상거래에서 발생하는 수취채권이다. 비매출채권(non-trade receivables)은 미수금, 미수수익, 단기대여금 등과 같이 매출거래 이외의 다양한 거래에서 발생한 수취채권이다.

이러한 수취채권 항목들은 재무보고기간 말로부터 1년 이내에 회수기일이 도래하는 단기수취채권과 회수기일이 회계기간말로부터 1년이 넘는 장기수취채권으로 분류한다. 다음에서는 단기수취채권 중에서도 대표적 수취채권인 매출채권에 초점을 두어 살펴보고자 한다.

(2) 매출채권의 인식

매출채권은 기업의 주된 영업활동에서 발생하는 채권을 말한다. 매출채권은 일반적인 외상거래 채권인 외상매출금(account receivable)과 어음을 수취하는 경우의 받을어음(note receivable)으로 구분할 수 있다.

외상거래가 발생한 경우 차변에 외상매출금 또는 받을어음을 인식하고 대변에는 매출을 인식한다. 또한 현금회수가 되면 차변에 현금, 대변에 외상매출금 또는 받을어음을 인식한다. 주의할 점은 기중에는 외상매출금이나 받을어음 계정을 분리하여 회계처리하지만, 재무상태표를 작성할 때는 외상매출금과 받을어음의 금액을 통합하여 매출채권이라는 단일계정을 이용하여 표시해야한다. 본서에서는 외상매출금과 받을어음을 구분하지 않고 매출채권을 계정과목으로 사용하기로 한다.

만일, (주)열매가 20x4년 12월 15일 상품 ₩300,000은 외상으로, ₩200,000은 어음을 받고 판매하였고, 20x5년 1월 5일 전액 현금 회수하였다면 이에 따른 회계처리는 다음과 같다.

상품 판매시 〉	(차) 외상매출금	300,000	(대) 매출	500,000
	받을어음	200,000		
매출채권 회수시〉	(차) 현금	500,000	(대) 외상매출금	300,000
			받을어음	200,000

참고 받을어음

약속어음(promissory notes)은 어음발행인이 어음소지인에게 미래 일정기일에 일정금액을 지급하기로 약속한 증서이다. 보통 어음발행회사는 어음에 기록된 일정기일 전에 거래은행에 어음금액을 입금하고, 어음을 수취한 회사는 해당은행에 어음을 제시하여 현금을 지급받는다.

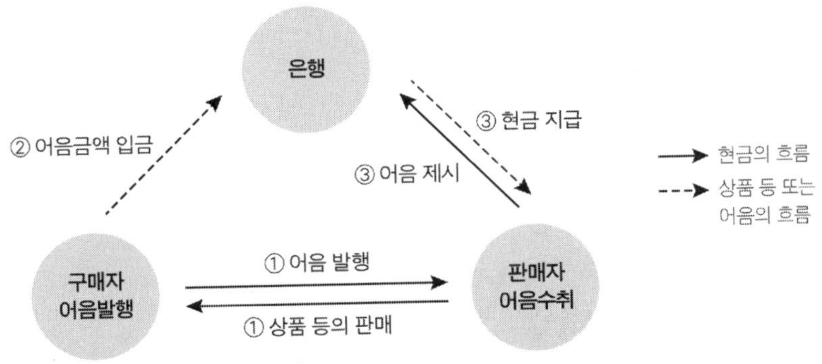

어음은 발행회사가 어음용지에 기재된 약정이자를 지급하는 이자부어음과 이자의 기재가 없어 이자지급의 의무가 없는 무이자어음이 있다.

(3) 매출에누리 환입 및 매출할인

매출에누리(sales allowance)는 매출한 상품에 하자가 발생하여 판매대금의 일부를 할인해 주는 것을 말하며, 매출환입(sales returns)은 매출한 상품의 하자를 이유로 반품되는 경우를 말한다. 매출에누리와 매출환입은 성격상 서로 관련이 높아서 매출에누리와 환입이라는 단일 계정으로 기록하기도 한다.

매출할인(sales discount)은 매출한 상품 대금의 회수를 촉진하기 위해 구매자가 매입대금을 조기 지급하면 일정액을 할인해 주는 것을 말한다. 매출할인 조건은 '할인율/할인기간, n/신용기간'의 형태로 표현된다. 예를 들어, '3/10, n/30'의 조건은 '10일 이내에 지급하면 구매대금의 3%를 할인해 주고 30일 이내에는 구매대금을 지급해야한다'는 것을 의미한다.

포괄손익계산서에 매출액을 공시할 때 매출에누리와 환입 및 매출할인액만큼 차감[11)]한 순액으로 표시한다.

예제 6-2 수취채권(매출채권)

(주)열매는 '5/10,n/30'조건으로 상품을 판매하고 있다. (주)열매는 20x4년 12월 15일 (주)새싹에 상품을 외상으로 ₩1,500,000에 판매하였다. 20x4년 12월 17일 ₩20,000만큼의 상품이 불량이어서 반품되었다. (주)새싹은 20x4년 12월 20일에 대금을 지급하였다.

물음 1] (주)열매의 각 일자별 회계처리를 하라.
물음 2] (주)열매가 포괄손익계산서에 인식할 매출액은 얼마인가?

풀이

1. 각 일자별 회계처리

20x4년 12월 15일 : (차) 매출채권	1,500,000	(대) 매출	1,500,000
20x4년 12월 17일 : (차) 매출환입	20,000	(대) 매출채권	20,000
20x4년 12월 20일 : (차) 현금	1,406,000*	(대) 매출	1,480,000
매출할인	74,000		

* (₩1,500,000-20,000) x (1-5%) = ₩1,406,000

11) 매출할인을 회계처리하기 위한 방법으로 총액법과 순액법이 있다. 순액법은 매출시점에 고객이 할인기간 내에 대금을 지급할 것이라고 가정하여, 판매대금에서 매출할인액을 차감한 금액을 상품을 판매하는 시점에 매출로 인식한다. 만약 고객이 기간내에 지급하지 않으면 그 차이를 이자수익으로 인식한다. 실무에서는 총액법을 많이 사용하고 있으므로 본서에서는 총액법을 중심으로 설명한다.

2. 매출액

포괄손익계산서의 매출액은 총판매대금에서 매출환입과 매출할인을 차감한 ₩1,406,000 이다.

(4) 매출채권의 대손과 평가

기업이 보유하고 있는 매출채권 중 일부는 항상 회수불능의 위험이 존재한다. 거래처가 파산하거나 고객이 채무이행에 불성실하기 때문에 기업이 매출채권을 받을 수 없게 되었을 때 발생할 것으로 예상되는 대손가능액을 추정하여 대손충당금(allowance for doubtful accounts)을 설정하고 관련 비용을 대손상각비(bad debt expense)로 인식한다.

이러한 대손회계처리는 매출채권으로 인한 수익과 비용을 동일 회계기간에 반영함으로써 수익·비용대응을 이루고 매출채권을 회수가능금액으로 추정하여 과대평가를 방지한다는 장점이 있다. 그러나 기말에 대손가능금액을 주관적으로 추정한다는 문제점이 있다.

▌대손충당금의 추정과 설정

결산기말 대손을 추정하는 방법에는 매출채권잔액비율법과 연령분석법이 있다. 매출채권잔액비율법(percentage-of-receivables method)은 발생한 매출채권 중 기말에 회수되지 않은 매출채권 잔액의 일정비율을 일괄적으로 기말 현재 대손가능액으로 추정하는 방법이다. 연령분석법(aging method)은 채권 발생시점부터 경과된 일수에 따라서 대손비율을 달리 적용하는 방법이다. 대손충당금 추정과 설정 절차를 잘 이해하기 위하여 〈예제 6-3〉를 살펴보도록 하자.

예제 6-3 대손충당금의 추정과 설정

(주)열매의 20x4년 말 매출채권의 잔액은 ₩1,100,000이고, 매출채권의 경과기간에 따라 적용하는 대손추정률은 다음과 같다.

매출채권 경과기간	매출채권금액	대손추정률
30일 이내	₩500,000	5%
121일 이상	600,000	50%
합계	₩1,100,000	

물음 1] (주)열매가 대손추정을 매출채권잔액비율법을 사용할 경우 20x4년 말 회계처리를 하고 하라. 단, 대손추정은 매출채권 잔액의 10%로 추정하고, 결산조정 전 시산표상 대손충당금

잔액은 ₩0이다.

물음 2] 물음1) 에서 결산조정 전 시산표상 대손충당금 잔액이 ₩100,000일 때 20x4년 말 회계처리를 하라.

물음 3] (주)열매가 대손추정을 연령분석법 사용할 경우 2x14년 말 회계처리를 하라. 단, 결산조정 전 시산표상 대손충당금 잔액은 ₩0이다.

물음 4] 물음3) 에서 결산조정 전 시산표상 대손충당금 잔액은 ₩100,000일 때 20x4년 말 회계처리를 하라.

풀이

1. 대손충당금의 기말잔액 = 매출채권잔액 x 10%

   = ₩1,100,000 x 10%

   = ₩110,000

   대손추정액은 ₩110,000이고, 대손충당금 잔액 없으므로 다음과 같이 회계처리를 한다/

   (차) 대손상각비 110,000 (대) 대손충당금 110,000

   재무상태표에는 다음과 같이 대손충당금이 매출채권의 차감계정으로 표시된다.

부분재무상태표(2x14년 12월 31일)

매출채권	₩1,100,000
대손충당금	(110,000*)
	₩990,000**

   * 대손충당금은 대손추정액과 일치한다.

   **매출채권의 순장부금액은 회수가능금액을 반영한다.

2. 대손추정액 ₩110,000이 대손충당금 잔액 ₩100,000보다 많으므로 그 차이금액인 ₩10,000만큼 대손충당금을 추가로 설정한다. 관련비용은 대손상각비로 처리한다.

   (차) 대손상각비 10,000 (대) 대손충당금 10,000

3.

매출채권 경과기간	매출채권금액	대손추정률	대손추정액
30일 이내	₩500,000	5%	₩25,000
121일 이상	600,000	50%	300,000
합계	₩1,100,000		₩325,000

대손추정액은 ₩325,000이고, 대손충당금 잔액 없으므로 다음과 같이 회계처리를 한다.

(차) 대손상각비 325,000　　　　(대) 대손충당금 325,000

재무상태표에는 다음과 같이 대손충당금이 매출채권의 차감계정으로 표시된다.

부분재무상태표(2x14년 12월 31일)

매출채권	₩1,100,000
대손충당금	(325,000*)
	₩775,000**

* 대손충당금은 대손추정액과 일치한다.

**매출채권의 순장부금액은 회수가능금액을 반영한다.

4. 대손추정액 ₩325,000이 대손충당금 잔액 ₩100,000보다 많으므로 그 차이금액인 ₩225,000만큼 대손충당금을 추가로 설정한다. 관련비용은 대손상각비로 처리한다.
   (차) 대손상각비 225,000　　　　(대) 대손충당금 225,000

대손발생시의 회계처리

거래처의 파산 등의 이유로 매출채권의 회수가 불가능한 것으로 확정되는 경우 대손확정 회계처리를 해야 한다. 이는 대손충당금의 설정에서 추정에 근거하여 회계처리 하는 것과 차이가 있다. 대손발생시의 회계처리의 이해를 돕기 위해 〈예제 6-4〉를 살펴보기로 하자.

예제 6-4　대손의 발생

(주)열매는 20x4년 기초 매출채권의 잔액은 ₩1,100,000, 대손충당금 ₩30,000이다. (주)열매는 대손추정을 매출채권잔액비율법을 사용하고 대손추정율은 10%이다.

물음 1] 20x4년 8월 2일 (주)비실의 파산으로 인하여 매출채권 ₩20,000을 회수 할 수 없게 되었다. 대손발생시의 회계처리를 하라.

물음 2] 20x4년 8월 2일 (주)비실의 파산으로 인하여 매출채권 ₩40,000을 회수 할 수 없게 되었다. 대손발생시의 회계처리를 하라.

풀이

1. (차) 대손충당금 20,000　　　　(대) 외상매출금 20,000
2. (차) 대손충당금 30,000　　　　(대) 외상매출금 40,000
   　　 대손상각비 10,000

▌대손처리한 채권의 회수

대손확정되어 장부상에서 제거하였던 매출채권이 다시 회수되는 경우가 있다. 이때는 대손발생시 분개하였던 계정과목을 회복시키는 형태로 회계처리한다.

예제 6-5 대손의 회수

〈예제 6-4〉와 관련하여 20x5년 1월 4일에 (주)열매는 20x4년 대손처리한 (주)비실에 대한 매출채권 중 ₩20,000이 회수되었다. 회계처리 하라.

풀이

(차) 매출채권 20,000 (대) 대손충당금 20,000
(차) 현금 20,000 (대) 매출채권 20,000

위 분개를 합하면 다음과 같다.
(차) 현금 20,000 (대) 대손충당금 20,000

위의 회계처리로 인해서 대손충당금 잔액이 ₩20,000만큼 증가한다.

〈표 6-3〉 대손회계처리(매출채권잔액비율법)

<table>
<tr><td>대손의 추정</td><td colspan="3">대손추정액 = 결산일의 매출채권잔액 × 대손율 = 기말 대손충당금</td></tr>
<tr><td rowspan="2">대손의 설정</td><td>대손추정액 〉 대손충당금잔액</td><td>(차) 대손상각비xxx</td><td>(대) 대손충당금xxx</td></tr>
<tr><td>대손추정액 〈 대손충당금잔액</td><td>(차) 대손충당금xxx</td><td>(대) 대손충당금환입xxx</td></tr>
<tr><td rowspan="2">대손의 발생</td><td>대손충당금 잔액 〉 대손발생금액</td><td>(차) 대손충당금xxx</td><td>(대) 매출채권xxx</td></tr>
<tr><td>대손충당금 잔액 〈 대손발생금액</td><td>(차) 대손충당금xxx
대손상각비xxx</td><td>(대) 매출채권xxx</td></tr>
<tr><td rowspan="2">대손의 회수</td><td>대손발생시 :
대손충당금 잔액 〉 대손발생금액</td><td>(차) 현금xxx</td><td>(대) 대손충당금xxx</td></tr>
<tr><td>대손발생시 :
대손충당금 잔액 〈 대손발생금액</td><td>(차) 현금xxx</td><td>(대) 대손충당금xxx
대손상각비xxx</td></tr>
</table>

(5) 매입채무

매입채무(trade payables)는 기업이 상품을 거래처로부터 신용매입했을 때, 외상으로 매입한 경우 외상매입금(account payable), 약속어음을 교부한 경우에는 지급어음(note payable)

으로 구분된다. 재무상태표를 작성할 때는 외상으로 상품을 매입한 경우 매입채무라는 단일계정을 이용하여 표시한다.

예제 6-6 매입채무

(주)열매는 20x4년 8월 5일 (주)새싹으로부터 상품 ₩1,000,000을 매입하였다. 대금 중 ₩300,000은 현금으로, 나머지는 3개월 후 만기가 도래하는 어음을 발행하였다. 20x4년 11월 4일 (주)열매가 발행한 어음이 만기가 되어 당좌예금에서 지급하였다.

물음] (주)열매의 일자별 회계처리를 하라.

풀이

20x4년 8월 5일 :	(차) 매입	1,000,000	(대) 현금	300,000
			매입채무(지급어음)	700,000
20x4년 11월 4일 :	(차) 매입채무(지급어음)	700,000	(대) 당좌예금	700,000

4. 기타유동자산과 기타유동부채

여기서는 주로 영업활동과 관련이 없는 거래에서 나타나는 수취채권과 채무를 살펴본다.

(1) 대여금과 차입금

기업이 차용증서나 어음[12)]을 받고 타인에게 금전을 대여한 경우 이를 대여금(loan)으로 표시하고, 반면 대여금을 받은 기업은 이를 차입금(borrowing)으로 기록하게 된다. 권리와 의무의 이행시기가 재무상태표를 작성하는 시점부터 1년 이내에 도래하는가 아니면 1년 이후에 도래하는가에 따라 장기대여금, 장기차입금, 단기대여금, 단기차입금으로 나누어 회계처리한다.

(2) 미수금과 미지급금

미수금(account receivable-nontrade)은 주요 상거래 이외 원인으로 발생한 채권을 말한다. 예를 들어, 기계, 건물 등 판매목적이 아닌 자산을 외상으로 매각한 경우 발생한 채권이다. 반면에 미지급금(account payable-nontrade)은 주요 상거래 이외 원인으로 발생한 채무이다.

12) 이 경우 받을어음이나 지급어음으로 처리해서는 안된다.

(3) 미수수익과 미지급 비용

기업이 발생주의에 의해 당기에 수익으로 인식하였으나 현금을 수취하지 못한 금액을 미수수익(accrued revenue)이라고 기록한다. 반면에 미지급비용은(accrued expense) 당기에 비용이 발생했으나 아직 지급하지 못한 경우에 부담하는 지급채무이다.

(4) 선급금과 선수금

기업이 상품을 구입할 목적으로 미리 그 구입대금의 일부를 공급자에게 지급한 경우 선급금(advance payment)으로 분류한다. 반면, 상품 매출에 대해 대금을 미리 수취한 경우 선수금(advance received from customers)으로 분류한다.

(5) 선급비용과 선수수익

선급비용(prepaid expense)은 미래 발생할 비용을 미리 지급한 경우 발생하며, 선급임차료, 선급보험료 등이 있다. 반대로 미래에 발생할 수익을 미리 수취한 경우 선수수익(unearned revenue)으로 분류한다.

〈표 6-4〉 수취채권과지급채무의 구분

	자산계정	부채계정
상품의 외상거래 상품의 어음거래	매출채권 ─ 외상매출금 매출채권 ─ 받을어음	매입채무 ─ 외상매입금 매입채무 ─ 지급어음
금전의 대여	대여금	차입금
상품 이외의 외상거래	미수금	미지급금
상품매입 전 일부지급	선급금	선수금
수익과 비용의 이연	선급비용	선수수익
수익과 비용의 발생	미수수익	미지급비용

익힘문제

1. 금융자산이란 무엇인가?

2. 재무상태표상의 '현금 및 현금성자산'은 어떤 항목들을 포함하는가?

3. 은행계정조정표에 포함된 항목 중에서 기업의 수정분개가 필요한 항목은 무엇인가?

4. 미수금, 미수수익 그리고 단기대여금의 의미는 각각 무엇인가?

5. 대손상각비와 대손충당금이란 무엇인가?

연습문제

1. 현금및현금성자산

20×4년 12월 31일 (주)열매의 금고에는 다음과 같은 자산이 있었다. 재무상태표에 현금및현금성자산으로 표시될 금액은 얼마인가?

현 금	₩300,000
자기앞수표	800,000
우 편 환	50,000
우 표	9,000
당좌예금	400,000
만기가 3개월인 환매채	200,000
만기가 2개월인 양도성예금증서	100,000
만기가 9개월인 정기적금	500,000

2. 은행계정조정표

20×4년 12월 31일 현재 (주)열매의 주거래은행인 조은은행에서 은행계산서를 송부해왔다. 이를 확인한 결과 조은은행의 당좌예금 잔액은 ₩6,450,000인 것으로 나타나 (주)열매의 당좌예금 잔액 ₩6,850,000과 차이가 있었다. 당좌예금 잔액의 차이를 가져온 원인은 다음과 같다.

① 12월 29일에 (주)열매는 거래처에서 발행한 수표 ₩2,800,000을 조은은행에 당좌예금하였으나, 조은은행은 연말 전산처리 지연으로 현재까지 입금처리하지 않았다.

② 12월 30일에 조은은행은 직원 실수로 (주)동해가 발행한 수표 ₩300,000을 (주)열매의 당좌예금계좌에서 인출하였으나, 현재까지 조정하지 않았다.

③ 12월 중에 (주)열매가 (주)서해에 발행한 수표 ₩1,700,000은 현재까지 인출되지 않았다.

④ 외상매출처인 (주)남해는 외상매출대금 ₩1,300,000을 조은은행에 입금하였으나, (주)열매는 현재까지 통보되지 않았다.

⑤ 12월중에 회사가 은행에 지불해야 할 이자비용은 ₩70,000, 수수료는 ₩30,000이다.

⑥ 회사가 입금한 수표 중 부도처리가 되어 돌아온 것은 ₩200,000이다.

(1) 은행계정조정표를 작성하시오.

(2) (주)열매의 결산정리분개를 하시오.

3. 은행계정조정표

다음은 (주)열매의 당좌예금계정 잔액 조정사항에 대한 정보이다. (주)열매의 20×4년 11월 30일 현재 당좌예금계정의 잔액이 ₩7,300,000일 때, (주)열매의 거래은행인 구민은행측 당좌계좌의 조정 전 잔액을 구하여라.

구민은행 수수료	₩100,000
구민은행측의 입금과대계상오류	500,000
미기입예금	230,000
(주)열매가 기록하지 않은 예금액	300,000
기발행미인출수표	730,000

4. 은행계정조정표

(주)열매는 20×1년 12월 31일 당좌거래은행인 조은은행의 당좌예금잔액을 조회한 결과 ₩2,525,000임을 확인하였다. 회사의 당좌예금잔액은 ₩851,000이며 그 차이의 원인을 조사한 결과 다음과 같다.

(1) 회사가 12월 31일 입금하였으나 은행거래원장상에 기입되지 아니한 것이 ₩2,615,000 있다.

(2) 회사가 12월 중 발행한 수표 중 ₩3,210,000이 아직 인출되지 아니하였다.

(3) 은행측 거래내역을 조회한 결과 외상매출금이 직접 이체된 것이 ₩1,320,000이었으며, 차월이자가 ₩50,000, 부도수표 발생액이 ₩350,000이었으나 동 거래내역은 회사장부에 기입되지 아니하였다.

(4) 회사가 12월 31일 매입채무지급을 위하여 수표를 발행하면서 출금기장하였으나 거래처에 지급하지 않고 보관중인 것이 ₩150,000 있다.

(5) 회사가 입금하면서 ₩465,000을 ₩456,000으로 잘못 기재하였음을 확인하였다. 동 금액은 매출채권의 회수액으로 매출처원장에도 잘못 기록되어 있었다.

[물음]

1. 20×1년 12월 31일의 은행계정조정표를 작성하시오.
2. 필요한 수정분개를 하시오.

5. 매출채권의 대손과 평가

(주)열매의 20×4년초 부분재무상태표는 다음과 같다. 아래의 (주)열매의 20×4년 중 거래를 참고하여, 다음 물음에 답하시오.

부분재무상태표

(주)열매	20×4년 1월 1일		(단위 : 원)
자　　산			
매출채권	₩470,000		
대손충당금	(70,000)	₩400,000	

3월 13일	당기에 매출한 ₩30,000의 매출채권이 대손확정되었다.
4월 19일	전기에 매출한 ₩5,000의 매출채권이 대손확정되었다.
8월 23일	전기에 대손처리한 매출채권 ₩9,000이 회수되었다.
9월 29일	3월 13일에 대손처리한 매출채권 중 ₩17,000이 회수되었다.
12월 31일	기말 매출채권잔액은 ₩900,000이고, 이 중 ₩845,000이 현금회수될 것으로 추정된다.

(1) (주)열매의 20×4년 일자별 회계처리를 하시오.

(2) (주)열매의 20×4년 말 부분재무상태표를 작성하시오.

6. 매출채권의 대손과 평가

(주)열매의 20×3년말 부분재무상태표는 다음과 같다.

부분재무상태표

(주)열매	20×3년 12월 31일		(단위 : 원)
자　　산			
매출채권	₩1,000,000		
대손충당금	(100,000)	₩900,000	

(주)열매는 20×4년 2월 23일 거래처 중 (주)상해가 도산하여 매출채권 중 ₩50,000을 회수하지 못하게 되었다는 사실을 알았다. 다음 물음에 답하시오.

(1) 20×4년 2월 23일의 회계처리를 하고, 이 시점에서 (주)열매의 순매출채권액을 구하시오.

(2) (주)상해가 20×4년 3월 21일에 지급하지 못하고 있던 매출채권 중 ₩30,000을 지급하였을 때 필요한 회계처리를 하시오.

7. 매출채권의 대손과 평가

(주)열매의 20×4년 매출채권과 대손과 관련된 자료는 다음과 같다.

① 20×4년초 대손충당금 잔액은 ₩20,000이다.

② 20×4년 2월, 전기에 매출한 ₩30,000의 매출채권이 회수불가능하다고 판명되었다.

③ 20×4년 5월, 당기에 매출한 ₩5,000의 매출채권이 회수불가능하다고 판명되었다.

④ 20×4년 6월, 전기에 손상차손을 인식한 매출채권 ₩4,000이 회수되었다.

⑤ 20×4년 9월, 5월에 대손을 인식한 매출채권 중 ₩3,000이 회수되었다.

⑥ 20×4년 12월 31일 매출채권 잔액은 ₩190,000이며, 매출채권과 대손에 대한 연령분석표는 다음과 같다.

연 령	매출채권	대손추정액
1~30일	₩100,000	₩10,000
31~60일	50,000	10,000
61~90일	30,000	9,000
90일 초과	10,000	10,000
	₩190,000	₩39,000

(1) (주)열매의 20×4년 매출채권의 대손과 관련한 회계처리를 하시오.

(2) (주)열매의 20×4년 손익계산서에 나타낼 대손상각비를 구하시오.

(3) (주)열매의 20×4년말 재무상태표에 표시할 매출채권의 장부금액을 구하시오.

8. 대손상각비

다음은 20x4년 말 현재 (주)열매의 매출채권에 대한 연령분석표이다.

경과기간에 따른 분류	매출채권 금액	대손추정률(%)
경과기간이 30일 이내인 매출채권	₩800,000	0.5
경과기간이 31~60일인 매출채권	500,000	5.0
경과기간이 61~90일인 매출채권	250,000	20.0
경과기간이 91일 이상인 매출채권	130,000	50.0

[물음]

1) 연령분석법을 적용할 때 20x4년 말 현재 대손추정액과 회수가능예상액은 각각 얼마인가?

2) 20x4년 말 재무상태표에 표시되어야 할 대손충당금은 얼마인가?

3) 위의 2와 같이 표시하기 위하여 (주)열매가 실시해야 할 기말 수정분개는?

9. 대손회계

(주)열매의 2008년 말 재무상태표에 매출채권 ₩1,500,000 그리고 대손충당금은 ₩100,000으로 표시되어있다. 다음은 2009년 중에 발생한 대손관련 거래이다.

1) 2009년 5/10에 영서기업(주)에 대한 매출채권 ₩40,000을 대손확정으로 판단하였다.
2) 2009년 8/25에 평창기업(주)이 도산함에 따라 매출채권 ₩70,000이 회수불능인 것으로 판단하였다.
3) 2009년 9/20에 영서기업(주)에 대한 매출채권 ₩40,000(5/10에 대손확정 처리)중 ₩30,000을 회수하였다.
4) 2009년 말의 매출채권 총액에 대해 새로이 추정한 대손은 ₩150,000이다.

[물음]

1) 2009년 5/10 분개?
2) 2009년 8/25 분개?
3) 2009년 9/20 분개?
4) 2009년 말의 대손충당금 설정에 관한 기말 수정분개?
5) 2009년 및 재무상태표에는 대손충당금이 얼마로 표시되는가?
6) 2009년도 포괄손익계산서에 계상되는 대손상각비는?

연습문제 해답

1.

현　금	₩ 300,000
자기앞수표	800,000
우 편 환	50,000
당좌예금	400,000
만기가 3개월인 환매채	200,000
만기가 2개월인 양도성예금증서	100,000
	₩1,850,000

2. (1) 은행계정조정표

은행계정조정표

(주)열매　　20×4년 12월 31일 현재　　(단위 : 원)

조정전 은행잔액		₩6,450,000	조정전 회사잔액		₩6,850,000
가산조정		3,100,000	가산조정		1,300,000
미기록예금	₩2,800,000		외상매출금회수	₩1,300,000	
은행측 오류	300,000		차감조정		(300,000)
차감조정		(1,700,000)	이자비용	70,000	
기발행미인출수표	₩1,700,000		은행수수료	30,000	
			부도수표	200,000	
조정후 은행잔액		₩7,850,000	조정후 회사잔액		₩7,850,000

(2) 결산정리분개

1) 가산조정 : 외상매출금회수

(차) 당좌예금　1,300,000　　(대) 외상매출금　1,300,000

2) 차감조정 :

① 이자비용

(차) 이자비용　70,000　　(대) 당좌예금　70,000

② 은행수수료

(차) 은행수수료　30,000　　(대) 당좌예금　30,000

③ 부도수표

(차) 부도수표　200,000　　(대) 당좌예금　200,000

☞ 은행계정조정표에 대한 결산정리분개는 회사측 조정사항에 대해서만 필요하다.

3. [은행계정조정표]

조정후 회사잔액 = 조정전 회사잔액 + 미통지입금 − 은행수수료

= ₩7,300,000 + 300,000 − 100,000 = ₩7,500,000

조정후 은행잔액 = 조정전 은행잔액 + 미기입예금 − 미인출수표 − 기장오류

= X + ₩230,000 − 730,000 − 500,000 = ₩7,500,000

X = ₩8,500,000

4. 1. 은행계정조정표

	통장잔액	장부잔액
수정전 잔액	₩2,525,000	₩851,000
조정항목 :		
① 미기입예금	2,615,000	
② 기발행미인출수표	(3,210,000)	
③ 채권입금		1,320,000
④ 차월이자		(50,000)
⑤ 부도수표		(350,000)
⑥ 기발행미인도수표		150,000
⑦ 회사측 오류		9,000
수정후 잔액	₩1,930,000	₩1,930,000

2. 수정분개

③ :	(차) 당좌예금	1,320,000	(대) 매출채권	1,320,000
④ :	(차) 이자비용	50,000	(대) 당좌예금	50,000
⑤ :	(차) 매출채권(부도수표)	350,000	(대) 당좌예금	350,000
⑥ :	(차) 당좌예금	150,000	(대) 매입채무	150,000
⑦ :	(차) 당좌예금	9,000	(대) 매출채권	9,000

5. (1) 3월 13일

(차) 대손충당금	30,000	(대) 매출채권	30,000

4월 19일

(차) 대손충당금	5,000	(대) 매출채권	5,000

8월 23일

(차) 현　　금	9,000	(대) 대손충당금	9,000

9월 29일

(차) 현　　금	17,000	(대) 대손충당금	17,000

12월 31일

(차) 대손충당금	6,000	(대) 대손충당금환입	6,000*

* 수정전 대손충당금 잔액은 ₩70,000－30,000－5,000＋9,000＋17,000 = ₩61,000이다.

(₩900,000－845,000)－₩61,000 = (₩6,000)

부분재무상태표

(주)열매	20×1년 12월 31일	(단위 : 원)
자　　산		
매출채권	₩900,000	₩845,000
대손충당금	(55,000)	

6. (1)

(차) 대손충당금	50,000	(대) 매출채권	50,000

매출채권	₩950,000
대손충당금	(50,000)
	₩900,000

(2)

(차) 매출채권	30,000	(대) 대손충당금	30,000
(차) 현　　금	30,000	(대) 매출채권	30,000

7. (1) 20×4년 2월

(차) 대손충당금	20,000	(대) 매출채권	30,000
대손상각비	10,000		

20×4년 5월

(차) 대손상각비	5,000*	(대) 매출채권	5,000

* 20×4년 2월의 분개결과 대손충당금의 잔액이 ₩0이므로 대손상각비로 기록한다.

20×4년 6월

(차) 현　　금	4,000	(대) 대손충당금	4,000

20×4년 9월

(차) 현　　금	3,000	(대) 대손상각비	3,000*

* 20×4년 5월 이루어진 분개를 반대분개하는 형식으로 회계처리한다.

20×4년 12월 31일

(차) 대손상각비 35,000 (대) 대손충당금 35,000*

* 기말 대손추정액−결산전 대손충당금잔액 = ₩39,000−4,000 = ₩35,000

(2) 대손상각비

2월 대손상각비＋5월 대손상각비−9월 대손상각비＋12월 31일 대손상각비

= ₩10,000＋5,000−3,000＋35,000 = ₩47,000

(3) 대손충당금

매출채권	₩190,000
대손충당금	(39,000)
	₩151,000

8. 1) ₩144,000(=4,000+25,000+50,000+65,000)

2) ₩144,000

3) 대손상각비 144,000 / 대손충당금 144,000

9. 1) 대손충당금 40,000 / 매출채권 40,000

2) 대손충당금 60,000 / 매출채권 70,000

대손상각비 10,000

3) 매출채권 30,000 / 대손충당금 30,000

현금 30,000 / 매출채권 30,000

또는 [현금 30,000 / 대손충당금 30,000] 도 가능

4) 대손상각비 120,000 / 대손충당금 120,000

(수정분개전의 대손충당금 잔액은 ₩30,000,

따라서 대손추정액이 ₩150,000이므로 ₩120,000의 대손충당금을 추가로 설정)

5) ₩150,000

6) 물음 2)의 10,000 + 물음 4)의 120,000 = ₩130,000

7장 재고자산

1. 재고자산의 의의와 취득원가

(1) 재고자산의 정의와 종류

기업의 정상적인 영업활동과정에서 '판매'를 목적으로 보유하는 자산을 재고자산(inventory)이라고 한다. 이를 구체적으로 살펴보면 다음과 같다.

▮ 기업이 보유하는 재고자산의 종류는 기업의 특성에 따라 다르다. 예를 들어, 회계법인이나 학원 등과 같은 서비스업은 재고자산을 보유하지 않는 반면, 자동차나 가전제품을 생산하는 제조회사는 완성품인 제품, 생산중인 재공품, 생산을 위한 원재료 등의 재고자산을 갖게 된다. 그리고 백화점이나 편의점과 같이 도소매업에 종사하는 상품매매회사는 판매활동을 위해서 재고자산을 소유하게 되는데 이를 상품(merchandise)이라고 한다.

▮ 어떤 항목이 재고자산으로 분류되어야 할 것인지는 그 기업의 주된 영업활동의 목적이 무엇이냐에 따라 달라진다. 예를 들어, 건물의 경우 일반기업이 사무실 용도로 사용하기 위해 매입하였다면 유형자산으로 분류되지만, 부동산매매업을 하는 기업이 판매목적으로 취득한 경우에는 재고자산으로 분류된다.

▮ K-IFRS에서 분류하고 있는 각 재고자산의 유형별 정의를 살펴보면 다음과 같다.

- 상품 : 기업의 정상적인 영업과정에서 판매를 목적으로 구입한 것을 말하며, 부동산매매업에 있어서 판매를 목적으로 소유하는 토지, 건물, 기타 이와 유사한 부동산도 상품에 포함된다.
- 제품 : 기업내부에서 판매를 목적으로 제조한 생산품을 말한다.
- 반제품 : 자가제조한 중간제품과 부분품 등을 말한다.
- 재공품 : 제품의 제조를 위하여 제조과정에 있는 제품을 말한다.
- 원재료 : 완제품을 제조·가공할 목적으로 구입한 원료, 재료 등을 말한다.

본 장에서는 재고자산 중 상품을 중심으로 살펴보도록 한다.
〈그림 7-1〉은 상품매매기업의 영업순환과정을 나타내고 있다.

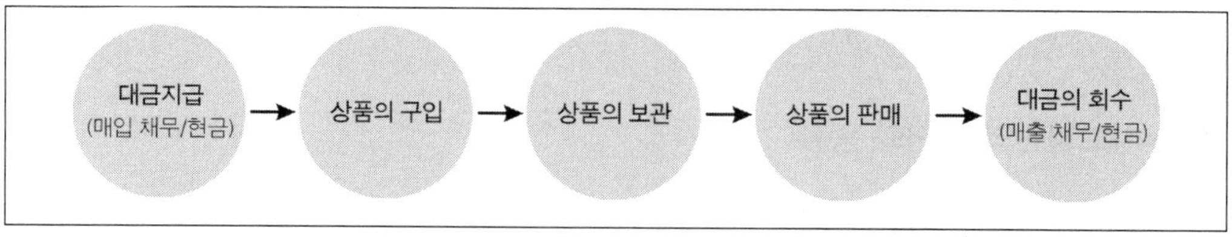

〈그림 7-1〉 상품매매기업의 영업순환과정

상품매매기업은 외부에서 상품을 구입하고, 이를 판매하여 대금을 회수하는 것이 주요 영업 활동이다. 예를 들어, (주)열매가 상품 1,000개를 원가 ₩100에 구입하였다고 가정하자. 이 중 900개를 개당 ₩130에 판매하였다고 하면 포괄손익계산서에 표시되는 매출액과 매출원가는 다음과 같다.

매출액	₩ 117,000	(=900개 X ₩130)
- 매출원가	₩ 90,000	(=900개 X ₩100)
매출총이익	₩ 27,000	

매출원가(cost of goods sold)는 판매된 상품의 원가를 말하고, 매출액에서 매출원가를 차감한 금액을 매출총이익(gross profit)이라고 한다. 위의 예에서 수익인 판매된 상품 900개에 대한 매출(900개x@₩130)에 대응되는 비용으로 매출원가(900개 x @₩100)를 인식하였는데, 이는 상품이 판매되는 기간에 수익과 비용을 대응시키기 위한 것이다. 따라서 매출과 매출원가는 서로 밀접한 관련성을 가지게 된다.

한편, 판매되지 않은 상품 100개는 해당 기간말에 재고자산 ₩10,000 (=100개 × @₩100)으로 남아 있게 되며, 이는 재무상태표에 자산으로 기록되었다가 추후 판매되는 시점에 매출원가로 전환되어진다. 이를 부분재무상태표와 부분포괄손익계산서에 나타내면 다음과 같다.

부분재무상태표

재고자산	₩10,000	

부분포괄손익계산서

매출액	₩117,000
매출원가	90,000
매출총이익	27,000

재고자산 회계처리에서 가장 중요한 주제는 기초재고자산과 당기에 매입한 재고자산을 매출원가와 기말재고자산으로 배분하는 것이라고 할 수 있다. 여기서 기초재고액과 당기 매입액을 합한 금액을 판매가능재고자산(cost of goods available for sale)이라고 한다. 〈그림 7-2〉는 판매가능재고자산이 매출원가와 기말재고액으로 배분되는 것을 보여주고 있다.

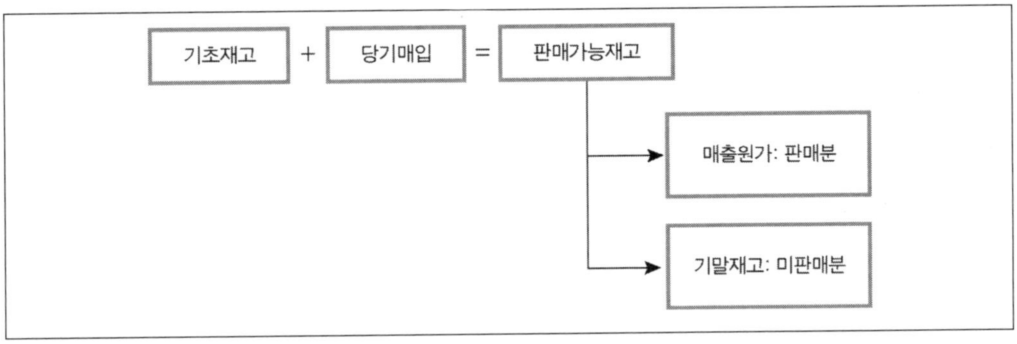

〈그림 7-2〉 재고자산 흐름

(2) 재고자산의 취득원가

재고자산의 취득원가는 판매가능한 상태로 만들기까지 소요된 매입원가, 기타원가를 포함한다.

재고자산의 취득원가 = 매입원가 + 기타원가

매입원가(purchase costs)란, 매입가격에 수입관세, 제세금, 매입운임, 하역료는 가산하고 매입할인, 리베이트는 차감한 금액을 말한다.

기타원가(other costs)란 재고자산을 현재의 장소에, 현재의 상태로 이르게 하는 데 발생한 원가를 말한다.

① 매입운임

매입운임은 취득과정에서 직접 소요된 지출액이므로 재고자산의 취득원가에 포함시켜야한다. 그런데 매입운임을 누가 부담하는지는 선적지인도조건과 도착지인도조건에 따라 달라진다.

- 선적지인도조건 : 선적시점에서 소유권이 매입자에게 이전되므로 매입자가 운임을 부담하게 된다. 이 경우 매입운임을 재고자산의 취득원가에 포함시킨다.

• 도착지인도기준 : 도착시점에서 소유권이 매입자에게 이전되기 때문에 판매자가 운임을 부담하게 된다. 이 경우 판매자가 부담하는 운임은 비용으로 처리한다.

② 매입에누리와 환출, 매입할인

매입한 상품에 하자(파손 및 변질, 주문과 다른 상품)가 발생하면 구입대금의 일부를 할인받기도 하는데, 이를 매입에누리(purchase allowance)라고 하고, 구입한 상품의 하자를 이유로 반품하는 경우 이를 매입환출(purchase return)이라고 한다. 매입에누리와 환출은 성격상 서로 관련성이 높아서 매입에누리와 환출이라는 단일계정으로 통합하여 기록하기도 한다. 재고자산의 취득원가를 산정할 때 매입에누리와 환입은 차감한다.

매입할인(purchase discounts)이란, 매입자가 외상매입금을 조기에 지급한 경우 판매자가 현금할인을 해 주는 것을 말한다. 재고자산이 취득원가 산정시에는 매입할인액 만큼 당기의 취득원가에서 차감한다.

예제 7-1 상품매매기업의 매입원가

다음은 (주)열매가 20x4년 중에 매입한 상품과 관련된 내용들이다.

당기매입	₩550,000	매입운임	₩14,000
보험료	3,000	하역료	2,000
매입에누리	13,000	매입할인	4,000
관세납부금	6,000		

물음] (주)열매가 20x4년 중 매입한 상품의 취득원가를 계산하시오.

풀이

당기 매입	₩550,000
매입운임	14,000
보험료	3,000
하역료	2,000
매입에누리	(13,000)
매입할인	(4,000)
관세납부금	6,000
	₩558,000

(3) 재고자산에 포함될 항목 결정

상품의 매입과 매출거래는 연속적으로 이루어지므로 결산일 전후에 발생한 거래에 있어서 어느 보고기간의 매입, 매출거래인지를 결정해야 정확한 매출액과 매출원가 및 재고자산을 파악할 수 있다. 이를 위해서는 재고자산의 법적 소유권 유무, 점유 유무, 계약조건, 상관습 등을 고려하여 판단해야 한다. 여기서는 어느 보고기간의 매입, 매출거래인지를 명확하게 결정하기 어려운 항목들에 대해서 살펴보기로 한다.

① 미착상품

미착상품(goods in transit)이란 상품을 주문하였으나, 운송 중에 있어서 아직 도착하지 않은 상품을 말한다. 이 경우 법적 소유권 이전여부는 선적지인도조건과 도착지인도조건과 같은 매매계약조건에 따라 결정된다.

- 선적지인도조건 : 상품이 선적된 시점에 소유권이 매입자에게 이전되기 때문에 매입자의 재고자산에 포함
- 도착지인도조건 : 상품이 도착지에 도착하여 매입자가 인수한 시점에 소유권이 매입자에게 이전되기 때문에 매입자의 재고자산에서 제외

② 위탁판매(적송품)

위탁판매(consignment sales)란 위탁자의 상품을 수탁자에게 위탁하여 판매하는 것을 말하며, 위탁 판매한 상품을 위탁품 또는 적송품이라고 한다. 적송품은 수탁자가 제3자에게 판매를 할 때까지 단순히 보관하고 있는 것에 불과하므로 위탁자의 재고자산에 포함한다.

③ 시용판매

시용판매(sales on approval)란 상품 등을 고객에게 인도하여 고객이 그 상품을 사용해보고 매입하겠다는 의사표시를 함으로써 판매가 성립되는 판매방법을 말하며, 시용판매한 상품을 시송품이라고 한다. 시용판매의 경우 기말 현재 고객으로부터 매입의사표시가 없는 시송품은 기말재고에 포함시켜야 한다.

④ 저당상품

금융회사 등으로부터 자금을 차입하고 담보로 제공된 저당상품은 저당권이 실행되기 전까지는 담보제공자가 소유권을 가지고 있다. 따라서 저당권이 실행되어 소유권이 이전되기 전에

는 담보제공자의 재고자산에 포함한다.

〈표 7-1〉 기말재고자산에 포함할 항목

구분		기말재고 포함여부
미착상품 (구매자입장)	도착지인도조건	제외
	선적지인도조건	포함
적송품	수탁자 보관분	포함
	수탁자 미보관분	제외
시송품	고객의 구매의사표시 있음	제외
	고객의 구매의사표시 없음	포함
저당상품		포함

예제 7-2 재고자산에 포함될 항목 결정

(주)열매의 20x4년 12월 31일 현재 창고의 실지재고액은 ₩1,000,000이다. 실지재고액에는 다음과 같은 사항이 반영되어 있지 않다.

(1) 20x4년 12월 29일 선적지인도조건으로 구입한 상품 ₩150,000이 12월 31일 현재 아직 운송중에 있다.

(2) 20x4년 12월 26일 도착지인도조건으로 판매한 상품 ₩200,000이 12월 31일 현재 아직 운송중에 있다.

(3) 위탁판매분 중 수탁자가 12월 31일까지 아직 판매하지 못한 위탁품 ₩300,000이 있다.

(4) 시용판매분 중 고객이 12월 31일까지 아직 매입의사를 표시하지 않은 시송품(원가) ₩200,000이 있다.

물음] 위 사항을 모두 반영할 경우 20x4년 12월 31일 올바른 재고자산은 얼마인가?

풀이

20x4년 12월 31일 창고재고	₩1,000,000
수정사항 : (1) 선적지인도기준	250,000
(2) 도착지인도기준	200,000
(3) 적송품	300,000
(4) 시송품	200,000

20x4년 12월 31일 올바른 재고 ₩1,850,000

2. 재고자산의 기록방법

재고자산을 회계처리하는 방법으로 계속기록법과 실지재고조사법이 있다.

(1) 계속기록법

계속기록법(perpetual inventory system)은 재고자산의 매입과 매출이 발생할 때마다 재고자산의 증가와 감소를 기록하고, 매출과 매출원가를 계산하여 기록하는 방법이다. 상품의 매입과 매출시 행해지는 회계처리는 다음과 같다.

	차변		대변	
상품매입시〉	(차) 상품	xxx	(대) 현금 또는 매입채무	xxx
상품매출시〉	(차) 현금 또는 매출채권	xxx	(대) 매출	xxx
	매출원가	xxx	상품	xxx

계속기록법하에서는 매입과 매출시점마다 재고자산의 증감과 매출원가를 기록하기 때문에 결산일에 기말재고자산이나 매출원가를 결정하기 위해 별도의 결산수정분개를 할 필요가 없다.

예제 7-3 계속기록법

(주)열매는 20X4년 2월 1일 상품 100개를 개당 ₩100에 현금으로 매입하였으며, 2월 4일 이 중 60개를 개당 ₩150에 현금을 받고 판매하였다. 20X4년초에는 30개(개당 ₩100)의 상품을 보유하고 있었으며, 계속기록법을 사용한다.

(주)열매의 상품거래를 정리하면 다음과 같다.

		수량	단가	금액
1월1일	기초재고	30	₩100	₩3,000
2월1일	당기매입	100	100	10,000
2월4일	판매	(60)		
12월31일	기말재고	70	₩100	₩7,000

상품의 매입과 판매에 대한 분개를 하고, 그 결과를 T-계정으로 나타내라.

풀이

① 상품매입시 : (차) 상품 10,000 (대) 현금 10,000

② 상품매출시 : (차) 현금 9,000 (대) 매출 9,000

매출원가 6,000* 상품 6,000

* 판매된 상품 60개의 취득원가가 단위당 ₩100이므로 매출원가는 ₩6,000이다.

위의 분개를 결과를 T-계정으로 나타내면 다음과 같다.

상품

기초재고	3,000	②매출원가	6,000
①현금	10,000		
	7,000		

매출원가

②상품	6,000		
	6,000		

매출

		②현금	9,000

기말의 상품재고액은 ₩7,000, 매출액은 ₩9,000이고 매출원가는 ₩6,000 이므로 매출총이익은 ₩3,000이다.

계속기록법을 사용하면 기말재고는 기초재고와 당기매입의 합에서 매출원가를 차감하여 결정한다. 이를 식으로 나타내면 다음과 같다.

기초재고 + 당기매입 - 매출원가 = 기말재고

위 식에서 "기초재고 + 당기매입"에서 매출원가를 차감한 금액은 창고에 기말재고액으로 남아있다고 가정한다. 그러나 판매 이외에 당기에 발생한 도난, 증발 등에 의한 상품의 감소가 발생할 수 있는데 계속기록법에서는 모두 기말 재고액에 포함된다. 따라서 이 방법은 기말재고액을 정확하게 알 수 없다는 문제점을 갖고 있다. 그러므로 정기적으로 재고자산에 대한 실사를 하는 것이 바람직하다. 재고자산을 실사한 금액이 장부금액보다 적은 경우 그 차이를 재고자산감모손실이라고 한다. 재고자산감모손실은 정상적인 범위에서 발생한 경우라면 당기매출원가에 가산하여 처리한다.

(2) 실지재고조사법

실지재고조사법(periodic inventory system)은 기중에 상품을 매입할 때에는 매번 기록하지만, 기중에 상품을 판매할 때는 재고자산의 감소나 매출원가를 기록하지 않는다. 대신 기말에 실제 남아있는 재고량을 조사하고 기말재고를 결정하여 매출원가를 결정하는 방법이다. 이 방법으로 회계처리 할 경우 상품의 매입과 매출시 행해지는 회계처리는 다음과 같다.

상품매입시〉 (차) 매입* xxx (대) 현금 또는 매입채무 xxx

*상품의 매입시에는 임시적으로 매입(purchases)이라는 계정을 사용한다.

상품매출시〉 (차) 현금 또는 매출채권 xxx (대) 매출 xxx

이 방법은 기중에 상품을 판매할 때 수익계정인 매출계정은 기록하지만, 매출원가에 대한 기록은 하지 않으므로 기중에 보유상품의 재고수량이나 매출원가와 매출총이익을 파악할 수 없다. 따라서 결산일에 창고에 있는 재고를 실사하여 기말재고를 파악하고 기중 판매된 상품의 매출원가를 계산하는데, 다음 식에 의해 산출하게 된다.

기초재고 + 당기매입 - 기말재고 = 매출원가

실지재고조사법은 매출원가 계산을 위해 별도의 결산 수정분개가 필요하다. 기말결산시 필요한 회계처리는 다음과 같다.

기말결산시〉

① 상품계정의 기초재고액을 매출원가계정의 차변에 옮긴다.

(차) 매출원가 xxx (대)상품 xxx

② 매입계정의 당기매입액을 매출원가계정의 차변에 옮긴다.

(차) 매출원가 xxx (대)상품 xxx

③ 기말재고액을 상품계정의 차변과 매출원가계정의 대변에 기록한다.

(차) 상품 xxx (대)매출원가 xxx

예제 7-4 실지재고조사법

(주)열매는 20X4년 2월 1일 상품 100개를 개당 ₩100에 현금으로 매입하였으며, 2월 4일 이 중 60개를 개당 ₩150에 현금을 받고 판매하였다. 20X4년초에는 30개(개당 ₩100)의 상품을 보유하고 있었으며, 실지재고조사법을 사용한다. 20X4년 12월 31일 창고 실사결과 70개의 재고자산이 남아 있었다. (주)열매의 상품거래를 정리하면 다음과 같다.

		수량	단가	금액
1월1일	기초재고	30개	₩100	₩3,000
2월1일	당기매입	100	100	10,000
2월4일	판매	(60)		
12월31일	기말재고	70개	₩100	₩7,000

상품의 매입과 판매에 대한 분개를 하고, 매출원가를 계산하라. 또한 20X4년 결산수정분개를 하고, 그 결과를 T-계정으로 나타내라.

풀이

① 상품매입시 : (차) 매입 10,000 (대) 현금 10,000

② 상품매출시 : (차) 현금 9,000 (대) 매출 9,000

③ 기말결산시 :

- (차) 매출원가 3,000 (대) 상품 3,000
- (차) 매출원가 10,000 (대) 매입 10,000
- (차) 상품 7,000 (대) 매출원가 7,000

매출원가 = 기초재고액 + 당기매입액 − 기말재고액
= ₩3,000 + 10,000 − 7,000
= ₩6,000

상품

차변		대변	
기초재고	3,000	③매출원가	3,000
⑤매출원가	7,000		
	7,000		

매출원가

차변		대변	
③기초재고	3,000	⑤상품	7,000
④매입	10,000		
	6,000		

매입

차변		대변	
①현금	10,000	④매출원가	10,000
	0		

매출

차변		대변	
		②현금	9,000

실지재고조사법을 적용하면 당기 판매가능액과 기말재고실사금액과의 차이 즉, 재고자산의 감소를 모두 판매된 것으로 간주하기 때문에 분실이나 파손으로 인한 재고감모를 파악할 수 없다는 문제점이 있다.

실무에서는 계속기록법과 실지재고조사법을 혼용하여 사용하기도 한다. 계속기록법을 사용하면서 정기적으로 재고자산 실사를 실시하여 장부상 수량과 실제수량을 대조하고, 부족분은 재고자산의 감모손실로 처리할 수 있다.

3. 재고자산의 원가흐름가정 : 단위원가 결정

대부분의 상품은 자주 매입하게 되는데, 상품의 단위당 원가는 매입시점마다 다른 것이 일반적이다. 이와 같이 상이한 단위당 원가를 매출수량과 기말재고수량에 어떻게 배분할 것인가에 따라 매출원가와 기말재고액은 달라지며, 결과적으로 당기순이익과 재고자산 금액에도 영향을 미치게 된다. 수익·비용 대응의 원칙에 의해 실제로 가득된 수익에 실제로 발생된 비용을 대응시키는 것이 바람직하지만, 적용상 어려움이 있으므로 인위적으로 원가흐름을 가정할 필요가 있다.

(1) 개별법

개별법(specific identification method)이란 재고자산에 가격표 등을 붙여 매입상품별로 매입가격을 알 수 있도록 함으로써 매입가격별로 판매된 것과 재고로 남은 것을 구별하여 매출원가와 기말재고로 구분하는 방법이다.

개별법은 원가흐름과 실제물량흐름이 일치하므로 이론상 가장 이상적이지만 재고자산의 종류와 수량이 많고 거래가 빈번한 경우에는 실무에서 사용하기가 불가능하다. 따라서 개별법은 특정 프로젝트를 위해 분리된 항목에 적절한 방법이다.[13)]

(2) 선입선출법

선입선출법(first-in first-out method: FIFO)이란, 실제물량의 흐름과는 상관없이 먼저 취득한 자산이 먼저 판매된 것으로 가정하여 매출원가와 기말재고로 구분하는 방법이다. 따라서

13) 예를 들어 특수기계를 주문생산하는 경우와 같이 제품별로 원가를 식별할 수 있을 때는 개별법을 사용하여 원가를 결정한다.

매출원가는 오래전에 구입한 상품의 원가로 구성되고, 기말재고는 최근에 구입한 상품의 원가로 구성된다. 기업은 먼저 구입한 재고자산을 먼저 처분하려는 경향이 있으므로 선입선출가정은 실제물량의 흐름과 유사하다[14].

예제 7-5 선입선출법

(주)열매의 20X4년 기초재고와 당기매입은 다음의 표와 같다. (주)열매는 6월 14일 170개의 상품을 판매하였다. 단위원가 결정방법으로 선입선출법을 사용한다.

		수량	단가	금액
1월1일	기초재고	30	₩90	₩2,700
4월6일	매입	60	100	6,000
6월3일	매입	100	105	10,500
7월11일	매입	30	120	3,600
합계		220		₩22,800

물음] 계속기록법을 사용하는 경우와 실지재고조사법을 사용하는 경우 각각 기말재고와 매출원가를 계산하라. (단, 기말 창고 실사 결과 50개의 상품이 남아 있다.)

풀이

1. 계속기록법

• 매출원가

	수량	단가	금액
기초재고	30개	₩90	₩2,700
4월 6일	60	100	6,000
6월 3일	80	105	8,400
			₩17,100

• 기말재고

기초재고	₩2,700
(+)당기매입	16,500
(-)매출원가(6월14일)	(17,100)
기말재고(6월14일)	₩2,100

14) 재고자산들은 실제물량흐름이 모두 선입선출인 것은 아니다. 예를 들어 모래, 시멘트, 석탄 등 야적해서 판매하는 재고자산들의 실제 물량흐름은 나중에 구입한 것이 먼저 판매된다. 그러나 원가흐름은 가정에 불과하므로 실제 물량흐름과의 일치여부가 각 방법을 채택하는 이유가 되는 것은 아니다.

2. 실지재고조사법

• 기말재고

	수량	단가	금액
7월11일	30개	₩120	₩3,600
6월3일	20	105	2,100
기말재고	50개		₩5,700

• 매출원가

기초재고	₩2,700
(+)당기매입	20,100
(-)기말재고	(5,700)
매출원가	₩17,100

(3) 후입선출법

후입선출법(last-in first-out method : LIFO)이란 실제물량흐름과는 관계 없이 가장 최근에 매입한 상품이 먼저 판매된 것으로 가정하여 매출원가와 기말재고로 구분하는 방법이다. 따라서 매출원가는 최근에 구입한 상품의 원가로 구성되며, 기말재고는 오래전에 구입한 상품의 원가가 된다. 후입선출법은 물가의 상승시 물가상승의 영향을 완화시키기 때문에 물가상승기에는 대단한 각광을 받는 방법이지만, 기업회계기준서 제1002호 '재고자산'에서는 후입선출법을 사용할 수 없도록 하고 있다.[15)]

예제 7-6 후입선출법

(주)열매의 20X4년 기초재고와 당기매입은 다음의 표와 같다. (주)열매는 6월 14일 170개의 상품을 판매하였다. 단위원가 결정방법으로 후입선출법을 사용한다.

15) 국제회계기준에서는 다음과 같은 이유로 후입선출법 적용을 배제하고 있다.
① 비현실적인 원가흐름가정으로 인해 실제 재고자산흐름을 신뢰성있게 반영 못함
② 후입선출법은 흔히 절세의 목적으로 사용되는데, 오래전의 원가가 매출원가가 되는 경우에는 그렇지도 못함
③ 재무상태표에 표시되는 재고자산이 오래전에 취득한 단가를 반영함으로써 자산의 실제원가를 반영하지 못하고 있음
④ 과거의 낮은 원가가 매출원가가 되는 경우 영업성과를 왜곡표시할 가능성이 큼

		수량	단가	금액
1월1일	기초재고	30개	₩90	₩2,700
4월6일	매입	60	100	6,000
6월3일	매입	100	105	10,500
7월11일	매입	30	120	3,600
합계		220개		₩22,800

물음] 계속기록법을 사용하는 경우와 실지재고조사법을 사용하는 경우 각각 기말재고와 매출원가를 계산하라. (단, 기말창고실사 결과 50개의 상품이 남아 있다.)

풀이

1. 계속기록법

• 매출원가

	수량	단가	금액
6월3일	100개	₩105	₩10,500
4월6일	60	100	6,000
기초재고	10	90	900
			₩17,400

• 기말재고

기초재고	₩2,700
(+)당기매입	16,500
(-)매출원가(6월 14일)	(17,400)
기말재고(6월 14일)	₩1,800

2. 실지재고조사법

• 기말재고

	수량	단가	금액
기초재고	30개	₩90	₩2,700
4월6일	20	100	2,000
	50개		₩4,700

• 매출원가

기초재고	₩2,700
(+)당기매입	16,500
(-)기말재고	(17,400)
매출원가	₩1,800

(4) 가중평균법

가중평균법(weighted average method)은 일정기간 동안의 재고자산 원가를 평균하여 산출된 평균단가로, 판매가능상품원가를 매출원가와 기말재고에 배분하는 방법이다. 가중평균법에 의할 경우 단가를 상품 판매시마다 계속기록하는 방법(이동평균법)과 기말에 일괄하여 기록하는 방법(총평균법)이 있다.

예제 7-7 가중평균법

(주)열매의 20X4년 기초재고와 당기매입은 다음의 표와 같다. (주)열매는 6월 14일 170개의 상품을 판매하였다. 단위원가 결정방법으로 가중평균법을 사용한다.

		수량	단가	금액
1월1일	기초재고	30개	₩90	₩2,700
4월6일	매입	60	100	6,000
6월3일	매입	100	105	10,500
7월11일	매입	30	120	3,600
합계		220개		₩22,800

물음] 계속기록법을 사용하는 경우와 실지재고조사법을 사용하는 경우 각각 기말재고와 매출원가를 계산하라. (단, 기말창고실사 결과 50개의 상품이 남아 있다.)

풀이

1. 계속기록법 - 이동평균법

평균단위원가 = (₩2,700+6,000+10,500)÷190

= ₩101.05/개

	수량	단가	금액
기말재고(6월14일)	20개	₩101.05	₩2,021
매출원가	170	₩101.05	17,179
			₩19,200

2. 실재재고조사법 - 총평균법

평균단위원가 = ₩22,800÷220개

= ₩103.64/개

	수량	단가	금액
기말재고	50개	₩103.64	₩5,182
매출원가	170	103.64	17,618
			₩22,800

〈표 7-2〉 재고자산의 원가배분방법

구분	원가배분방법	설명
실제 원가흐름	개별법	판매된 개별 재고자산의 취득단가를 추적하여 매출원가와 기말재고를 결정하는 방법
원가흐름의 가정	선입선출법	먼저 매입한 재고자산이 먼저 판매되고 기말재고는 가장 최근에 매입한 항목이라고 가정하는 방법
	후입선출법	가장 최근에 매입한 재고자산이 먼저 판매되고 기말재고는 가장 오래전에 매입한 항목이라고 가정하는 방법
	가중평균법	기초재고와 당기에 매입한 재고자산이 구분되지 않고 평균적으로 판매된다는 가정하에 기초재고와 당기매입의 원가를 평균하여 단위원가를 결정하는 방법

(5) 원가흐름방법의 비교

지금까지 원가흐름가정에 따라 매출원가와 기말재고를 계산하는 방법을 알아보았다. 각 원가흐름별로 살펴본 예제에서 매입단가가 기간이 경과함에 따라 증가하고 있는데, 이는 완만한 인플레이션인 경우로 물가가 상승하고 있다고 생각할 수 있다. 이럴 경우 각 방법이 포괄손익계산서와 재무상태표에는 어떠한 영향을 미치는지 살펴보도록 하자.

<표 7-3> 원가흐름가정에 따른 매출원가와 기말재고

	선입선출법	후입선출법	총평균법
매출원가	₩17,100	₩18,100	₩17,618
기말재고	5,700	4,700	5,182

<표 7-3>에서 보는 바와 같이 회계처리 방법별로 매출원가와 기말재고로 배분된 금액은 다르다. 매출원가로 배분된 금액은 선입선출법이 가장 낮게 보고하고 있고 후입선출법이 가장 높게 보고하고 있다. 반면, 기말재고로 배분된 금액은 선입선출법이 가장 높게 보고하고 있고 후입선출법이 가장 낮게 보고하고 있다. 이는 각 예제에서처럼 물가가 상승하는 경우에 일반적으로 나타나는 결과이다. <표 7-4>는 물가가 상승하는 경우 원가흐름의 가정이 재무제표에 어떻게 영향을 미치는지를 요약한 것이다.

<표 7-4> 물가상승시 원가흐름의 가정이 재무제표에 미치는 영향

재무제표 항목	원가흐름의 가정에 따른 크기
기말재고	선입선출법 > 가중평균법 > 후입선출법
매출원가	선입선출법 < 가중평균법 < 후입선출법
당기순이익	선입선출법 > 가중평균법 > 후입선출법

지금까지 살펴 본 것처럼 원가흐름 가정에 따라 기말재고, 매출원가, 당기순이익이 달라진다.

따라서 기업의 회계담당자는 기업의 재무상태나 경영성과를 가장 잘 나타내주는 방법을 선택해야 하며, 일단 채택한 방법은 정당한 사유가 없는 한 계속적으로 적용해야 한다. 만약, 부득이한 사유로 적용해 온 단가결정방법을 변경하였다면 그 사유와 내용 및 변경의 정당성에 관한 사항을 충분히 공시하여 회계정보이용자들의 주의를 환기시켜야 한다.

4. 재고자산의 저가평가

(1) 저가법의 의의

판매를 목적으로 보유하고 있는 재고자산은 외부에 판매됨으로써 기업에 효익을 제공한다. 이 때 기말재고는 재고자산의 취득금액을 반영하는데, 만일 재고자산의 판매가격이 하락한 경우라든지, 진부화된 경우 또는 물리적으로 손상된 경우 등에는 재고자산의 취득금액이 실제

재고자산의 가치를 제대로 반영하지 못할 것이다. 따라서 국제회계기준에 의하면 재고자산의 취득원가와 순실현가능가치를 비교하여 이 중 낮은 금액으로 측정하도록 하고 있는데, 이를 저가법(lower of cost or market: LCM)이라고 한다.

기말재고자산 = min (취득원가, 순실현가능가치)

여기서 순실현가능가치(net realizable value)란 정상적인 영업과정에서 재고자산이 판매를 통해 실현할 것으로 기대하는 순매각금액을 말한다. 취득원가와 순실현가능가치의 차이는 재고자산평가손실로 인식하고 이를 매출원가에 가산한다. 재고자산을 저가로 평가한 차액은 재고자산평가충당금으로 하여 재고자산의 차감항목으로 표시한다.

한편, 재고자산평가손실을 인식한 이후에 재고자산의 가치가 다시 상승할 수 있다. 이때에는 최초의 장부금액을 초과하지 않는 범위 내에서 평가손실을 환입하는데, 재고자산평가손실환입이라는 계정을 사용하여 재고자산평가충당금을 줄여준다.

기업이 여러 종류의 재고자산을 보유하고 있는 경우에는 재고자산의 가치하락이나 상승이 종목에 따라 다를 수 있다. 국제회계기준에서는 재고자산에 대한 저가법은 항목별로 적용하도록 하고 있으며, 경우에 따라서 서로 유사하거나 관련 있는 항목들을 통합하여 적용할 수 있도록 하고 있다.

예제 7-8 재고자산의 저가법

(주)열매는 20x4년 말 다음 세 가지 항목의 상품을 보유하고 있다.

상품 항목	취득원가①	순실현가능가치②	차이(② - ①)
A	₩7,000	₩9,500	₩2,500
B	5,000	4,000	- 1,000
C	8,500	7,000	- 1,500
합계	₩20,500	₩20,500	-

20X4년 1월 31일에 상품의 순실현가능가치가 다음과 같이 변경되었다.

상품 항목	취득원가	충당금	장부금액	순실현가능가치 (20x2년 1월 31일)
A	₩7,000	-	₩7,000	₩8,000
B	5,000	₩1,000	4,000	6,000
C	8,500	1,500	7,000	8,000
합계	₩20,500	₩2,500	₩18,000	₩22,000

20x4년과 20X4년 각각의 저가법을 적용한 분개와 부분재무상태표를 작성하라.

풀이

상품 B와 상품C의 순실현가능가치가 취득원가보다 낮으므로 그 차이를 재고자산 평가손실로 인식하고 재무상태표에는 상품평가충당금을 상품의 차감계정으로 표시

① 20x4년

(차) 재고자산평가손실 2,500 (대) 상품평가충당금 2,500

부분재무상태표(20x1년 12월 31일)

유동자산		
상품	₩20,500	
상품평가충당금	(2,500)	
	₩18,000	

20x4년에 평가손실을 인식한 상품B와 상품C만 취득원가를 초과하지 않는 범위 내에서 재고자산 평가손실환입을 인식

② 20X4년

(차) 상품평가충당금 2,000 (대) 재고자산평가손실환입 2,000

부분재무상태표(20x2년 1월 31일)

유동자산		
상품	₩20,500	
상품평가충당금	(500)	
	₩20,000	

5. 재고자산의 추정(소매재고법)

소매재고법(retail inventory method)이란, 소매가(판매가)로 표시된 기말상품재고액에 당기원가율을 곱하여 기말상품재고액을 구하는 방법으로 매출가격환원법이라고도 한다.

소매재고법은 실제원가가 아닌 추정에 의한 원가결정방법이므로 평가한 결과가 실제원가와 유사한 경우에 편의상 사용할 수 있다. 따라서 소매재고법은 이익률이 유사하고 품종변화가 심한 다품종 상품을 취급하는 유통업에서 실무적으로 다른 원가측정을 사용할 수 없는 경우에 흔히 사용한다. 즉, 유통업에서는 재고자산을 수량위주로 관리하는 것은 포기하고 판매

금액을 위주로 재고를 관리한다.

소매재고법을 적용하는 절차는 다음과 같다.

▌소매재고법의 적용 절차

① 판매가능상품(= 기초재고 + 당기매입)의 매가에서 매출액 등을 차감하여 기말재고자산의 판매가격(매가로 표시된 기말재고)을 계산

② 적용할 원가율을 산정(원가흐름가정과 저가평가 여부)

③ 다음 산식에 의해 기말재고자산의 원가를 산출

기말재고자산의 원가(추정액) = 기말재고자산의 매가 × 원가율

④ 판매가능상품의 원가(원가장부의 차변합계액)에서 기말재고자산의 원가를 차감하여 매출원가를 산출

위의 절차에 따라 소매재고법에 의해 기말재고자산의 원가를 추정하는 방법을 〈예제 7-9〉를 통해 살펴보자.

예제 7-9 소매재고법에 의한 기말재고자산의 원가추정

12월 결산법인인 열매백화점(주)는 소매재고법에 의해 기말재고자산의 원가를 파악하려고 한다. 1월1일부터 12월31일까지 재고자산과 관련된 자료는 다음과 같다.

	원가	매가
1월 1일 재고(기초재고)	₩14,000	₩21,500
당기매입액	61,000	78,500
매출액		70,000

물음 1] 평균법을 가정하여 기말재고원가와 매출원가를 추정하시오.
물음 2] 선입선출법을 가정하여 기말재고원가와 매출원가를 추정하시오.

풀이

1. 평균법에 의한 기말재고원가

(1) 매가에 의한 기말재고액 = (기초재고매가 +당기매입매가) - 당기매출액

= (₩21,500 +₩78,500) - ₩70,000 = ₩30,000

(2) 원가율 산정

평균법에 의한 원가율 = (기초재고원가 +당기매입원가)÷(기초재고매가 +당기매입매가)

= (₩14,000 +₩61,000)÷(₩21,500 +₩78,500) = 75%

(3) 기말재고자산의 원가 = (1)×(2) = ₩30,000×0.75 = ₩22,500

(4) 매출원가 = (기초재고원가 +당기매입원가) - (3)

= (₩14,000+₩61,000) - ₩22,500=₩52,500

2. 선입선출법에 의한 기말재고원가

선입선출법에 의한 원가율 = 당기매입원가÷당기매입매가

= ₩61,000 ÷ ₩78,500 = 77.7%

∴ 기말재고원가 = ₩30,000 × 0.777 = ₩23,310

매출원가 = ₩75,000 - ₩23,310 = ₩51,690

익힘문제

1. 재고자산 기록방법으로서 계속기록법과 실지재고조사법은 어떻게 다른가?

2. 재고자산 감모손실이란 무엇이며 어떻게 회계처리하는가?

3. 선입선출법은 매출원가와 기말재고자산은 어떻게 측정하는 방법인가?

4. 후입선출법은 매출원가와 기말재고자산을 어떻게 측정하는 방법인가?

5. 총평균법과 이동평균법은 어떻게 다른가?

6. 기말 재고자산을 평가할 때는 저가기준을 적용해야하는데, 이때 저가기준이란 무엇인가?

연습문제

1. 매입할인

(주)열매는 20×4년 1월 1일에 영업을 개시하였다. 다음의 자료는 20×4년 1월의 (주)열매 상품 매입 관련 거래이다.

1월 1일	(주)열매는 (주)뿌리로부터 상품 ₩400,000을 2/10, n/30조건으로 매입하였다.
9일	(주)뿌리로부터 매입한 ₩5,000의 상품에 결함이 발견되어 이 상품을 반품하였다.
29일	(주)열매는 1월 1일에 (주)뿌리로부터 매입한 상품의 대금을 1월 15일의 반품을 차감한 후 전액현금으로 지급하였다.

20×4년 1월 31일의 상품재고액은 ₩80,000이다.

(1) 위의 거래를 분개하라.

(2) 손익계산서에 표시될 매출원가를 계산하라.

2. 매출총이익

다음은 (주)열매의 회계자료이다. (주)열매의 매출총이익은 얼마인가?

(1) 기초상품재고액	₩100,000
(2) 매입액	1,000,000
(3) 매출액	1,200,000
(4) 매입에누리와 환출	120,000
(5) 매출에누리와 환입	200,000
(6) 매입할인	130,000
(7) 매입운임	20,000
(8) 기말상품재고액	140,000

3. 재고자산에 포함된 항목

20×6년 12월 31일의 재고자산을 실사한 결과 (주)열매의 창고에 보관중인 재고자산의 원가는 ₩1,600,000이다. 이 중에는 다음과 같이 몇 개의 항목이 포함되거나 제외되었다.

(1) 20×6년 12월 19일 (주)새싹으로부터 ₩200,000의 상품을 선적지인도기준으로 구입하였는데, 이에 대한 보험료는 ₩10,000이며 현재 운송중이다.

(2) (주)열매는 위탁판매를 위하여 청주회사에 원가 ₩300,000의 상품을 운송하였는데, 운임이 ₩20,000 발생하였다. 20×6년 12월 31일 현재 청주회사는 반(1/2)을 판매하고 나머지는 보관중에 있다고 한다.

(3) 고객에게 시송품으로 보낸 상품의 원가는 총 ₩400,000에 달한다. 20×6년 12월 31일 고객에게 확인한 결과 이 중 매입하겠다는 의사표시를 받은 상품의 원가는 ₩280,000이다.

(4) 재고자산을 담보로 자금을 차입하였는데, 담보제공을 이유로 대전회사의 창고에 있지만 재고자산에서 제외한 원가가 ₩260,000이다.

(주)열매의 20×6년 12월 31일 정확한 기말재고자산 금액은 얼마인가?

4. 재고자산

다음은 2007년 1월 1일부터 12월 31일까지 (주)열매의 재고자산과 관련된 자료를 요약한 것이다.

항목	금액(원가)	비고
기초재고자산	₩100,000	
당기매입액	500,000	
기말재고자산실사액	50,000	창고보유분임
미착상품	30,000	도착지인도조건으로 현재 운송중임
적송품	100,000	60%판매완료됨
시송품	30,000	고객이 매입의사표시를 한 금액 : ₩10,000

위 자료를 이용하여 (주)열매의 매출원가를 계산하면 얼마인가? ₩__________

5. 재고자산의 원가배분방법

다음은 (주)열매의 20×4년 11월의 상품매매거래 자료이다. (주)열매는 재고자산을 실지재고조사법에 의해서 회계처리하고 있다.

		수 량	단 가	금 액
11월 1일	기초재고	250	₩50	₩12,500
7일	매 입	150	60	9,000
10일	매 출	100		
14일	매 출	200		
20일	매 입	100	70	7,000
30일	기말재고	200		

(1) 가중평균법을 이용할 경우 11월말 재고자산을 구하시오.

(2) 선입선출법을 이용할 경우 11월말 재고자산을 구하시오.

(3) 후입선출법을 이용할 경우 11월말 재고자산을 구하시오.

(4) (주)열매가 재무제표에 가능한 당기순이익을 적게 계산하여 세금을 줄이려고 한다면 가중평균법, 선입선출법, 후입선출법 중 어느 방법을 선택해야 하는가?

6. 소매재고법

(주)열매는 재고자산의 원가배분방법으로 소매재고법을 사용하고 있다. 20×4년 재고자산과 관련된 다음의 자료를 이용하여 20×4년의 기말재고자산과 매출원가를 산정하면?

	원 가	판 매 가
기초재고상품	₩90,000	₩150,000
당기매입상품	810,000	1,290,000
총매출액		1,140,000

7. 소매재고법

(주)열매는 재고자산의 원가배분방법으로 소매재고법을 사용하고 있다. 20×4년 재고자산과 관련된 자료는 다음과 같다.

	원 가	판 매 가
기초재고상품	₩960,000	₩1,200,000
당기매입상품	6,000,000	7,920,000
당기매출액		8,080,000
매출에누리		80,000

(1) 20×4년의 원가율을 구하시오.

(2) 20×4년의 기말재고자산(원가)과 매출원가를 구하시오.

8. 기말재고자산의 수량결정과 재고자산 감모손실

다음은 (주)열매의 6월 매입 및 기말재고자산에 관한 자료이다. (주)열매는 계속기록법을 사용하고 있으며 회계기간은 한달이다.

• 5월 31일의 재고량	200개	• 6월 중 입고된 매입수량	650개
• 6월 30일의 장부상재고량	180개	• 6월 30일의 실제재고량	178개
• 6월 29일 주문한 상품	50개(장부에 기록되지 않음)		

6월 30일에 (주)열매가 창고에서 재고실사를 한 결과, 2개가 파손되었음이 발견되어 실제 재고량은 178개이다. 2개의 파손은 정상적인 수준의 감모손실로 판단되었다. 그리고 6월 29일에 주문한 상품 50개는 선적지인도조건으로 신용매입한 것이며, 6월 30일 현재 선적지를 떠나 운송 중에 있다.

(1) (주)열매의 6월 중 판매된 재고자산은 몇 개인가?

(2) 6월 30일 기말 재고자산은 몇 개인가?

(3) 재고자산의 매입단가는 변동 없이 ₩5,000이었다면, 6월의 매출원가와 기말재고자산은 각각 얼마인가?

9. 재고자산의 저가평가

(주)열매는 자동차를 자체 제작하기도 하고 (주)독일에서 제작한 자동차를 구입하여 판매하기도 한다. 다음은 (주)열매의 20×4년 12월 31일 재고자산 자료이다. 아래 물음에 답하시오.

상품종목	재고수량	단위당 취득원가	단위당 추정판매가격	단위당 추정판매비
상 품	2,000	₩2,500	₩3,000	₩200
제 품	3,500	2,000	2,200	400
반제품	1,000	1,000	1,000	200

(주)열매가 재고자산을 저가평가하고 있다면, 20×4년 12월 31일 재고자산평가에 대한 회계처리를 하고 재고자산평가손실을 구하여라.

10. 재고자산의 저가평가

다음은 (주)열매의 상품과 관련된 자료이다. (주)열매의 당기 매출원가와 기말상품재고액은 각각 얼마인가?

기초상품재고액	₩50,000	
당기상품매입액	₩500,000	
장부상 기말상품재고액	₩100,000	(200개×₩1,000)
기말상품 실제재고수량	190개	
기말상품 개당 순실현가능가치	₩950	

연습문제 해답

1. (1) 1월 1일

(차) 매　　입　400,000　　(대) 매입채무　　400,000

1월 9일

(차) 매입채무　5,000　　(대) 매입에누리와환출　5,000

1월 29일

(차) 매입채무　395,000　　(대) 현　　금　395,000

(주)열매가 매입할인 조건상 10일 이내에 결제하면, 구매대금의 2%를 할인받을 수 있다.

(주)열매의 경우, 할인기간 이후에 지급하였으므로 매입할인을 받을 수 없다.

(2) 매출원가 = 기초재고* + 순매입액 − 기말재고

= ₩0* + (₩400,000 − 5,000) − ₩80,000 = ₩315,000

* 20×1년 1월 1일에 영업을 개시하였으므로 기초재고는 ₩0이다.

2. 순매출액 = 총매출액 − 매출에누리와 환입

= ₩1,200,000 − 200,000 = ₩1,000,000

순매입액 = 총매입액 + 매입운임 − 매입에누리와 환출 − 매입할인

= ₩1,000,000 + 20,000 − 120,000 − 130,000 = ₩770,000

매출원가 = 기초상품재고액 + 당기순매입액 − 기말상품재고액

= ₩100,000 + 770,000 − 140,000 = ₩730,000

매출총이익 = 순매출액 − 매출원가 = ₩1,000,000 − 730,000 = ₩270,000

3. 1. ₩1,600,000 + ₩210,000(1) + ₩150,000*(2) + ₩120,000(3) + ₩260,000(4) = ₩2,340,000

* 적송운임은 판매를 위한 운반비 성격이므로 즉시 비용으로 인식한다.

4. 매출원가 = 기초재고자산 + 당기매입 - 기말재고자산

= 100,000 + 500,000 - (50,000+40,000+20,000)

= ₩490,000

5. (1) 가중평균법

기말재고자산 = (₩12,500 + 9,000 + 7,000) × 200/500 = ₩11,400

(2) 선입선출법

기말재고자산 = 100×₩70＋100×₩60 = ₩13,000

(3) 후입선출법

기말재고자산 = 200×₩50 = ₩10,000

(4) 물가가 상승하면 기말재고액은 선입선출법이 가장 크고 후입선출법이 가장 작으며, 매출원가는 후입선출법이 가장 크고 선입선출법이 가장 작다. 따라서 선입선출법은 평균법이나 후입선출법보다 기말재고액은 상대적으로 높게 표시되고, 매출원가는 낮게 표시되므로 손익계산서상 당기순이익은 높게 기록되는 것이다. 반면, 후입선출법은 가중평균법이나 선입선출법보다 기말재고액은 상대적으로 낮게 표시되고, 매출원가는 높게 표시되므로 손익계산서상 당기순이익은 낮게 기록된다. 그러므로 손익계산서상 당기순이익이 낮게 기록되는 후입선출법이 절세목적에 유리하다.

6. 기말재고(판매가) = ₩150,000＋1,290,000－1,140,000 = ₩300,000

$$\text{원가율} = \frac{₩90{,}000+810{,}000}{₩150{,}000+1{,}290{,}000} = 62.5\%$$

기말재고원가 = ₩300,000×0.625 = ₩187,500

매출원가 = ₩90,000＋810,000－187,500 = ₩712,500

7.

$$(1)\ \text{원가율} = \frac{₩960{,}000+₩6{,}000{,}000}{₩1{,}200{,}000+₩7{,}920{,}000} \fallingdotseq 76.32\%$$

(2) 기말재고(판매가) = ₩1,200,000＋7,920,000 -- ₩8,080,000

= ₩1,040,000

기말재고원가 = ₩1,040,000×76.32% = ₩793,728

매출원가 = ₩960,000＋6,000,000－793,728 = ₩6,166,272

8. (1) 6월의 판매량 = 기초재고량 + 입고된 매입수량 - 장부상 기말재고량

= 200 + 650 -180 = 670개

*미착상품 50개가 장부에 기록되지 않았으므로 위와 같이 계산한다. 물론, 미착상품 50개를 당기매입량과 기말재고량에 각각 포함시켜도 판매량은 670개로 계산된다.

(2) 기말재고량 = 장부상 재고량 + 미착상품 -파손품

= 180 + 50 - 2 = 228개

(3) 매출원가 = 판매된 재고자산의 취득원가 + 정상적 감모손실

= 670개 x 5,000 + 2개 x 5,000 = 3,360,000

기말재고자산 = 228개 x 5,000 = 1,140,000

9.

종목	수량	단위당 취득원가	단위당 순실현 가능가치	단위당 평가손실	재고자산 평가손실
상품	₩2,000	₩2,500	₩2,800	₩0	₩0
제품	3,500	2,000	1,800	200	700,000
반제품	1,000	1,000	800	200	200,000
계					₩900,000

(차) 재고자산평가손실 900,000 (대) 재고자산평가충당금 900,000

10. 판매가능재고자산 = 기초재고자산+당기매입재고자산

= ₩50,000+500,000 = ₩550,000

= 기말재고자산*+매출원가**

= (₩190×950)+매출원가

* 기말상품재고액 = 기말상품순실현가능가치

= ₩190×950 = ₩180,500

** 매출원가 = 판매가능재고자산−기말재고액

= ₩550,000−180,500 = ₩369,500

매출원가에는 판매된 재고자산, 재고자산평가손실, 정상적 감모손실이 모두 포함된다.

8장 유형자산과 무형자산

I. 유형자산

유형자산은 장기적으로 영업활동에 사용하는 물리적 실체를 가진 자산이다. 유형자산의 수명주기는 취득, 보유·사용 및 처분으로 진행된다. 기업은 유형자산을 성격과 용도에 따라 토지, 건물, 기계장치 등으로 분류할 수 있는데, 동일한 분류에 속하는 유형자산 전체에 대하여 원가모형이나 혹은 재평가모형 중 하나의 방법으로 평가할 수 있다.

본 장에서는 유형자산의 인식, 유형자산의 보유 중에 나타나는 감가상각, 손상회계 및 재평가(공정가치모형의 적용) 및 유형자산의 처분에 대한 전반적인 회계처리를 살펴본다.

1. 유형자산의 정의와 분류

(1) 유형자산의 정의 및 특징

유형자산(property, plant and equipment, PP&E)이란 재화나 용역의 생산·제공, 타인에의 임대 또는 관리 활동에 사용하려고 보유하는 물리적 형태가 있는 자산으로서 한 회계기간을 초과하여 사용할 것이 예상되는 자산이다. 따라서 유형자산의 특징은 ① 물리적 실체를 가지고 있으며, ② 그 용역 잠재력을 영업활동에 사용하며, ③ 장기적으로 사용한다는 세 가지로 정리할 수 있다. 이들 특징을 자세히 알아보도록 하자.

① 유형자산은 물리적 실체가 있는 자산이다. 즉, 그 물리적 실체가 나타내는 용역잠재력으로부터 경제적 효익을 얻으려고 보유하는 자산이다. 이 점에서 상표권이나 특허권과 같이 물리적 실체가 없는 무형자산과 구별된다.

② 유형자산은 정상적인 영업활동에 사용할 목적으로 취득한 자산이다. 다시 말해서 유형자산의 용도는 그 용역잠재력을 영업활동에 사용한다는 것이다. 그렇지 않은 자산은 유형자산이 아니다. 예를 들어, 용역잠재력을 사용하는 것이 아니라 실물 자체를 고객에게 판매하기 위한 용도로 보유하는 자산은 재고자산으로 분류되어진다.

③ 유형자산은 장기적 사용을 전제로 취득한 비유동자산이다. 물론, 취득시점에서 예상하는 사용기간(즉, 내용연수)에 따른 분류이므로 사후적으로 단기사용에 그치는 경우를 완전히 배제하지는 않지만, 일반적으로 용도는 장기적 사용이라는 것이다.

(2) 유형자산의 분류

기업이 영업활동에 사용할 목적으로 보유하고 있는 유형자산에는 여러 종류가 있는데, K-IFRS에서 제시하고 있는 유형자산 과목 분류의 예는 다음과 같다.

〈표 8-1〉 유형자산의 분류

유형자산 항목	포함범위
토지	대지, 임야, 전답, 잡종지 등으로 하며, 지목 또는 등기여부와 관계없다.
건물	건물과 냉난방, 조명, 통풍 및 기타의 건물부속설비로 한다.
구축물	교량, 저수지, 갱도, 굴뚝, 정원설비, 도로포장비 및 기타 토목설비 또는 공작물 등으로 한다.
기계장치	기계장치와 운송설비 및 기타의 부속설비로 한다.
건설중인자산	자체 사용을 목적으로 제작, 건설, 개발 중에 있는 유형자산을 포함한다.
기타 유형자산	선박, 항공기, 사무용비품 등이다.

2. 유형자산의 최초 인식과 측정

(1) 최초 인식시 측정

유형자산은 다음의 조건을 모두 충족하는 경우 인식한다.

① 자산으로부터 발생하는 미래 경제적 효익이 기업에 유입될 가능성이 높다.

② 자산의 원가를 신뢰성있게 측정할 수 있다.

유형자산의 인식기준을 충족하여 유형자산을 최초로 인식하는 경우에는 원가로 측정한다. 유형자산의 원가는 당해 자산을 기업이 본래 의도한 용도로 사용가능하게 하기 위해 지출된 모든 부대원가를 포함한다. 유형자산의 원가는 다음과 같은 항목으로 구성된다.

- 구입가격 : 유형자산의 취득과 관련한 세금이 있으면 이를 포함하고 매입할인 등은 차감한다.
- 직접관련원가 : 경영진이 의도하는 방식으로 자산을 가동하는데 필요한 장소와 상태에 이르게 하는데 직접 관련되는 원가로서, 이에 대한 예로는 다음과 같다.
  - 유형자산의 매입 또는 건설과 직접 관련되어 발생한 종업원급여

- 최초의 운송 및 취급 관련 원가
- 설치원가 및 조립원가
- 유형자산이 정상적으로 작동되는지 여부를 시험하는 과정에서 발생하는 원가. 단, 시험과정에서 생산된 재화(예:장비의 시험과정에서 생산된 시제품)의 순매각금액은 당해 원가에서 차감한다.
- 전문가에게 지급하는 수수료

▌복구원가 : 자산을 해체하거나 부지를 복구하는데 소요될 것으로 최초에 추정되는 원가[16)]

취득원가 = 구입가격(관련세금 포함, 매입할인 차감) + 직접관련원가 + 추정복구원가

예제 8-1 유형자산의 최초인식과 측정

(주)열매는 20X4년 유형자산인 기계를 구입하였다. 해당 기계의 구입 및 설치와 관련된 다음의 정보를 이용하여 (주)열매의 기계의 취득원가를 구하시오.

송장가격	₩1,000,000	취득세	₩490,000
운송비	20,000	운송기간중 기계의 보험료	50,000
설치비	100,000	기계시험가동비	100,000

풀이

송장가격	₩10,000,000
취득세	490,000
운송비	20,000
운송기간 중 기계의 보험료	50,000
설치비	100,000
기계시험가동비	100,000
기계의 취득원가	₩10,760,000

(2) 유형별 원가의 측정

취득 유형별로 취득원가를 계상하는 데 있어서 유의해야 할 사항을 살펴보기로 한다.

16) 기업이 자산을 해제, 제거하거나 부지를 복구할 의무는 해당 유형자산을 취득한 시점에 또는 해당 유형자산을 특정기간동안 재고자산 생산 이외의 목적으로 사용한 결과로서 발생한다.

① 일괄구입

일괄구입(lump-sum purchase)이란 두 종류 이상의 자산을 한 가격에 구입하는 것을 말한다. 일괄구입가격은 각 자산의 상대적 공정가치에 따라 개별자산에 안분하여 배분한다.

만일 공정가치를 알 수 없는 경우 감정가액이나 과세표준액을 이용할 수도 있다.

예제 8-2 유형자산의 일괄구입(1)

(주)열매는 건물이 세워져 있는 토지를 ₩7,000,000에 구입하였다. 구입 당시 토지와 건물의 과세표준액은 각각 ₩4,000,000과 ₩1,000,000이었다.

물음] 건물을 철거하지 않고 그대로 사용한다면 토지와 건물의 취득원가는 얼마인가?

풀이

토지 : $₩7,000,000 \times \dfrac{4,000,000}{4,000,000+1,000,000} = ₩5,600,000$

건물 : $₩7,000,000 \times \dfrac{1,000,000}{4,000,000+1,000,000} = ₩1,400,000$

그러나 새로운 건물을 짓기 위해 토지만을 사용할 목적으로 토지와 건물을 일괄하여 취득한 경우에는 원가 전액을 토지의 원가에 배분하며, 건물의 취득원가는 없다. 이 경우 구건물 철거비용 및 토지정지비용 등은 토지의 원가에 포함한다.

예제 8-3 유형자산의 일괄구입(2)

(주)열매는 건물이 세워져 있는 토지를 ₩7,000,000에 구입하였다. 구입 당시 토지와 건물의 과세표준액은 각각 ₩4,000,000과 ₩1,000,000이었다.

물음] 본사 사옥을 자가건설하기 위하여 건물을 철거하기로 하였고, 건물을 철거하기 위하여 철거비용 ₩200,000과 토지정지비용 ₩80,000이 지출되었으며, 철거건물의 잔존폐물을 ₩50,000에 처분한 경우 토지와 건물의 취득원가는 얼마인가?

풀이

• 토지의 취득원가 : 토지와 건물의 구입대가 ₩7,000,000

건물철거비용	200,000
토지정지비용	80,000
잔존폐물가치	(50,000)
계	₩7,230,000

• 건물의 취득원가 : 없음

② 이연지급

유형자산의 원가는 최초 인식시점의 현금가격 상당액이다. 따라서 대금지급이 일반적인 신용기간을 초과하여 이연되는 경우, 현금가격상당액과 실제 총지급액과의 차액은 신용기간에 걸쳐 이자비용으로 인식해야 한다.

예를 들어, 공정가치(현금가격상당액) ₩10,000의 유형자산을 구입하고 대금은 1년 후에 ₩11,000을 지급하기로 하였다면 회계처리는 다음과 같다.

자산구입시 :	(차) 유형자산	10,000	(대) 미지급금	10,00
대금구입시 :	(차) 미지급금	10,000	(대) 현금	11,000
	이자비용	1,000		

③ 현물출자

기업이 자산을 취득하면서 그 대가로 현금을 지급하는 것이 원칙이지만 필요에 따라 회사의 지분상품(미발행주식)을 발행하여 교부하는 경우도 있다. 이렇게 주식을 발행하여 자산을 취득하는 경우를 현물출자라고 한다. 이 경우에는 제공받는 현물자산(재화)의 공정가치로 평가한다. 그러나 현물의 공정가치를 합리적으로 추정할 수 없으면서 이용가능한 주식가격이 있는 경우에는 이를 기준으로 평가하기도 한다.

④ 무상취득

유형자산을 증여받거나 무상으로 취득하는 경우 취득한 자산의 공정가치를 원가로 기록하고, 상대계정은 자산수증이익으로 하여 포괄손익계산서에 기타수익으로 표시한다.

(차) 토지	xxx	(대) 자산수증이익	xxx

예를 들어, 지방자치단체로부터 공정가치 ₩100,000의 건물을 증여받았는데 소유권이전비용으로 ₩10,000을 지출하였다면 회계처리는 다음과 같다.

(차) 건물 110,000	(대) 자산수증이익 100,000
	현금 10,000

증여받은 자산의 공정가치를 취득원가로 평가할 경우 대변에 계상된 자산수증이익은 주주로부터 증여받았다면 자본항목(자본잉여금)으로 인식하고, 그 외의 자로부터 증여받았다면 당기이익으로 인식한다.[17)]

3. 유형자산의 후속적 인식과 측정

유형자산의 최초인식 후 측정(후속측정)은 크게 다음과 같은 문제로 구분할 수 있다.

① 최초인식 후 지출문제로 유형자산의 장부금액에 포함시킬 것인가 아니면 발생된 기간의 비용으로 인식할 것인가의 문제

② 감가상각의 대상이 되는 자산의 경우 매 기간 감가상각비로 어떻게 배분할 것인가의 문제

③ 원가모형 또는 재평가모형 중 어떠한 모형을 선택하여 적용할 것인가의 문제

④ 회수가능액이 장부금액에 미달하는 경우 손상차손을 어떻게 인식하고, 회수가능액이 회복된 경우 손상차손환입을 어떻게 인식할 것인가의 문제

이처럼 유형자산의 후속적 측정에 관한 문제들에 대해서 구체적으로 살펴보기로 한다.

(1) 유형자산의 후속적측정(1) : 취득 후 지출

유형자산을 취득한 이후 당해 자산을 사용하는 과정에서 그 자산과 관련된 여러 가지 지출이 발생한다. 즉, 자산 일부를 교체하거나 수선하는 등 여러 가지 지출이 있게 된다. K-IFRS에서는 이러한 지출에 대해서도 최초 인식시와 동일한 조건으로 적용하도록 규정하고 있다. 즉, ① 자산으로부터 발생하는 미래경제적 효익이 기업에 유입될 가능성이 높고 ② 자산의 원가를 신뢰성있게 측정할 수 있다면 그 지출액만큼 해당 유형자산의 장부금액에 포함하게 되는데, 이를 일반적으로 자본적 지출(capital expenditure)이라고 한다. 한편, 위 두 가지 인식조건

17) 일부에서는 기업회계기준서 제1016호 '유형자산'에서 유형자산의 원가는 제공 대가의 공정가치로 한다는 규정에 따라 무상취득한 유형자산은 제공 대가가 없으므로 자산으로 계상하지 않는다고 주장하기도 한다. 이에 대한 한국회계기준원은 무상취득한 유형자산을 공정가치로 최초인식한다는 질의회신을 발표하였다.

중 한 가지라도 충족하지 않는다면 발생시점에서 비용으로 인식하게 되는데 이를 일반적으로 수익적 지출(revenue expenditure)이라고 한다.[18)]

자본적 지출과 수익적 지출을 명확히 구분한다는 것은 실무적으로 상당히 어렵다. 일반적으로 유형자산의 내용연수를 증가시키거나 유형자산이 미래 제공할 경제적 효익의 양이나 질을 증대시키는 등의 지출이면 자본적 지출로 처리하고, 유형자산의 원상 회복이나 능력 유지를 위한 지출이면 수익적 지출로 처리한다.

한편, 일부 유형자산의 경우 주요 부품이나 구성요소를 정기적으로 교체해야 하는 경우도 있다. 예를 들어, 용광로의 경우 일정시간 사용 후 내화벽돌의 교체가 필요할 수 있으며, 항공기의 경우 좌석과 취사실 등의 내부설비를 항공기 동체의 내용연수 동안 여러번 교체가 할 필요가 있을 수 있다. 이와 같이 유형자산의 일부를 대체할 때 발생하는 원가가 위의 두 가지 인식 기준을 충족하는 경우에는 해당 유형자산의 장부금액에 포함하여 인식한다.

〈표 8-2〉 자본적 지출과 수익적 지출의 구분

구분	자본적 지출	수익적 지출
인식요건	① 미래 경제적 효익의 유입가능성이 높음 ② 원가를 신뢰성있게 측정 가능	인식요건 중 하나라도 충족되지 않은 경우
회계처리	유형자산의 장부금액에 포함시키고 향후 감가상각으로 비용처리함	발생시점에 당기 비용처리함
사례	• 정기적 교체가 필요한 부품 원가(용광로의 내화벽돌 등) • 항공기 등 유형자산의 가동을 위해 정기적인 종합검사 등이 필요한 경우 발생하는 원가	일상적인 수선 및 유지와 관련하여 발생하는 원가

예제 8-4 자본적 지출과 수익적 지출

다음 거래를 회계처리 하시오.

① 8월 9일 사용하고 있는 엘리베이터와 냉난방시설을 위한 공사비 ₩1,000,000을 당좌수표를 발행하여 지급하다.

② 9월 7일 공장건물의 외벽에 도장공사비와 파손된 유리를 대체하기 위하여 ₩200,000을 현금으로 지급하다.

18) 자본적 지출과 수익적 지출은 관습적으로 사용해 온 용어이며, 이의 정확한 용어는 자산적 지출과 비용적 지출이다.

풀이

① 8월 9일 : (차) 건물 1,000,000 (대) 당좌예금 1,000,000

② 9월 7일 : (차) 수선유지비 200,000 (대) 현금 200,000

(2) 유형자산의 후속적측정(2) : 감가상각

감가상각(depreciation)은 유형자산의 감가상각 대상 금액을 그 자산의 내용연수 동안 체계적이고 합리적으로 배분하여 비용화시키는 과정을 말한다. 즉, 감가상각의 목적은 유형자산의 원가에서 잔존가치를 차감한 잔액을 당해 자산의 사용가능기간에 걸쳐 비용으로 인식하기 위한 것이다. 결국 감가상각은 원가배분(cost allocation)과정이라고 할 수 있다.

1) 감가상각의 요소

감가상각비를 계산하기 위해서 필요한 자료들은 감가상각 대상 금액, 내용연수, 감가상각방 법의 요소들이다.

- 감가상각 대상 금액(depreciable amount)은 유형자산의 원가에서 추정잔존가치를 차감한 금액이다. 잔존가치(residual value)란 자산의 내용연수 종료시점에 자산의 처분금액에서 처분부대원가를 차감한 금액의 추정치이다.

감가대상금액 = 취득원가 - 잔존가치

- 내용연수(useful life)란 기업에서 자산을 사용가능할 것으로 기대되는 시간 또는 자산에서 얻을 것으로 예상되는 생산량이나 이와 유사한 단위 수량을 말한다. 내용연수는 일반적으로 예상 사용 기간으로 표시되는 경우가 많으나 생산량 등이 더 적절한 경우에는 생산량이나 이와 유사한 단위 수량으로 표시할 수 있다. 유형자산의 잔존가치와 내용연수는 적어도 매 회계연도 말에 재검토해야 하며, 재검토 결과 추정치가 종전 추정치와 다르면 이를 반영해야 한다. 한편, 감가상각은 유형자산이 사용가능한 시점부터 시작한다[19]. 또한 토지는 일반적으로 내용연수가 무한하므로 감가상각을 하지 않으며, 건설중인 자산은 아직 완성되지 않아 경영자의 의도 대로 사용할 수 없기 때문에 완성시점까지 감가상각을 하지 않는다.

---

19) 경영진이 의도하는 방식으로 자산을 가동하는 데 필요한 장소와 상태에 이른 때부터 시작하는 것이다.

• 감가상각방법은 기업이 임의적으로 선택할 수 있다. 하지만 기업이 선택한 감가상각방법은 자산의 미래 경제적 효익이 소비되는 형태를 반영한 합리적인 방법이어야 한다. 따라서 감가상각비를 적게 또는 크게 보고하는 방법이나 법인세 지출을 감소시키거나 증가하는 방법을 염두에 두고 선택하면 안된다. 감가상각 방법으로는 정액법, 체감잔액법(정률법, 연수합계법), 생산량비례법 등이 있는데, 이에 대해서는 아래에서 설명하기로 한다.

2) 감가상각 방법

감가상각 방법은 유형자산의 감가상각 대상 금액(취득원가 – 잔존가치)을 자산의 내용연수 동안 체계적으로 배분해야 된다. 이러한 감가상각 방법에는 정액법, 체감잔액법, 생산량비례법이 있다. 각각의 감가상각 방법과 이에 의한 감가상각비 계산 방법을 설명하기 위해 다음의 〈기본자료〉를 이용하기로 한다.

[기본자료]

(주)열매는 20x4년초에 기계장치를 ₩2,000,000에 취득하였다. (주)열매의 보고기간은 매년 1월 1일부터 12월 31일까지이며, 관련 자료는 다음과 같다.

• 최초인식시 원가	: ₩2,000,000	• 잔존가치	: ₩200,000
• 내용연수	: 3년	• 총생산가능단위	: 250,000개

• 20x4년에 80,000개의 제품 생산, 20x5년에 100,000개의 제품 생산, 20x6년에 70,000개의 제품생산

① 정액법

정액법(straight line method)은 자산의 내용연수동안 매 기간 일정액의 감가상각액을 인식하는 방법이다. 정액법에 의한 매 회계기간별 감가상각비는 다음과 같은 산식에 의해 계산한다.

$$\text{연간 감가상각비} = \frac{(\text{취득원가} - \text{잔존가치})}{\text{내용연수}}$$

앞의 〈기본자료〉에서 (주)열매의 감가상각액을 정액법으로 계산하면 다음과 같다.

연도	계산근거	감가상각비	감가상각누계액	장부금액
취득시				₩2,000,000
20x4년	₩1,800,000 x $\frac{1}{3}$	₩600,000	₩600,000	1,400,000
20x5년	₩1,800,000 x $\frac{1}{3}$	600,000	1,200,000	800,000
20x6년	₩1,800,000 x $\frac{1}{3}$	600,000	1,800,000	200,000
계		₩1,800,000		

정액법을 적용하면 20x4년부터 20x6년의 내용연수 동안 인식하는 감가상각비는 ₩600,000으로 매년 동일하다. 20x6년말 장부금액은 ₩200,000이 되는데 이는 잔존가치와 동일하다. 3년 동안 인식하는 감가상각비의 합은 감가상각 대상 금액인 ₩1,800,000이다.

20x4년말 감가상각비를 인식하는 분개는 다음과 같다.

(차) 감가상각비 600,000 (대) 감가상각누계액 600,000

20x4년 재무상태표에 기계장치를 표시할 때는 취득원가와 감가상각누계액을 다음과 같이 나타내며, 20x4년말 기계장치의 장부금액은 ₩1,400,000이 된다.

부분재무상태표(20x4년 12월 31일)	
비유동자산	
기계장치	₩2,000,000
감가상각누계액	(600,000)
	₩1,400,000

부분포괄손익계산서(20x4년)	
감가상각비	600,000

다음 연도인 20x5년에 ₩600,000의 감가상각비를 인식하고, 20x5년 손익계산서에 반영되는 감가상각비는 ₩600,000이며 감가상각누계액은 ₩1,200,000이다.

부분재무상태표(20x5년 12월 31일)	
비유동자산	
기계장치	₩2,000,000
감가상각누계액	(1,200,000)
	₩800,000

부분포괄손익계산서(20x5년)	
감가상각비	1,200,000

② 체감잔액법

체감잔액법(accelerated method)은 자산의 내용연수동안 감가상각액이 매기간 감소하는 방법이다. 감가상각대상기간 초에는 감가상각비를 많이 인식하고 후기로 갈수록 적게 인식하는 방법이다. 체감잔액법에는 정률법과 연수합계법이 있다.

• 정률법(fixed-rate method)은 유형자산 기초 장부금액(미상각잔액)에 일정한 비율(상각률)을 곱한 금액을 감가상각비로 인식하는 방법이다. 정률법하에서는 내용연수가 경과됨에 따라 감가상각비가 감소한다. 정률법에 의한 감가상각비는 다음과 같이 계산한다.

$$\text{연간 감가상각비} = \text{기초장부금액} \times \text{상각률}$$

$$\text{상각률} = 1 - \sqrt[n]{\frac{\text{잔존가치}}{\text{취득원가}}}\,,\quad n : \text{내용연수}$$

$$\text{기초장부금액} = \text{취득원가} - \text{전기말의 감가상각누계액}$$

앞의 〈기본자료〉에서 (주)열매의 감가상각액을 정률법으로 계산하면 다음과 같다.

연도	계산근거	감가상각비	감가상각누계액	장부금액
취득시				₩2,000,000
20x4년	₩2,000,000 x 0.536[*1]	₩1,072,000	₩1,072,000	928,000
20x5년	₩ 928,000 x 0.536	497,408	1,569,408	430,592
20x6년	₩ 430,592 - 200,000	230,592[*2]	1,800,000	200,000
계		₩1,800,000		

*1) : 상각률 = $1- \sqrt[3]{\frac{200,000}{2,000,000}} = 0.536$

*2) : 단수차이 조정

• 연수합계법(sum-of-years' digit method)은 정률법에서 상각률 계산이 어렵다는 단점을 보완하기 위해 사용되는 방법이다. 연수합계법은 감가상각 대상 금액(취득원가-잔존가치)에 상각률을 곱하여 매 연도별 감가상각액을 구하게 된다. 이 때 상각률의 분모는 내용연수 합계를, 분자는 내용연수의 역순으로 표시한다. 이를 적용하면 감가상각비는 초기에 많이 인식되고, 내용연수가 경과함에 따라 적게 인식된다. 연수합계법에 의한 감가상각비는 다음과 같이 계산한다.

$$\text{연간 감가상각비} = (\text{취득원가} - \text{잔존가치}) \times \frac{\text{내용연수의역순}}{\text{내용연수의합계}}$$

〈기본자료〉에서 (주)열매의 감가상각액을 연수합계법으로 계산하면 다음과 같다.

연도	계산근거	감가상각비	감가상각누계액	장부금액
취득시				₩2,000,000
20x4년	₩1,800,000 x $\frac{3}{(1+2+3)}$	₩900,000	₩900,000	1,100,000
20x5년	₩1,800000 x $\frac{2}{(1+2+3)}$	600,000	1,500,000	500,000
20x6년	₩1,800,000 x $\frac{1}{(1+2+3)}$	300,000	1,800,000	200,000
계		₩1,800,000		

③ 생산량비례법

생산량비례법(activity method)은 생산량, 운행거리, 작업시간 등에 비례하여 감가상각비를 계산하는 방법이다. 생산량비례법에 의한 감가상각비는 다음과 같이 감가상각 대상 금액에 예상 총생산량(생산량)에 대한 실제 생산량(사용량)의 비율을 곱하여 계산한다.

생산량비례법에 의한 감가상각비는 다음과 같이 계산한다.

$$연간\ 감가상각비 = (취득원가 - 잔존가치) \times \frac{당기생산량}{총생산가능량}$$

〈기본자료〉에서 (주)열매의 감가상각액을 생산량비례법으로 계산하면 다음과 같다.

연도	계산근거	감가상각비	감가상각누계액	장부금액
취득시				₩2,000,000
20x4년	₩1,800,000 x $\frac{80,000}{250,000}$	₩576,000	₩576,000	1,424,000
20x5년	₩1,800000 x $\frac{100,000}{250,000}$	720,000	1,296,000	704,000
20x6년	₩1,800,000 x $\frac{70,000}{250,000}$	504,000	1,800,000	200,000
계		₩1,800,000		

〈표 8-3〉 감가상각 방법 요약

구분		연간 감가상각비
정액법		$\frac{\text{취득원가} - \text{잔존가치}}{\text{내용연수}}$
체감잔액법	정률법	(취득원가 - 감가상각누계액) × 상각률
	연수합계법	(취득원가 - 잔존가치) × $\frac{\text{연도 초의 잔존내용연수}}{\text{연수의 합계}}$
생산량비례법		(취득원가 - 잔존가치) × $\frac{\text{실제 연간 생산량}}{\text{예상 총생산량}}$

3) 감가상각 방법간의 비교

지금까지 살펴본 여러 가지 감가상각 방법에 따라 매 회계기간마다 기록되는 감가상각비 금액은 달라진다. 그렇다면 어떤 감가상각 방법을 선택해야 할 것인가? K-IFRS에서는 감가상각 방법은 해당 자산에 내재되어 있는 미래 경제적 효익의 예상 소비형태를 가장 잘 반영하는 방법에 따라 선택하고, 예상 소비형태가 변하지 않는 한 매 회계기간에 일관성있게 적용할 것을 규정하고 있다. 예를 들면 해당 유형자산의 사용으로 창출되는 수익이 매기 일정할 경우에는 정액법을 사용하는 것이 적절할 것이고, 내용연수 초기에 많은 수익이 창출되고 점차 감소될 경우 체감상각법을 사용하는 것이 적절할 것이다.

감가상각 방법별로 내용연수 동안 감가상각비와 장부금액을 그림으로 나타내면 〈그림8-1〉과 같다.

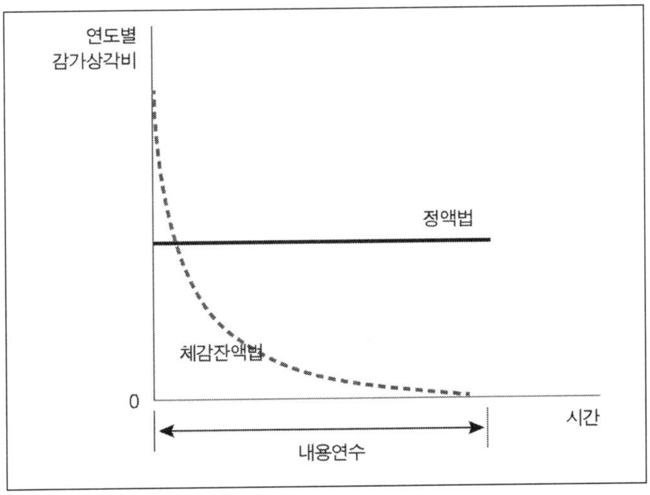

〈그림 8-1〉 시간에 따른 감가상각비의 변화

연도별 감가상각비는 정액법의 경우 내용연수 동안 동일하고, 체감잔액법의 경우 점차 감소한다. 또한 〈그림 8-1〉에는 표시하지 않았지만, 생산량비례법의 경우 연도별 감가상각비는 각 기간 생산량에 따라 증감하게 된다. 하지만, 매기 감가상각비 인식 금액이 다르더라도 내용연수 전체동안 인식하는 감가상각비 총액은 감가상각 방법에 상관없이 감가상각 대상 금액(취득원가 - 잔존가치)과 일치한다. 즉, 감가상각 총액은 일정하고 매 회계기간마다 인식하는 감가상각비 금액만 감가상각 방법에 따라 달라지는 것이다.

이처럼 어떤 감가상각 방법을 선택하느냐에 따라 기간별 감가상각비가 달라지기 때문에 감가상각 방법의 선택은 세전이익에 영향을 주고 또한 결과적으로 기간별 법인세와 당기순이익에도 영향을 주게 된다.

4) 기중에 구입한 유형자산의 감가상각

지금까지 살펴본 감가상각 방법은 회계연도 초에 유형자산을 취득한 경우에 적절한 방법이다. 그러나 회계연도 중에 자산을 취득한 경우에는 해당 자산을 실제로 사용한 기간에 비례해서 감가상각비를 인식해야 한다. 즉, 유형자산의 취득일부터 보고기간 말까지의 기간에 해당하는 금액만을 상각하는데 이를 "월할상각"이라고 한다. 기중 취득 자산을 감가상각하는 방법으로는 6개월 기준 상각 및 일할상각 등 다른 합리적인 방법도 사용될 수 있다.

예제 8-5 기중 취득자산의 감가상각

(주)열매는 20x1년 4월 1일, 내용연수 5년, 잔존가치 ₩100,000의 기계장치를 ₩1,000,000에 취득하였다. 단, 기중 취득한 유형자산을 감가상각할 때 월할계산하는 것을 원칙으로 하며, 매년 12월 31일이 결산일이다.

물음] 다음의 각 방법에 따라 20x1년도와 20x2년도의 감가상각비를 계산하시오.

(1) 정액법

(2) 정률법(상각률은 36.9%)

(3) 연수합계법

(4) 생산량비례법(총생산량 600개, 20x1년 중 실제생산량 120개, 20x2년 중 실제생산량 200개)

풀이

1. 정액법

20x1년: (₩1,000,000 - ₩100,000) x $\frac{1}{5}$ x $\frac{9}{12}$ = ₩135,000

20x2년:(₩1,000,000 - ₩100,000) x $\frac{1}{5}$ = ₩180,000

2. 정률법

20x1년: ₩1,000,000 x 36.9% x $\frac{9}{12}$ = ₩276,750

20x2년:₩1,000,000 x 36.9% x $\frac{3}{12}$ + (₩1,000,000 - ₩369,000) x 36.9% x $\frac{9}{12}$ = ₩266,879

*별해〉 (₩1,000,000 - ₩276,750) x 36.9% = ₩266,879

3. 연수합계법

20x1년: (₩1,000,000-₩100,000) x $\frac{5}{15}$ x $\frac{9}{12}$ = ₩225,000

20x2년: (₩1,000,000-₩100,000) x $\frac{5}{15}$ x $\frac{3}{12}$ + (₩1,000,000 - ₩100,000) x $\frac{4}{15}$ x $\frac{9}{12}$

=₩255,000

4. 생산량비례법(생산량비례법은 월할상각하지 않는다.)

20x1년: (₩1,000,000 - ₩100,000) x $\frac{120}{600}$ = ₩180,000

20x2년:(₩1,000,000 - ₩100,000) x $\frac{120}{600}$ = ₩300,000

(3) 유형자산의 후속적측정(3) : 원가모형과 재평가모형

기업은 유형자산을 취득 후 내용연수 동안 감가상각비를 인식하게 되고 이에 따라 유형자산의 장부금액은 점차 감소하게 된다. 하지만 유형자산의 장부금액은 실제 유형자산의 가치를 제대로 반영하지 못하는 경우가 많다. 즉, 유형자산의 실제 가치가 장부금액보다 매우 높거나 낮은 경우가 발생하게 된다.

K-IFRS에서는 유형자산을 원가모형이나 재평가모형 중 하나를 회계정책으로 선택하여 유형자산의 분류별로 동일하게 적용하도록 규정하고 있다. 어느 모형을 선택하든 최초 인식 시

점의 측정은 원가로 이루어진다.

1) 원가모형

원가모형(cost model)은 유형자산을 최초 인식 후 매 기간 감가상각비와 손상차손을 인식하여 유형자산의 장부금액을 결정하는 방법이다. 원가모형에서는 원칙적으로 유형자산의 공정가치 변동을 장부에 반영하지 않지만, 유형자산의 가치가 하락한 경우에는 이를 유형자산의 장부금액에 반영하게 된다. 즉, 손상차손(회수가능액과 장부금액의 차이)을 당기 비용에 반영하고, 동 금액만큼 손상차손누계액을 표시하여 유형자산의 장부금액에 반영한다. 유형자산의 손상에 대해서는 다음 절에서 살펴본다. 원가모형은 객관적인 취득원가를 사용한다는 장점이 있는 반면, 유형자산의 장부금액이 자산의 실제 가치를 반영하지 못하다는 한계를 지니고 있다.

2) 재평가모형

재평가모형(revaluation model)이란 유형자산을 공정가치로 평가하는 방법으로, 공정가치에서 감가상각누계액을 차감한 금액을 장부금액으로 기록하는 방법이다. 공정가치(fair value)란 합리적인 판단력과 거래 의사가 있는 사람들간에 자산이 거래되어 결정된 가격이다. 재평가모형은 자산을 공정가치로 표시하여 정보이용자에게 유용한 정보를 제공하지만, 공정가치를 추정할 때 경영자의 주관적인 판단이 개입될 수 있다는 단점이 있다.

재평가모형을 적용할 때에는 기말에 유형자산의 공정가치를 추정하여 이를 장부금액과 비교한다. 유형자산의 재평가금액(공정가치)이 장부금액보다 큰 경우, 유형자산의 장부금액이 증가하게 되는데, 그 증가액을 기타포괄손익으로 인식하고 재평가잉여금의 과목으로 자본항목(기타포괄손익누계액)으로 처리한다. 즉, 자산의 재평가로 인한 증가액은 당기순이익에는 영향을 미치지 않는다.

예제 8-6 유형자산의 재평가모형(1)

(주)열매는 20X1년 1월 1일에 토지를 ₩5,000,000에 취득하였고, 20X1년말 현재 토지의 공정가치는 ₩5,500,000이다. 즉, 재평가금액이 장부금액을 ₩500,000만큼 초과하고 있다. (주)열매는 재평가모형을 적용한다고 가정한다.

물음] (주)열매가 20x1년말 토지를 평가할 때 회계처리와 재평가 후 부분재무제표를 나타내시오.

풀이

1. 회계처리

(차) 토지 500,000 (대) 재평가이익 500,000

재평가잉여금 ₩500,000은 기타포괄손익누계액으로 표시되고, 그만큼 자본이 증가한다

2. 재무제표

부분재무상태표(20x1년 12월 31일)	
비유동자산	
토지	₩5,500,000
자본-기타포괄손익누계액	
재평가잉여금	500,000

부분포괄손익계산서(20x1년)	
재평가이익	₩500,000
(기타포괄손익)	

한편, 유형자산의 재평가로 인하여 자산의 장부금액이 감소된 경우, 그 감소액은 재평가손실로 하여 당기손실로 인식한다.

예제 8-7 유형자산의 재평가모형(2)

(주)열매는 20X1년 1월 1일에 토지를 ₩5,000,000에 취득하였고, 20X1년말 현재 토지의 공정가치는 ₩4,400,000이다. (주)열매는 재평가모형을 적용한다고 가정한다.

물음] (주)열매가 20x1년말 토지를 평가할 때 회계처리와 재평가 후 부분재무제표를 나타내시오.

풀이

1. 회계처리

(차) 재평가손실 600,000 (대) 토지 600,000

2. 재무제표

부분재무상태표(20x1년 12월 31일)	
비유동자산	
토지	₩4,400,000

부분포괄손익계산서(20x1년)	
재평가손실	₩600,000

재평가모형을 사용할 경우, 재평가이익과 재평가손실을 포괄손익계산서에 반영하는 방법

은 각각 다르다. 즉, 자산의 가치증가금액은 기타포괄이익으로 처리하기 때문에 당기순이익에 영향을 주지 않는 반면, 자산의 가치감소액은 당기손익에 직접 반영되어 당기순이익을 감소시킨다.

지금까지는 단일 회계기간을 가정하여 자산의 가치증가와 가치감소에 대한 회계처리를 살펴보았다. 그런데 재평가모형을 여러 회계기간 동안 적용할 경우 과거에 재평가이익이 발생했지만 당기에는 재평가손실이 발생할 수 있고, 그와 반대되는 상황이 발생할 수 있다. 만일 자산재평가로 인해 과거에 당기손실로 인식한 재평가손실이 있었고 당기에 재평가로 인해 자산 장부금액이 증가하는 경우에는, 먼저 이전의 재평가손실을 한도로 재평가 증가액 만큼 당기이익으로 인식한다. 당기이익으로 처리하고도 남은 금액이 있다면 이 차액을 기타포괄손익으로 처리한다.

한편, 과거에 자산에 대해 인식한 재평가잉여금의 잔액이 있다면 그 금액을 한도로 이미 인식한 재평가잉여금(기타포괄손익)을 감소시키고, 남은 금액은 재평가손실의 과목으로 당기손실에 반영한다. 다음 〈예제 8-8〉을 통해 구체적으로 살펴보자.

예제 8-8 유형자산의 재평가모형(3)

(주)열매는 20X1년 1월 1일에 토지를 ₩5,000,000에 취득하였다. 토지의 공정가치는 20X1년말 ₩5,500,000, 20X2년말 ₩4,900,000이다. (주)열매는 토지에 대해서 재평가모형을 적용하고 있다.

물음1] 20x1년과 20x2년 회계처리와 각 회계연도 말 부분재무제표를 작성하라.

풀이

① 20X1년

(차) 토지 500,000 (대) 재평가이익 500,000

부분재무상태표(20x1년 12월 31일)	
비유동자산	
토지	₩5,500,000
자본-기타포괄손익누계액	
재평가잉여금	500,000

부분포괄손익계산서(20x1년)	
재평가이익	₩500,000
(기타포괄손익)	

② 20x2년

(차) 재평가잉여금 500,000 (대) 토지 600,000
재평가손실 100,000

부분재무상태표(20x2년 12월 31일)	
비유동자산	
토지	₩4,900,000
자본-기타포괄손익누계액	
재평가잉여금	0

부분포괄손익계산서(20x2년)	
재평가손실	₩100,000
재평가손실 (기타포괄손익)	₩500,000

〈표 8-4〉 유형자산의 재평가회계처리

구분	회계처리
1. 재평가모형의 의의	• 동일분류별 재평가수행 • 자산의 장부금액과 공정가치가 중요하게 차이가 나지 않도록 주기적으로 수행
2. 재평가의 회계처리 (1) 재평가이익 (2) 재평가손실	재평가잉여금(자본항목)으로 처리 재평가잉여금 ⇒당기손실(재평가손실)순으로 처리

(4) 유형자산의 후속적측정(4) : 유형자산의 손상

자산이 손상(impairment)었다는 것은 유형자산이 진부화되거나 물리적 손상 등으로 인해 자산으로부터 발생할 것으로 예상되는 현금흐름이 심각하게 악화되어 자산의 가치가 하락하는 것을 말한다. 자산의 손상을 시사하는 징후가 있으면, 유형자산의 회수가능액을 추정한 후, 장부금액과 회수가능액을 비교하여, 장부금액이 회수가능액보다 큰 경우 그 차이를 손상차손(impairment loss)으로 인식한다. 이 때 회수가능액이란 순공정가치와 사용가치 중 큰 금액으로 정의된다.

장부금액 〉 회수가능액 : 손상차손 인식
유형자산 회수가능액 = max [순공정가치, 사용가치]

순공정가치(net fair value)란 자산을 처분하여 얻을 것으로 예상하는 금액이며, 공정가치에서 처분부대원가를 차감하여 계산한다. 사용가치(value in use)는 자산을 계속 사용하는 경우 창출될 것으로 기대되는 미래현금흐름의 현재가치를 말한다.

유형자산을 회수가능액으로 손상처리하는 경우에는 감가상각비를 먼저 인식하고 손상차손은 나중에 인식한다. 손상 대상이 되면 감가상각비를 인식한 이후의 장부금액은 회수가능액으로 조정하고 동 차액을 유형자산손상차손의 과목으로 당기손익에 반영하고, 손상차손누계액의 과목으로 당해 유형자산의 차감계정으로 표시한다.

유형자산손상차손 = 유형자산의 장부금액 - 유형자산의 회수가능액

(차) 유형자산손상차손 xxx　　　(대) 손상차손누계액 xxx

예제 8-9 유형자산 손상

(주)열매는 20×1년 1월 1일에 기계장치를 ₩2,000,000에 취득하였으며 기계장치에 대해서 원가모형을 적용하고 있다. 20×2년말 감가상각비를 인식한 후 기계장치의 장부금액은 ₩800,000이다. 20×2년말 기계장치를 평가해보니, 기계장치를 매각하면 ₩600,000을 받을 수 있는 것으로 추정되었고, 이 기계장치를 기업이 사용하여 벌어들일 수 있는 금액의 현재가치는 ₩650,000이다.

물음1] (주)열매의 20x2년 말 해야 할 회계처리를 하시오.
물음2] (주)열매의 20x2년 말 부분재무제표를 작성하시오.

풀이

1. 기계장치의 회수가능액 = max[순공정가치, 사용가치]
= max[600,000　650,000]

따라서 회수가능액은 ₩650,000이다.

(차) 유형자산손상차손 150,000　　(대) 손상차손누계액 150,000

2.

부분재무상태표(20x2년 12월31일)	
비유동자산	
기계장치	₩2,000,000
감가상각누계액	(1,200,000)
손상차손누계액	(150,000)
	₩650,000

부분포괄손익계산서(20x2년)	
손상차손	₩150,000

4. 유형자산의 제거

유형자산의 장부금액은 ① 처분하거나 ② 사용 또는 처분을 통하여 미래 경제적효익이 기대

되지 않을 때 제거한다. 이를 구체적으로 살펴보면 다음과 같다.

유형자산처분손익 = 처분대가 - 장부금액

유형자산의 제거로 발생하는 손익은 순매각금액과 장부금액의 차이로 결정하며, 자산을 제거할 때 유형자산처분손익으로서 포괄손익계산서에 당기손익으로 보고한다. 만일 기간 중에 처분이 이루어진 경우 처분시점의 장부금액은 기초시점부터 처분일까지의 감가상각비를 고려한 후의 금액이어야 한다. 즉, 처분일까지의 감가상각비를 먼저 계상한 후 처분에 관한 회계처리를 해야 한다.

유형자산 중 계속 사용하지 않고 매각하여 장부금액을 회수할 예정인 경우 이를 매각예정자산으로 분류하여 재무상태표에 별도로 표시한다. 이 때 매각될 가능성이 매우 높아야 매각예정자산으로 분류할 수 있으며, 매각예정자산은 감가상각을 중단하고, 순공정가치와 장부금액 중 낮은 금액으로 측정한다.

예제 8-10 감가상각 대상자산의 처분

(주)열매는 20×1년 1월 1일에 기계장치를 ₩2,000,000에 취득하였다. 내용연수는 3년이고 잔존가치는 ₩200,000으로 추정되었으며 정액법을 적용하고 있다. (주)열매는 20×2년 12월 31일에 이 기계장치를 ₩900,000에 처분하였다. 20×2년의 감가상각비는 아직 인식하지 않았다.

물음1] 20x2년 처분시 해야 할 회계처리 및 각 연도의 부분재무제표를 작성하시오.
물음2] 만일, 기계장치를 ₩900,000이 아닌 ₩500,000에 처분하였다고 할 경우 회계처리를 하시오.

풀이

1.

① 20x2년에 해당하는 감가상각비 인식

정액법에 의한 매년 감가상각비 = $\frac{2,000,000 - 200,000}{3}$ = ₩600,000/년

(차) 감가상각비 600,000 (대) 감가상각누계액 600,000

② 기계장치의 처분이익

처분대가	₩900,000
장부금액	800,000 (= ₩2,000,000 - ₩1,200,000)
처분이익	₩100,000

(차) 현금	900,000	(대) 기계장치	2,000,000
감가상각누계액	1,200,000	유형자산처분이익	100,000

부분재무상태표(20x1년12월31일)	
비유동자산	
기계장치	₩2,000,000
감가상각누계액	(600,000)
	₩1,400,000

부분포괄손익계산서(20x1년)	
감가상각비	₩600,000

부분재무상태표(20x2년12월31일)	
비유동자산	
기계장치	₩0

부분포괄손익계산서(20x2년)	
감가상각비	₩600,000
유형자산처분이익	100,000

2. 기계장치의 처분손실

처분대가	₩500,000
장부금액	800,000 (= ₩2,000,000 - ₩1,200,000)
처분손실	₩300,000

(차) 현금	500,000	(대) 기계장치	2,000,000
감가상각누계액	1,200,000		
유형자산처분손실	300,000		

II. 무형자산

1. 무형자산의 의의

(1) 정의

무형자산(intangible assets)은 물리적 실체는 없지만 식별가능하고 기업이 통제하고 있으며 미래 경제적효익이 있는 자산을 말한다. K-IFRS에서는 무형자산으로 정의되기 위한 세 가지 조건으로 식별가능성, 통제 및 미래 경제적효익을 제시하고 있다.

- 식별가능성 : 무형자산은 기업실체나 다른 자산으로부터 분리될 수 있거나 계약상 또는 기타 법적 권리로부터 발생해야 한다.

- 통제 : 기초가 되는 자원에서 유입되는 미래 경제적 효익을 확보할 수 있고 그 효익에 대한 제3자의 접근을 제한할 수 있어야 한다.
- 미래 경제적 효익 : 무형자산의 미래 경제적효익은 제품의 매출, 용역수익, 원가절감 또는 자산의 사용에 따른 기타 효익의 형태로 발생할 수 있다. 예를 들면, 제조과정에서 지적재산을 사용하면 미래 수익을 증가시키기보다는 미래 제조원가를 감소시킬 수 있다.

그러나 미래 경제적효익을 얻기 위해 지출이 발생하더라도 무형자산의 정의를 충족하지 못한다면, 그 지출은 발생시점에 비용으로 인식한다.

〈표 8-5〉 무형자산의 요건

구분	내용
식별가능성	분리가능하거나 계약상 권리나 법적 권리에서 발생
통제	제3자의 접근을 제한
미래 경제적 효익	수익증대나 원가절감 및 기타 효익의 형태로 발생

(2) 분류

무형자산은 기업의 영업활동에서 유사한 성격과 용도를 가진 자산끼리 묶어서 다음과 같이 분류한다.

① 브랜드명
② 제호와 출판표제
③ 컴퓨터 소프트웨어
④ 라이선스와 프랜차이즈
⑤ 저작권, 특허권, 기타 산업재산권, 용역운영권
⑥ 기법, 방식, 모형, 설계 및 시제품
⑦ 개발 중인 무형자산

2. 무형자산의 인식과 측정

어떤 항목을 무형자산으로 인식하기 위해서는 그 항목이 무형자산의 정의에 부합하고 다음의 조건을 모두 충족해야 한다.

① 자산에서 발생하는 미래 경제적효익이 기업에 유입될 가능성이 높다.
② 자산의 취득원가를 신뢰성있게 측정할 수 있다.

위의 인식조건은 무형자산을 취득하거나 내부적으로 창출하기 위해 최초로 발생한 원가와 취득이나 완성 후에 증가·대체·수선을 위하여 발생한 원가에 적용한다. 무형자산을 최초로 인식할 때에는 원가로 측정하는데, 취득 유형별로 구분하여 살펴보기로 한다.

(1) 개별취득

개별 취득하는 무형자산은 인식기준 중 미래 경제적 효익이 기업에 유입될 가능성이 높다는 기준을 항상 충족하는 것으로 보며, 원가는 일반적으로 신뢰성있게 측정할 수 있다. 개별 취득하는 무형자산의 원가는 다음과 같이 구성된다.

① 구입가격(매입할인과 리베이트를 차감하고 수입관세와 환급받을 수 없는 제세금을 포함)
② 자산을 의도한 목적에 사용할 수 있도록 준비하는데 직접 관련되는 원가

> 예〉 • 자산을 사용가능한 상태로 만드는데 직접적으로 발생하는 종업원급여
> • 자산을 사용가능한 상태로 만드는데 직접적으로 발생하는 전문가수수료
> • 자산이 적절하게 기능을 발휘하는지 검사하는데 발생하는 원가

무형자산 원가의 인식은 그 자산을 경영자가 의도하는 방식으로 운용될 수 있는 상태에 이르면 중지한다. 따라서 다음의 원가는 무형자산의 장부금액에 포함하지 않고 발생 즉시 비용으로 처리한다.

> 예〉 • 새로운 제품이나 용역의 홍보원가(광고와 판매촉진활동 원가 포함)
> • 새로운 지역에서 또는 새로운 계층의 고객을 대상으로 사업을 수행하는데서 발생하는 원가(교육훈련비 포함)
> • 관리원가와 기타 일반경비원가

(2) 내부적으로 창출한 무형자산

내부적으로 창출한 무형자산의 경우 무형자산이 자산의 인식기준에 부합하는지 평가하기가 어렵다. 따라서 내부적으로 창출한 무형자산이 자산의 인식기준에 부합하는지 평가하기 위

해서는 무형자산의 발생 과정을 연구단계와 개발단계로 구분한다. 만일 연구단계와 개발단계로 구분할 수 없을 경우 모두 연구단계에서 발생한 것으로 본다.

▌연구단계

- 연구란 새로운 과학적 · 기술적 지식이나 이해를 얻기 위해 수행하는 독창적이고 계획적인 탐구활동을 말한다.
- 연구단계에서 발생한 지출은 미래 경제적효익을 창출할 무형자산이 존재한다는 것을 입증할 수 없기 때문에 무형자산으로 인식할 수 없고 발생한 기간에 비용(연구비)으로 인식한다.

> 예〉 • 새로운 지식을 얻고자 하는 활동
> • 연구결과나 기타 지식을 탐색, 평가, 최종선택, 응용하는 활동
> • 재료, 장치, 제품, 공정 등에 대한 여러 가지 대체안을 탐색하는 활동

▌개발단계

- 개발이란 상업적인 생산이나 사용 전에 연구결과나 관련 지식을 새롭거나 현저히 개량된 재료, 장치, 제품, 공정, 시스템이나 용역의 생산을 위한 계획이나 설계에 적용하는 활동을 말한다.
- 개발단계는 연구단계보다 훨씬 더 진전되어있는 상태이므로 어떤 경우에는 무형자산을 식별할 수 있고 그 무형자산이 미래 경제적 효익을 창출할 것임을 제시할 수 있다. 따라서 무형자산에서 발생하는 미래 경제적 효익이 기업에 유입될 가능성이 높고, 무형자산의 취득원가를 신뢰성있게 측정할 수 있는 경우 개발활동에서 발생한 지출을 무형자산(개발비)으로 인식할 수 있으며, 그 외의 지출은 발생한 기간에 비용(경상개발비)으로 인식한다.

> 예〉 • 생산이나 사용 전의 시제품과 모형을 설계, 제작, 시험하는 활동
> • 새로운 기술과 관련된 공구, 지그, 주형, 금형 등을 설계하는 활동
> • 상업적 생산 목적으로 실현가능한 경제적 규모가 아닌 시험공장을 설계, 건설, 가동하는 활동
> • 신규 또는 개선된 재료, 장치, 제품, 공정, 시스템이나 용역에 대하여 최종적으로 선정된 안을 설계, 제작, 시험하는 활동

〈표 8-6〉내부적으로 창출한 무형자산

구분	회계처리
연구단계	당기 비용(연구비) 처리
개발단계	① 다음의 지출은 무형자산(개발비)으로 인식 • 미래경제적효익이 기업에 유입될 가능성이 높음 • 취득원가를 신뢰성있게 측정할 수 있음 ② 위 외의 지출은 당기 비용(경상개발비) 처리

예제 8-11 내부적으로 창출한 무형자산

다음은 20X4년에 발생한 (주)열매의 연구 및 개발활동과 관련된 지출내역이다. 개발단계에서 발생된 지출은 모두 자산의 인식요건을 충족하다고 가정한다.

• 연구결과를 탐색, 평가, 최종선택, 응용하는 활동	₩220,000
• 사용 전의 시제품과 모형을 설계, 제작, 시험하는 활동	250,000
• 제품, 공정, 시스템에 대한 대체안을 탐색하는 활동	180,000
• 새로운 기술과 관련된 공구와 금형을 설계하는 활동	140,000
• 새로운 시스템에 대한 대체안을 설계, 평가하는 활동	120,000
• 개선된 공정에 대하여 최종적으로 선정된 안을 시험하는 활동	200,000

물음 1] 연구비로 계상할 금액은 얼마인가?

물음 2] 개발비로 계상할 금액은 얼마인가?

풀이

1. 연구비

₩220,000 + ₩180,000 + ₩120,000 = ₩520,000

2. 개발비

₩250,000 + ₩140,000 + ₩200,000 = ₩590,000

3. 무형자산의 상각

무형자산의 상각은 무형자산의 내용연수가 유한한지 또는 비한정인지에 따라 회계처리가 달라진다.

(1) 내용연수가 유한한 무형자산

내용연수가 유한한 무형자산은 상각대상금액을 내용연수 동안 체계적인 방법으로 배분해야한다. 이 때 유형자산의 감가상각누계액 계정과 동일한 상각누계액 계정을 사용할 수도 있고 직접 상각할 수도 있는데 무형자산의 경우에는 직접 상각하는 것이 일반적이다.

- 내용연수 : 무형자산의 내용연수는 경제적 요인과 법적 요인의 영향을 받는다. 경제적 요인은 자산의 미래 경제적 효익이 획득되는 기간을 결정하고, 법적요인은 기업이 그 효익에 대한 접근을 통제할 수 있는 기간을 제한한다. 내용연수는 이러한 요인에 의해 결정된 기간 중 짧은 기간으로 한다.
- 잔존가치 : 내용연수가 유한한 무형자산의 잔존가치는 다음의 ①과 ② 중 하나에 해당하는 경우를 제외하고는 영(0)으로 본다.
  ① 내용연수 종료시점에 제3자가 자산을 구입하기로 한 약정이 있다.
  ② 무형자산의 활성시장이 있고 다음을 모두 충족한다.
    - 잔존가치를 그 활성시장에 기초하여 결정할 수 있다.
    - 그러한 활성시장이 내용연수 종료시점에 존재할 가능성이 높다.
- 상각기간과 상각방법 : 무형자산의 상각방법은 자산의 경제적 효익이 소비되는 형태를 반영하는 방법이어야 한다. 이러한 상각방법에는 정액법, 체감잔액법, 생산량비례법이 있는데, 경제적 효익이 소비되는 형태를 신뢰성있게 결정할 수 없는 경우에는 정액법을 사용한다. 그리고 미래 경제적 효익의 예상되는 소비형태가 변동되지 않는다면 매 보고기간에 일관성있게 적용해야 한다. 무형자산의 상각액은 일반적으로 당기손익으로 인식한다.

(2) 내용연수가 비한정인 무형자산

내용연수가 비한정인 무형자산은 상각하지 않고, 매년 손상검사를 실시하여 회수가능액이 장부금액보다 낮을 경우 이 차이를 손상차손으로 인식하여 당기손익에 반영한다.

〈표 8-7〉 무형자산의 회계처리

구분	상각	손상검사	인식 후 측정방법
내용연수가 유한한 무형자산	매년 상각	실시	원가모형이나 재평가모형 중 하나를 선택가능. 다만 해당 무형자산에 대한 활성시장이 존재하는 경우에만 재평가모형 적용가능
내용연수가 비한정인 무형자산	상각하지 않음		

4. 무형자산의 재평가

무형자산의 경우도 유형자산과 동일하게 인식 후 측정방법으로 원가모형이나 재평가모형 중 하나를 선택할 수 있으며 무형자산의 분류별로 동일하게 적용해야 한다. 각 회계처리의 방법은 유형자산과 동일하지만, 무형자산의 경우 해당 무형자산에 대한 활성시장이 존재하는 경우에만 재평가모형을 적용할 수 있다. 해당 무형자산이 활발히 거래되고 거래가격이 공개되는 시장인 활성시장이 존재할 때 공정가치를 신뢰성있게 측정할 수 있기 때문이다. 그러나 대부분의 무형자산은 그 성격의 독특성 때문에 활성시장이 존재하지 않는 경우가 많으므로 실무에서 무형자산에 대한 재평가모형을 적용하는 경우는 매우 드물것으로 여겨진다.

〈표 8-8〉 유형자산과 무형자산의 회계처리 비교

구분	유형자산(감가상각)	무형자산(상각)
상각 여부	상각	한정된 내용연수인 경우만 상각
차감방법	간접차감법	직접차감법
상각방법	정액법, 체감잔액법, 생산량비례법	보통 정액법
잔존가치	보통 양(+)의 값을 갖는다.	보통 ₩0으로 본다.

예제 8-12 무형자산의 취득과 상각

(주)열매는 신상품 개발을 위하여 투입한 ₩1,000,000의 연구개발 활동이 결실을 이루어 20×4년 1월 1일에 특허를 취득하였다. 특허등록을 위해 지출된 비용은 ₩50,000이다. 해당 특허권은 법률적으로 향후 15년 동안 보호된다. (주)열매는 해당 특허권을 이용해서 향후 10년 동안 순현금흐름을 창출할 수 있을 것으로 기대하고 있다. 특허권의 상각방법 은 정액법을 사용한다.

물음] 20X4년 특허권의 취득과 상각시의 회계처리를 하시오.

풀이

20X4년 1월 1일 : (차) 특허권 1,050,000* (대) 현금 1,050,000

* ₩1,000,000 + 50,000 = ₩1,050,000(취득원가)

20X4년 12월 31일 : (차) 무형자산상각비 105,000 (대) 특허권 105,000*

(특허권상각비)

* ₩1,050,000 / 10년 = ₩105,000

익힘문제

1. 자본적 지출과 수익적 지출의 차이점은 무엇인가?

2. 감가상각비를 계산하기 위한 기본적인 요소들은 무엇인가?

3. 감가상각 방법 중에서 정액법의 장점과 단점은 무엇인가?

4. 체감잔액법의 종류를 들고 공통점과 차이점을 비교하라.

5. 기업은 여러 가지 감가상각 방법 중에서 하나의 방법을 선택해야 한다. 감가상각 방법의 선택기준은 무엇인가?

6. 유형자산의 최초 인식 후의 측정방법인 원가모형과 재평가모형을 비교하여 설명하라.

7. 연구비와 개발비의 인식을 간단히 설명하라.

8. 무형자산의 내용연수와 상각에 대하여 설명하라.

연습문제

1. 유형자산의 취득

다음의 자료는 20×4년 (주)열매의 유형자산 취득과 관련이 있다. 20×4년말 재무상태표에 계상할 토지와 건물의 취득원가는 각각 얼마인가? (단, (주)열매가 건설한 건물은 20×4년중에 완공되었다)

(1) 토지구입대금	₩10,000,000
(2) 토지취득 중개수수료	200,000
(3) 토지의 취득세 및 등록세	70,000
(4) 건물건축허가비	50,000
(5) 건물설계비	500,000
(6) 건물신축을 위한 토지굴착비용	380,000
(7) 건물공사원가	25,000,000
(8) 건물신축용 차입금의 지급이자	380,000

2. 유형자산의 일괄취득

20×1년 초에 (주)열매는 건물이 서 있는 토지를 ₩5,000,000에 일괄취득하였다. 취득 당시의 건물의 공정가치는 ₩1,500,000, 토지의 공정가치는 ₩4,500,000이었다. 토지와 건물을 취득하는 데 추가적으로 소유권이전비용 ₩250,000, 취득세 및 등록세로 ₩350,000을 지출하였다.

(1) 건물은 구입 즉시 철거되었으며 철거시 철거비용으로 ₩200,000, 토지정지비용으로 ₩300,000이 지출된 경우 토지와 건물의 취득원가는 각각 얼마인가?

(2) 건물을 사용할 목적으로 취득한 경우 토지와 건물의 원가는 각각 얼마인가?

3. 감가상각 방법

기계에 대한 감가상각 방법을 결정하기 위하여 다음의 3가지 안을 검토하고 있다.

(1) 기계의 경제적 효용이 시간으로 고르게 감소한다면 [정액법, 가속상각법, 생산량비례법]을 적용하는 것이 타당하다. [ ]에서 옳은 것은?

(2) 기계의 경제적 효용이 내용연수 초기에 더 많이 감소한다면 [정액법, 가속상각법, 생산

량비례법]을 적용하는 것이 타당하다.

(3) 기계의 경제적효용이 제품생산에 사용된 정도에 따라 감소한다면 [정액법, 가속상각법, 생산량비례법]을 적용하는 것이 타당하다.

4. 감가상각－정액법

(주)열매는 20×1년 1월 1일에 취득원가 ₩1,000,000, 잔존가치 ₩200,000, 내용연수 4년의 설비자산을 구입하였다. 이 설비자산을 정액법에 의해 감가상각한다면, 설비자산의 20×1년말과 20×2년말의 장부금액을 구하시오.

5. 감가상각－정률법

(주)열매는 20×1년 1월 1일에 기계장치를 ₩3,000,000에 취득하였다. 내용연수는 3년, 잔존가치는 ₩300,000으로 추정되었다. 정률법을 사용할 경우 20×3년 인식해야 할 감가상각비는 얼마인가? (단, 상각률은 0.5358이다)

6. 감가상각－연수합계법

(주)열매는 20×1년 1월 1일에 ₩1,000,000의 비품을 현금으로 구입하였다. 잔존가치가 ₩100,000이고, 내용연수가 3년이며, 연수합계법을 사용하는 경우, 연도별 감가상각비와 장부금액을 구하시오.

7. 감가상각－생산량비례법

(주)열매는 20×1년 10월 1일에 생산활동에 사용하기 위하여 기계장치를 ₩500,000에 취득하였다. 이 기계장치는 내용연수가 3년이고 잔존가치는 ₩100,000이며, 총 8,000시간 사용이 가능하다. 생산량비례법에 따르는 경우, 20×1년과 20×2년의 감가상각비를 계산하시오. 단, 20×1년에는 이 기계장치를 2,000시간 사용하였고, 20×2년에는 3,000시간 사용하였다.

8. 기중 취득자산의 감가상각

(주)열매가 20×7년 4월 1일에 매입한 기계의 원가는 ₩30,000이다. 기계의 내용연수는 8년, 잔존가치는 ₩2,000이다. 그리고 총작업시간은 32,000시간, 총생산량은 480,000단위로 추

정된다. 20×7년도에 기계를 3,000시간 사용하여 46,000단위를 생산하였다. 20×8년에 기계를 4,000시간 사용하여 62,000단위를 생산하였다. 강원상사는 감가상각비를 월할계산하며, 생산단위당 상각비는 소수점 셋째 자리까지 계산한다.

[물음]

다음 방법을 사용하여 20×7년 12월 31일로 종료되는 회계연도와 20×8년 12월 31일로 종료되는 회계연도의 감가상각비를 각각 계산하시오.

1. 정액법(직선법)　　2. 생산량비례법　　3. 연수합계법

9. 유형자산의 재평가

(주)열매는 유형자산 측정방법으로 재평가모형을 적용하고 있다. (주)열매는 20×1년초에 유형자산(A)을 ₩250,000에 취득하여, 20×2년말 해당 유형자산(A)의 감가상각누계액은 ₩50,000이고, 재평가결과 유형자산(A)의 공정가치가 ₩270,000으로 추정되었다. 유형자산의 재평가와 관련된 회계처리를 하시오.

10. 유형자산의 손상

(주)열매는 20×1년 1월 1일에 ₩6,000,000의 현금을 지불하여 내용연수 5년, 잔존가치 ₩1,000,000으로 추정되는 유형자산을 취득하였다. (주)열매는 20×1년말에 이 유형자산의 회수가능액을 ₩3,000,000으로 보아 손상차손을 인식하였다. 한편, 20×2년말에 회수가능액이 ₩4,500,000으로 상승하였다고 한다면 이 유형자산과 관련하여 20×2년에 인식해야 할 감가상각비와 손상차손환입은 얼마인가? (단, (주)열매의 결산일은 12월 31일이며, 정액법으로 감가상각한다)

11. 유형자산의 손상 : 원가모형

(주)열매는 20×1년 초에 취득원가 ₩1,000,000(잔존가치 없고, 내용연수 5년, 정액법으로 상각)의 기계장치를 취득하여 사용하던 중 20×2년 말에 동 기계장치의 순공정가치는 ₩100,000, 사용가치는 ₩300,000으로 하락하였음을 확인하였다. 20×3년 말 동 기계장치의 회수가능액은 ₩450,000이었다. 손상 후에도 내용연수나 잔존가치 추정치는 변동이 없다.

20×2년 말부터 20×3년 말까지 각 시점별로 필요한 회계처리를 하시오.

12. 유형자산의 처분

(주)열매는 20×1년에 ₩5,000,000의 현금으로 매입한 유형자산을 정액법을 이용하여 상각하고 있다. 이 유형자산의 내용연수는 4년, 잔존가치는 ₩1,000,000으로 추정된다. 20×4년 7월 1일에 (주)열매는 이 유형자산을 처분하였다. (1) ₩1,700,000에 처분하였을 경우와 (2) ₩1,200,000에 처분하였을 경우의 처분손익은 얼마인가?

13. 무형자산

(주)열매는 20×1년 1월 1일에 특허를 취득하였다. 특허등록을 위해 지출된 비용은 ₩2,000,000이 소요되었다. (주)열매는 특허권을 20년에 걸쳐 정액법으로 상각하기로 하였다. 특허권 취득 시점의 분개와 20×1년말에 필요한 특허권의 상각에 관한 회계처리를 하시오.

14. 연구활동과 개발활동의 구분

다음은 대덕기업의 연구 및 개발 활동과 관련된 지출내역이다. 개발단계에서 발생된 지출은 모두 자산의 인식요건을 충족시킨다고 가정한다.

• 연구결과를 탐색, 평가, 최종 선택, 응용하는 활동	₩220,000
• 사용 전의 시제품과 모형을 설계, 제작, 시험하는 활동	250,000
• 제품, 공정, 시스템에 대한 대체안을 탐색하는 활동	180,000
• 새로운 기술과 관련된 공구와 금형을 설계하는 활동	140,000
• 새로운 시스템에 대한 대체안을 설계, 평가하는 활동	120,000
• 개선된 공정에 대하여 최종적으로 선정된 안을 시험하는 활동	200,000

[물음]

1. 연구비로 계상할 금액은 얼마인가?
2. 개발비로 계상할 금액은 얼마인가?

연습문제 해답

1.

		토지	건물
(1) 토지구입대금	₩10,000,000	₩10,000,000	
(2) 토지취득 중개수수료	200,000	200,000	
(3) 토지의 취득세 및 등록세	70,000	70,000	
(4) 건물건축허가비	50,000		₩50,000
(5) 건물설계비	500,000		500,000
(6) 건물신축을 위한 토지굴착비용	380,000		380,000
(7) 건물공사원가	25,000,000		25,000,000
(8) 건물신축용 차입금의 지급이자	380,000		380,000
취득원가		₩10,270,000	₩26,310,000

2. 1. 토지만을 사용할 목적으로 취득한 경우

(1) 토지의 취득원가

매입금액	₩5,000,000
소유권이전비용	250,000
취득세 및 등록세	350,000
구건물철거비용	200,000
토지정지비용	300,000
토지 취득원가	₩6,100,000

(2) 회계처리

(차) 토 지 6,100,000 (대) 현 금 6,100,000

2. 토지와 건물 모두 사용목적으로 취득한 경우

(1) 취득원가의 배분

일괄취득원가 : ₩5,000,000+₩250,000+₩350,000 = ₩5,600,000

$$\text{토지} : ₩5,600,000 \times \frac{₩4,500,000}{₩1,500,000+₩4,500,000} = ₩4,200,000$$

$$\text{건 물} : ₩5,600,000 \times \frac{₩1,500,000}{₩1,500,000+₩4,500,000} = ₩1,400,000$$

(2) 회계처리

(차) 토　지	4,200,000		(대) 현　금	5,600,000
건　물	1,400,000			

3. (1) 정액법　(2) 가속상각법　(3) 생산량비례법

4. 20×1년말의 장부금액은 ₩800,000이고 20×2년말의 장부금액은 ₩600,000이다. 참고로 정액법을 따르는 경우 연도별 감가상각비와 감가상각누계액, 장부금액은 다음과 같다.

연도	계산	감가상각비	감가상각누계액	장부금액
				₩1,000,000
20×1	₩800,000×1/4	₩200,000	₩200,000	800,000
20×2	800,000×1/4	200,000	400,000	600,000
20×3	800,000×1/4	200,000	600,000	400,000
20×4	800,000×1/4	200,000	800,000	200,000
		₩800,000		

5. 정률법을 사용하는 경우 매년 감가상각비와 장부금액은 아래 표와 같다.

연도	계산	감가상각비	감가상각누계액	장부금액
				₩3,000,000
20×1	₩3,000,000×0.5358	₩1,607,400	₩1,607,400	1,392,600
20×2	1,392,600×0.5358	746,155	2,353,555	646,445
20×3	646,445×0.5358	346,445*	2,700,000	300,000
		₩2,700,000		

* 정률법의 경우 내용연수말의 감가상각비 금액은 반올림오차로 인하여 정확하게 계산되지 않는다. 따라서 내용연수말의 감가상각비는 정률을 적용하여 계산하는 것이 아니라 내용연수 동안의 감가상각비의 합이 감가상각 대상 금액과 일치하도록 맞추어 주면 된다.

6. 연수합계법을 사용하는 경우 연도별 감가상각비와 장부금액은 아래 표와 같다.

연도	계산	감가상각비	감가상각누계액	장부금액
				₩1,000,000
20×1	₩900,000×3/6	₩450,000	₩450,000	550,000
20×2	900,000×2/6	300,000	750,000	250,000
20×3	900,000×1/6	150,000	900,000	100,000
		₩900,000		

7. 20×1말의 감가상각비는 ₩100,000이고 20×2년말의 감가상각비는 ₩150,000이다. 참고로 생산량비례법을 사용하는 경우 연도별 감가상각비와 장부금액은 아래 표와 같다.

연도	계산	감가상각비	감가상각누계액	장부금액
				₩500,000
20×1	₩400,000×2,000/8,000	₩100,000	₩100,000	400,000
20×2	400,000×3,000/8,000	150,000	250,000	250,000
20×3	400,000×3,000/8,000	150,000	400,000	100,000
		₩400,000		

8. 1. 정액법(직선법)

(₩30,000－₩2,000)÷8년 = ₩3,500(년)

20×7년 : ₩3,500×9/12 = ₩2,625

20×8년 : ₩3,500×3/12＋₩3,500×9/12 = ₩3,500(= 12개월 상각비)

2. 생산량비례법

(₩30,000－₩2,000)÷480,000 = ₩0.058(단위당)

20×7년 : ₩0.058×46,000단위 = ₩2,668

20×8년 : ₩0.058×62,000단위 = ₩3,596

3. 연수합계법

1＋2＋⋯＋7＋8 = 36

20×7년 : ₩28,000×8/36×9/12 = ₩4,667

20×8년 : ₩28,000×8/36×3/12＋₩28,000×7/36×9/12 = ₩5,639

9.

(차) 감가상각누계액	50,000	(대) 재평가이익	70,000
유형자산(A)	20,000		

10. 20×1년도 감가상각비 = (₩6,000,000－1,000,000)÷5 = ₩1,000,000

20×1년도 유형자산손상차손 = 장부금액－회수가능액

= ₩5,000,000－3,000,000 = ₩2,000,000

20×1년도 손상차손인식 후 장부금액 = 회수가능액 = ₩3,000,000

정액법 사용시 손상차손인식 후 감가상각을 계산할 때는 새로운 감가상각 대상 금액을 잔여내용연수로 나누어준다.

20×2년도 감가상각비 = (₩3,000,000−1,000,000)÷4 = ₩500,000

20×2년말 장부금액 = ₩3,000,000−500,000 = ₩2,500,000

20×2년말 회수가능액 = ₩4,500,000

손상차손을 환입할 때는 "손상차손을 인식하지 않았을 경우의 감가상각 후 금액"을 한도로 한다.

손상차손환입액의 한도 = min[회수가능액, 손상을 인식하지 않았을 경우의 기말장부금액]

= min[₩4,500,000, ₩4,000,000] = ₩4,000,000

유형자산손상차손환입 = ₩4,000,000−2,500,000 = ₩1,500,000

따라서, 감가상각비 ₩500,000 손상차손환입 ₩1,500,000

11. 20×2.12.31 : (차) 감가상각비 200,000 (대) 감가상각누계액 200,000

(차) 유형자산손상차손 300,000 (대) 손상차손누계액 300,000

* Max[순공정가치 ₩100,000, 사용가치 ₩300,000]−장부금액 ₩600,000 = (₩300,000)

20×3.12.31 : (차) 감가상각비 100,000 (대) 감가상각누계액 100,000

* (₩300,000−₩0)÷3년 = ₩100,000

(차) 손상차손누계액 200,000 (대) 손상차손환입* 200,000

* Min[① 이전에 인식한 손상차손 ₩300,000, ② {Min(㉠ 손상차손을 인식하지 않았다면 되었을 장부금액 ₩400,000, ㉡ 회수가능액 ₩450,000)−손상차손환입일의 상각 후 장부금액 ₩200,000}] = ₩200,000

cf. 원가모형의 경우 다음과 같이 계산하더라도 결과는 동일하다.

Min[손상차손을 인식하지 않았다면 되었을 장부금액 ₩400,000, 회수가능액 ₩450,000]−손상차손환입일의 장부금액 ₩200,000 = ₩200,000

12. 20×3년말 감가상각누계액 = (₩5,000,000−1,000,000)×3/4 = ₩3,000,000

20×4년 1월 1일~7월 1일 감가상각비 = {(₩5,000,000−1,000,000)×1/4}×1/2 = ₩500,000

따라서 20×4년 장부금액은 ₩5,000,000−3,500,000 = ₩1,500,000이다.

장부금액 ₩1,500,000인 유형자산을 ₩1,700,000에 처분한 경우 유형자산처분이익은 ₩200,000이고, ₩1,200,000에 처분한 경우 처분손실 ₩300,000이 발생한다.

따라서 (1) ₩1,700,000에 처분시 처분이익 ₩200,000

(2) ₩1,200,000에 처분시 처분손실 ₩300,000

13. ① 취득시 분개 (20×1년 1월 1일)

(차) 특 허 권	2,000,000	(대) 현 금	2,000,000

② 상각시 분개 (20×1년 12월 31일)

(차) 무형자산상각비 (특허권상각비)	100,000	(대) 특 허 권	100,000 *

* ₩2,000,000÷20년 = ₩100,000

14. 1. 연구비

₩220,000+₩180,000+₩120,000 = ₩520,000

2. 개발비

₩250,000+₩140,000+₩200,000 = ₩590,000

9장 사채와 비유동부채

1. 부채의 정의 및 인식

부채(liabilities)란 과거 사건에 의하여 발생하였으며 경제적 효익이 내재된 자원이 기업으로부터 유출됨으로써 이행될 것으로 기대되는 현재 의무를 말한다. 그리고 이러한 부채를 재무상태표에 인식하기 위해서는 현재 의무의 이행에 따라 경제적 효익이 내재된 자원의 유출가능성이 높고 결제될 금액을 신뢰성 있게 측정할 수 있어야 한다.

2. 부채의 분류

부채는 상환기간, 성격 및 금액의 불확실성 정도에 따라 유동부채와 비유동부채, 금융부채와 비금융부채, 확정부채와 충당부채 등으로 분류할 수 있다.

(1) 유동부채와 비유동부채

유동부채란 보고기간(재무상태표일) 후부터 12개월 또는 정상영업주기 이내에 결제될 것으로 예상되는 부채를 말한다. 비유동부채란 보고기간(재무상태표일) 후부터 12개월 또는 정상영업주기 이후에 결제될 것으로 예상되는 부채를 말한다.

(2) 금융부채와 비금융부채

금융부채란 매입채무, 미지급금, 차입금, 사채, 임대보증금 등 부채의 정의를 충족하는 계약상 의무로써 현금 등의 금융자산으로 결제되는 부채를 말한다. 비금융부채란 금융부채가 아닌 부채를 말한다. 비금융부채의 예로는 판매된 제품의 품질보증의무 또는 제조과정에서 발생한 환경오염을 제거할 의무 등을 들 수 있다.

(3) 확정부채와 충당부채

확정부채란 재무상태표일 현재 부채의 존재가 확실하며 지급할 금액도 확정되어 있는 부채를 말한다. 충당부채란 재무상태표일 현재 부채의 존재가 불확실하거나 지출의 시기 또는 금액이 불확실한 부채를 말한다.

이 중에서 사채 및 비유동부채, 충당부채에 대해서 언급하기로 한다. 그에 앞서 사채의 발행금액을 결정하기 위하여 필요한 현재가치 개념을 먼저 알아보기로 한다.

3. 화폐의 시간가치

일반적으로 1년 후 ₩10,000보다는 현재 ₩10,000의 가치가 더 클 것이다. 이처럼 화폐는 동일한 금액이라 할지라도 시점에 따라 그 가치가 다르다. 따라서 미래의 현금보다는 현재의 현금을 선호하게 되며 현재의 현금을 포기한 대가를 요구하게 되는데, 이 포기한 대가를 이자라고 하며, 이를 현재의 금액에 대한 비율로 나타낸 것을 이자율이라고 한다.

화폐의 시간가치를 계산하기 위해서 이자 계산 방법인 단리 계산방법과 복리 계산방법이 있다. 단리 계산방법이란 이자 계산이 원금에 대해서만 이루어지는 것을 말하며, 복리계산방법이란 원금 뿐만 아니라 이미 발생한 이자에 대해서도 이자계산이 이루어지는 것을 말한다.

예를 들어, 현재 ₩10,000을 연 10% 이자율로 3년간 예입하였다고 가정하자. 이자계산을 단리이자와 복리이자로 할 경우 각각에 따른 3년 후 상환 받을 금액은 다음과 같다.

단리계산방법			복리계산방법		
원금		₩10,000	원금		₩10,000
이자			이자		
20x1년	₩10,000 × 10% =	1,000	20x1년	₩10,000 × 10% =	1,000
20x2년	10,000 × 10% =	1,000	20x2년	₩11,000 × 10% =	1,100
20x2년	10,000 × 10% =	1,000	20x4년	₩12,000 × 10% =	1,210
합계		₩13,000	합계		₩13,310

즉, 단리 계산방법은 원금에 대해서만 이자가 계산되지만, 복리 계산방법은 원금 뿐만 아니라 이미 발생한 이자까지 포함하여 이자를 계산하기 때문에 시간이 경과함에 따라 기간별 이자가 증가한다. 금융기관에서 이자 계산을 할 때나 기업에서 의사결정을 할 때에는 복리 계산방법을 사용한다. 따라서 다음에서는 복리 계산방법을 중심으로 화폐 시간가치에 대해서 살펴보기로 한다.

(1) 미래가치

▌단일금액의 미래가치

미래가치(future value: FV)란 현재의 일정금액을 미래의 특정시점의 가치로 환산한 것을 말한다. 예를 들어 현재 ₩10,000을 연 10% 이자율로 은행에 예입하면 1년 후 가치는 원금

₩10,000 + 이자 ₩1,000 (=₩10,000 X 10%) 인 ₩11,000이 될 것이다. 즉, 현재 ₩10,000은 이자율 연10%인 경우 1년 후 미래가치는 ₩11,000 인 것이다.

이를 수식으로 나타내 보자. 먼저 현재의 원금을 PV, 기간당 이자율을 r이라고 한다면, n기간 후의 미래가치 FV_n 은 다음과 같다.

$$FV_1 = PV + (PV \times r) = PV(1+r)$$

$$FV_2 = FV_1 + (FV_1 \times r) = PV(1+r) + PV(1+r) \times r = PV(1+r)(1+r)^2$$

$$\vdots$$

$$FV_n = PV(1+r)^n$$

예제 9-1 단일금액의 미래가치

원금 ₩10,000, 연10% 이자율로 정기예금했을 경우 3년 후의 미래가치는 얼마인가?

풀이

$$FV_n = PV(1+r)^n = ₩10{,}000 \times (1+0.1)^3 = ₩13{,}310$$

〈예제 9-1〉은 '₩1의 미래가치'를 표시한 '미래가치 계산표'를 이용하면 이자율이 10%일 때 ₩1의 3년 후 미래가치인 1.3310이 나와 있기 때문에 쉽게 미래가치를 계산할 수 있다.[20)]

▮ 연금의 미래가치

연금(annuity)이란 매 기간 일정한 현금흐름이 발생하는 것을 말한다. 연금의 미래가치란 매기말에 일정한 현금흐름을 연금의 최종 기말시점에서의 미래가치로 환산한 금액을 말한다. 예를 들어, 3년 동안 매년 말에 ₩10,000을 연 10%의 이자율로 예금한 경우 3년 후의 연금의 미래가치는 다음과 같이 계산된다.

20) 미래가치 및 현재가치 계산에 이용되는 각종 계산표는 〈부록〉을 참고하면 된다. 이 계산표는 현금흐름이 기말에 발생한다고 가정하고 있다.

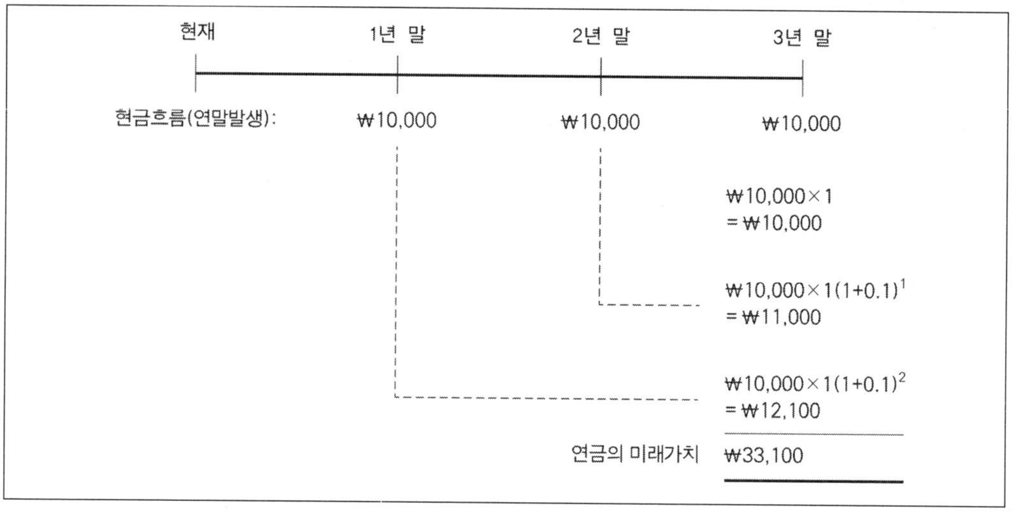

〈그림 9-1〉 연금의 미래가치 계산

위 예제는 '연금 ₩1의 미래가치'를 표시한 '미래가치 계산표'를 이용하면 이자율이 10%일 때 ₩1의 3년 후 미래가치인 3.31000이 나와 있기 때문에 쉽게 미래가치를 계산할 있다.[21)]

(2) 현재가치

▮ 단일금액의 현재가치

현재가치(present value : PV)란 미래의 일정금액을 현재시점의 가치로 환산한 것을 말하는데, 이를 할인(discounting)이라 하고, 이때 적용되는 이자율을 할인율(discount rate)이라고 한다. 예를 들어, 이자율이 10%인 경우 2년 후에 받을 ₩12,100이 현재시점을 기준으로 평가하면 ₩10,000이 되는데, 이를 현재가치라고 한다. 연간이자율이 r일 때 n년 후 현금흐름(FV_n)의 현재가치(PV_n)는 다음과 같다.

$$PV_n = FV_n \times \frac{1}{(1+r)^n}$$

21) 미래가치 및 현재가치 계산에 이용되는 각종 계산표는 〈부록〉을 참고하면 된다. 이 계산표는 현금흐름이 기말에 발생한다고 가정하고 있다.

예제 9-2 단일금액의 현재가치

3년 후 ₩10,000을 받을 수 있는 채권의 현재가치는 얼마인가? 단, 기간 중 이자지급은 없으며, 이자율은 연 10%라고 가정한다.

풀이

$$PV = \frac{10,000}{(1+0.1)^3} = 7,513$$

〈예제 9-2〉는 '₩1의 현재가치'를 표시한 '현재가치 계산표'를 이용하면 기간 3년, 연 이자율 10%일 때 3년 후 ₩1의 현재가치인 0.75131이므로 쉽게 현재가치를 계산할 수 있다.[22]

▮ 연금의 현재가치

연금의 현재가치란 매기말에 발생하는 일정한 현금흐름을 현재가치로 환산한 금액을 말한다. 다음의 예제를 통해 연금의 현재가치에 대해서 살펴보기로 한다.

예제 9-3 연금의 현재가치 계산

이자율이 연 10%인 경우 3년 동안 매년 말 ₩10,000을 지급받는 현금흐름의 현재가치는 얼마인가?

풀이

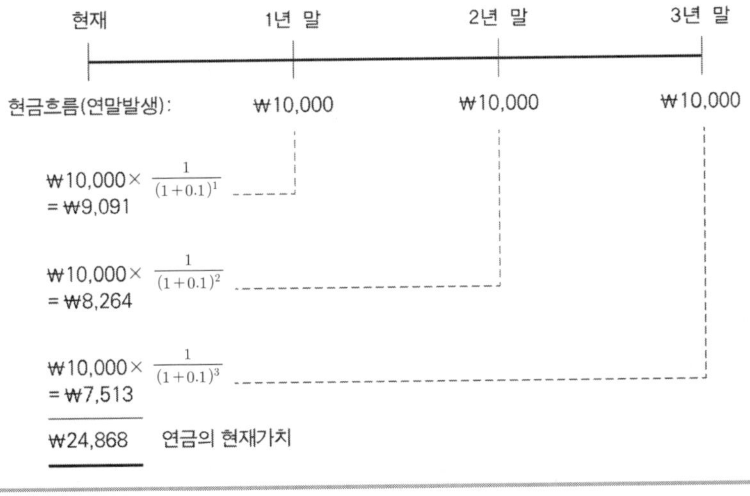

22) 미래가치 및 현재가치 계산에 이용되는 각종 계산표는 〈부록〉을 참고하면 된다. 이 계산표는 현금흐름이 기말에 발생한다고 가정하고 있다.

〈예제 9-3〉은 '연금 ₩1의 현재가치'를 표시한 '현재가치 계산표'를 이용하면 이자율이 10%일 때 3년 후 연금 ₩1의 현재가치인 2.48685이 나와 있기 때문에 쉽게 현재가치를 계산할 있다.

지금까지 설명한 화폐의 시간가치 개념은 경제와 재무, 회계에서 매우 중요하게 사용되는 기본 개념이다. 특히 단일금액과 연금의 현재가치를 구하는 것은 다음에서 설명할 사채의 발행 금액을 계산하는 데 직접 사용될 것이다.

4. 비유동부채의 의의 및 구분

비유동부채(non-current liabilities)는 재무상태표 작성시점을 기준으로 1년 이후에 결제되는 부채이다. 다만, 기업의 정상영업주기가 1년 이상인 경우에는 정상영업주기 후에 만기가 도래하는 부채를 말한다. 비유동부채는 성격상 장기차입부채, 장기충당부채 및 기타비유동부채로 구분할 수 있다.

(1) 장기차입부채

장기차입부채(long-term borrowing)는 금융기관이나 신용대여기관 등으로부터 자금을 차입하고 그 원금을 재무제표 작성일로부터 1년 이후의 일정시점에 상환하게 되어 있는 채무를 말한다. 사채, 장기차입금 등이 장기차입부채에 해당한다.

장기차입부채의 현재가치와 명목금액이 중요하게 차이나는 경우에는 이를 현재가치로 평가하고 명목금액과의 차이를 현재가치할인차금으로 재무상태표에 계상해야 된다. 만약 거래가 발생할 때에는 비유동부채였더라도, 재무상태표 작성시점을 기준으로 1년 이내 혹은 정상영업주기 이내에 상환될 예정이라면 이를 유동부채로 재분류해야 한다.

〈예제 9-4〉를 통해 장기차입금에 대한 회계처리를 살펴보기로 한다.

예제 9-4 장기차입금

(주)열매는 20×1년 7월 1일에 3년 만기로 은행으로부터 ₩1,000,000을 차입하였다. 이자율은 원금에 대해 연 8%이며, 이자는 6개월마다 후급으로 지급하기로 한다. 차입시점과 20×1년말, 20×3년말, 상환시점의 회계처리를 하라. 20×1년말, 20×3년말 부분재무상태표도 작성하라.

풀이

① 20×1년 7월 1일 : 차입시

(차) 현　금	1,000,000	(대) 장기차입금	1,000,000

② 20×1년 12월 31일 : 이자비용지급

(차) 이 자 비 용	40,000*	(대) 현　금	40,000

* 6개월분 이자비용 = ₩1,000,000×8%×6/12 = ₩40,000

부분재무상태표(20x1년12월31일)

비유동부채	
장기차입금	₩1,000,000

③ 20×3년 12월 31일 : 이자비용지급과 유동성재분류

(차) 이 자 비 용	40,000	(대) 현　금	40,000
(차) 장기차입금	1,000,000	(대) 유동성장기차입금	1,000,000

부분재무상태표(20x1년12월31일)

유동부채	
유동성장기차입금	₩1,000,000

④ 20×4년 6월 30일 : 이자비용지급과 만기상환

(차) 이 자 비 용	40,000	(대) 현　금	40,000
(차) 유동성장기차입금	1,000,000	(대) 현　금	1,000,000

(2) 장기충당부채

장기충당부채는 과거 발생한 사건에 의해 현재 의무가 존재하며, 그 의무를 이행하기 위하여 미래 지출이 예상되는 부채이다. 퇴직급여부채, 장기제품보증충당부채 등이 이에 해당한다. 이러한 충당부채는 이자를 지급하지 않으며, 미래의 지출시기와 지출금액이 불확실하다는 점에서 장기차입부채와 구분된다.

(3) 기타비유동부채

기타비유동부채는 비유동부채 중 장기차입부채와 장기충당부채에 속하지 않는 부채이다. 장기매입채무, 임대보증금, 이연법인세부채, 장기미지급금, 장기선수금 등이 있다.

1년 이후에 지급기한이 도래하는 일반적 상거래에서 발생한 장기의 외상매입금과 지급어음은 통합하여 장기매입채무로 재무상태표에 기록한다. 반면에 1년 이내에 지급기한이 도래하

는 외상매입금과 지급어음은 유동부채인 매입채무로 기록한다.

장기매입채무의 회계처리는 현재가치평가를 하는 것을 제외하고는 매입채무의 회계처리와 동일하다. 매입채무의 현재가치와 명목금액이 중요하게 차이나는 경우에는 이를 현재가치로 평가하고 명목금액과의 차이를 현재가치할인차금으로 한다.

5. 사채의 회계처리

(1) 사채의 의의와 종류

▮ 사채의 의의

사채(bonds)는 회사가 일반 대중으로부터 자금을 조달할 목적으로 집단적, 대량적으로 부담하는 채무로서, 사채증서를 발행하여 사채권면에 표시된 상환일(만기일)에 정해진 금액(액면금액)을 지급하고 사채권면에 표시된 이자율에 따라 일정 이자를 정기적으로 지급할 것을 약속한 채무로서 만기가 장기인 것을 말한다.

사채는 소수의 채권자로부터 자금을 조달하기에는 너무 많은 금액을 차입해야 하는 경우 이를 일반 투자대중 또는 기관투자가들로부터 차입하는 수단이다. 이를 위해 사채권을 1만원 이상의 균일한 금액단위로 나누어 사채권자의 능력에 맞추어 투자할 수 있게 함으로써 자금을 용이하게 조달한다.

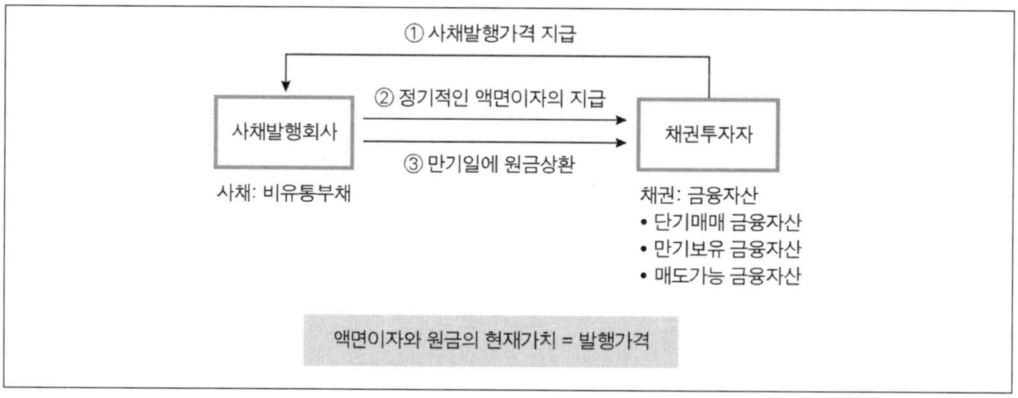

〈그림 9-2〉 사채의 구조

▌사채의 종류

사채를 발행할 때 기업이 교부하는 사채권면에는 액면금액, 이자율, 이자지급일 및 만기일 등이 표시되어있다. 액면금액(face value)은 만기에 사채발행회사가 지급할 원금을 말하는데 이는 발행금액과 동일한 개념이 아니다. 이자율은 발행회사가 지급할 액면금액 기준의 연간 이자율을 말하며, 이를 액면이자율(coupon interest rate) 혹은 표시이자율(stated interest rate)이라고도 한다. 만기일은 사채의 원금지급일을 지칭하는데, 장기사채인 경우 10년 이상이 될 수도 있지만 우리나라에서는 주로 3년에서 5년 사이의 사채가 많이 발행된다. 사채는 발행할 때 사채권에 표시되는 조건에 따라 여러 가지 형태로 발행된다.

① 보증사채, 무보증사채 : 제3자에 의한 보증유무

② 담보사채, 무담보사채 : 동산, 부동산 등을 담보로 발행되는 사채

③ 전환사채 : 사채권자의 청구에 의해 주식으로 전환할 수 있는 사채

④ 신주인수권부사채 : 사채의 상환기간내에 발행회사의 일정수의 신주를 인수할 수 있는 권리가 부여된 채권

⑤ 일시상환사채, 연속상환사채, 콜옵션부사채 : 상환기간에 따른 구분

⑥ 기명식사채 : 사채권자의 명의로 사채권 발행 및 양도

⑦ 무기명식사채 : 사채권자의 이름이 명부에 기록되지 않으며 사채 양도가 단순히 인도만으로 이루지는 사채 :

(2) 사채의 발행

사채의 발행금액이란 발행회사 입장에서는 사채를 발행할 때 지급받는 가격이고, 투자자입장에서는 사채를 매입할 때 지급하는 가격이다. 사채의 발행금액은 사채로부터 발생하는 미래현금흐름의 현재가치로 결정된다. 즉, 각 기간 발생하는 사채의 액면이자와 만기에 발생하는 원금상환액을 현재시점에서 평가한 금액이다. 사채발행금액의 이해를 위해 〈예제 9-5〉를 살펴보도록 하자.

예제 9-5 사채발행금액 결정

(주)열매는 20×1년 1월 1일 액면금액이 ₩1,000,000이고 액면이자율이 8%이며 매년말에 이자를 지급하는 조건의 3년 만기의 사채를 발행하였다. 시장이자율은 10%이다. 사채의 발행가격을 구하라.

풀이

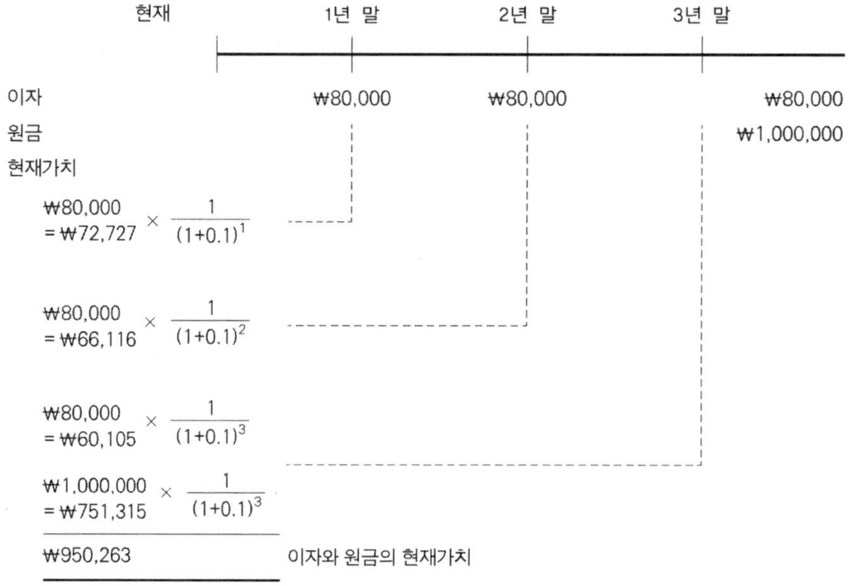

〈예제 9-5〉에서 사채를 구입한 투자자는 3년 동안 매년말 액면이자 ₩80,000을 받고, 3년 후에는 액면금액인 ₩1,000,000을 지급받게 된다. 미래에 발생하는 현금흐름의 가치를 현재기준으로 환산하기 위해서는 각 현금흐름을 시장이자율인 10%로 할인하여 합산해 주면 된다. 이때 주의할 점은 현재가치 계산시 적용하는 이자율은 시장이자율이라는 것이다.

사채에서 발생하는 현금흐름의 현재가치는 ₩950,236이며, 이 금액이 사채의 발행금액이 된다. 사채의 발행금액 ₩950,263은 사채액면금액인 ₩1,000,000보다 낮다. 현재 시장이자율이 10%인데, 사채 액면이자율은 8% 이므로 사채 투자자는 사채 투자에서 얻는 수익률보다 포기하게 되는 수익률(10%)이 더 크다. 따라서 사채 투자자에게 그 차이를 보상해주기 위해서 사채의 발행금액이 액면금액보다 낮은 것이다. 즉, 액면이자를 상대적으로 적게 지급하는 대신, 할인된 가격으로 발행해서 결과적으로 투자자들이 시장이자율인 10%의 수익률을 얻을 수 있도록 만든 것이다. 이를 사채의 할인발행이라고 한다.

반면, 액면이자율이 시장이자율보다 높은 경우 사채는 액면금액보다 높은 금액으로 발행된다. 이를 사채의 할증발행이라고 하는데, 투자자 입장에서는 높은 액면이자를 지급받는 대신에 현재 높은 가격을 지급하고 사채를 구입하는 것이다. 사채의 액면이자율과 시장이자율이 동일한 경우에는 사채의 발행금액은 액면금액과 동일해진다. 이를 사채의 액면발행이라고 한다. 지금까지의 내용을 정리해 보면 〈표 9-1〉와 같다.

〈표 9-1〉 사채의 발행금액 결정

액면이자율 =시장이자율 : 액면발행
액면이자율 〈 시장이자율 : 할인발행
액면이자율 〉 시장이자율 : 할증발행

(3) 사채발행차금상각과 이자비용

사채가 할인발행된 경우 '액면금액 - 발행금액'을 사채할인발행차금이라고 하고 할증발행된 경우에 '발행금액 - 액면금액'의 차이를 사채할증발행차금이라고 한다. 사채할인발행차금은 사채기간 동안 발행회사가 현금으로 지급하는 이자비용 이외에 추가적으로 부담해야 할 이자비용을 나타낸다. 발행시점에 할인된 가격으로 발행하였으나 만기에는 액면금액만큼 상환해야하므로 그 차이를 사채기간에 배분하여 사채이자비용으로 인식하는 것이다. 반대로 사채할증발행차금은 사채기간 동안 현금으로 지급하는 이자비용에서 차감해주어야 한다.

예제 9-6 사채발행차금

주)열매는 20×1년 1월 1일 액면금액이 ₩1,000,000이고, 액면이자율이 8%이며 매년말에 이자가 지급되는 3년 만기의 사채를 발행하였다. 사채발행비는 발생하지 않았다. 시장이자율이 10%, 6%, 8%인 경우 각각의 사채발행금액을 구하라. 각각의 경우를 회계처리하고 부분재무상태표를 작성하라.

풀이

① 시장이자율 10%인 경우 (할인발행)

〈사채발행금액〉

$$₩80,000 \times \frac{1}{(1.10)^1} + ₩80,000 \times \frac{1}{(1.10)^2} + ₩80,000 \times \frac{1}{(1.10)^3} + ₩1,000,000 \times \frac{1}{(1.10)^3}$$

= ₩950,263

(차) 현　금	950,263	(대) 사　채	1,000,000
사채할인발행차금	49,737		

부분재무상태표(20x1년 1월1일)

비유동부채	
사채	₩1,000,000
사채할인발행자금	(49,737)
	₩950,263

② 시장이자율 6%인 경우 (할증발행)

〈사채발행금액〉

$$₩80,000 \times \frac{1}{(1.06)^1} + ₩80,000 \times \frac{1}{(1.06)^2} + ₩80,000 \times \frac{1}{(1.06)^3} + ₩1,000,000 \times \frac{1}{(1.06)^3}$$

= ₩1,053,463

(차) 현금	1,053,460	(대) 사　채	1,000,000
		사채할증발행차금	53,460

부분재무상태표(20x1년 1월1일)

비유동부채	
사채	₩1,000,000
사채할인발행자금	(53,460)
	₩1,053,460

③ 시장이자율 8%인 경우 (액면발행)

〈사채발행금액〉

$$₩80,000 \times \frac{1}{(1.08)^1} + ₩80,000 \times \frac{1}{(1.08)^2} + ₩80,000 \times \frac{1}{(1.08)^3} + ₩1,000,000 \times \frac{1}{(1.08)^3}$$

= ₩1,000,000

(차) 현금	1,000,000	(대) 사　채	1,000,000

부분재무상태표(20x1년 1월1일)

비유동부채	
사채	₩1,000,000

사채발행차금을 기간별로 배분하는 방법으로 유효이자율법을 사용한다. 유효이자율법에서는 사채의 "기초장부금액 × 유효이자율"을 당기에 인식해야할 이자비용을 계산하고, 현금으로

지급하는 이자비용과의 차이 만큼 사채발행차금은 상각 또는 환입한다. 그 결과 사채의 만기 시점에 가면 발행차금의 잔액은 ₩0이 된다.

〈예제 9-7〉을 중심으로 유효이자율법에 의한 사채할인발행차금의 상각에 대해서 살펴보도록 하자.

예제 9-7 사채할인발행차금상각 및 이자비용

(주)열매는 20×1년 1월 1일 액면금액이 ₩1,000,000이고, 액면이자율이 8%이며 매년말에 이자를 지급하는 3년 만기의 사채를 ₩950,263에 발행하였다. 사채발행비는 발생하지 않았다. 시장이자율과 유효이자율은 10%이다. 사채 발행시부터 만기시까지의 회계처리를 하고 매년말 부분재무상태표와 포괄손익계산서를 작성하라.

풀이

① 20×1년 1월 1일 : 사채발행시

(차) 현금	950,263	(대) 사채	1,000,000
사채할인발행차금	49,737		

② 20×1년 12월 31일

(차)이자비용	95,026	(대) 현금	80,000*
		사채할인발행차금	15,026

부분재무상태표(20x1년12월31일)	
비유동부채	
사채	₩1,000,000
사채할인발행자금	(34,711)
	₩965,289

부분포괄손익계산서(20x1년)	
이자비용	₩95,026

③ 20×2년 12월 31일

(차) 이자비용	96,529	(대) 현금	80,000
		사채할인발행차금	16,529
(차) 사채	1,000,000	(대) 유동성사채	1,000,000
유동성사채할인발행차금	18,182	사채할인발행차금	18,182

부분재무상태표(20x2년12월31일)	
유동부채	
유동성사채	₩1,000,000
유동성사채할인발행자금	(18,182)
	₩981,818

부분포괄손익계산서(20x2년)	
이자비용	₩96,529

④ 20×3년 12월 31일

(차) 이 자 비 용	98,182	(대) 현금	80,000
		사채할인발행차금	18,182
(차) 유동성사채	1,000,000	(대) 현금	1,000,000

상환 후 부분재무상태표(20x4년12월31일)	
유동부채	
사채	₩0

부분포괄손익계산서(20x4년)	
이자비용	₩98,182

사채할인발행차금상각표

	①사채 기초장부금액	②유효이자	③액면이자	④상각액	⑤사채 기말장부금액
20x1년	₩950,263	₩95,026	₩80,000	₩15,026	₩965,289
20x2년	965,289	96,529	80,000	16,529	981,818
20x4년	981,818	98,182	80,000	18,182	1,000,000
		₩289,737		₩49,737	

① 기초장부금액
② 유효이자 = ①기초장부금액 × 유효이자율(10%)
③ 액면이자 = 액면금액 × 액면이자율(8%)
④ 사채할인발행차금상각 = ②유효이자 − ③액면이자
⑤ 기말장부금액 = ①기초장부금액 + ④사채할인발행차금상각

〈예제 9-7〉의 상각표에서 사채의 장부금액은 사채의 액면금액에서 사채할인발행차금을 차감한 순액을 의미한다. 매년 유효이자 만큼 포괄손익계산서에 이자비용으로 인식되며, 액면이자만큼 현금으로 지급된다. 또한 상각액만큼 사채할인발행차금이 감소한다. 사채할인발행차금이 감소하면 사채의 장부금액은 증가하므로 기말장부금액은 기초장부금액에서 사채할인발행차금상각액을 더해서 구할 수 있다.

〈예제 9-7〉에서 할인발행하는 경우를 살펴보았는데, 할증발행의 경우에는 액면이자가 유효이자보다 크므로 액면이자에서 유효이자를 차감하면 사채할증발행차금환입액을 구할 수 있다.

(4) 사채의 상환

▌만기상환

사채의 만기일에는 사채할인발행차금 또는 사채할증발행차금이 전액 상각되어, 사채의 액면금액과 장부금액이 일치하게 된다. 만기상환시에는 사채의 액면금액만큼 현금으로 지급하고 사채의 장부금액을 장부에서 제거한다.

▌조기상환

사채를 조기상환하는 경우에는 사채와 관련된 계정인 사채, 사채할인발행차금 또는 사채할증발행차금계정을 모두 장부에서 제거해야한다. 일반적으로 사채의 장부금액과 상환금액의 차이가 발생하는데, 사채의 장부금액보다 높은 금액을 지급하고 사채를 상환하면 사채상환손실이 발생하고 장부금액보다 낮은 금액으로 상환하면 사채상환이익이 발생한다.

예제 9-8 사채의 상환

(주)열매는 20×1년 1월 1일 액면금액이 ₩1,000,000이고, 액면이자율이 8%이며 매년말에 이자를 지급하는 3년 만기의 사채를 ₩950,263에 발행하였다. 유효이자율은 10%이다. 만기에 상환하는 경우와 20×2년말 이자지급 직후 ₩990,000에 상환하는 경우 각각에 관한 분개를 하라.

풀이

① 사채를 만기(20×3년 12월 31일)에 상환하는 경우

(차) 사채	1,000,000	(대) 현금	1,000,000

② 20×2년말 이자지급 직후에 ₩990,000에 상환하는 경우

(차) 사채	1,000,000	(대) 현　금	990,000
(차) 사채상환손실	8,182*	사채할인발행차금	18,182

* 사채상환손실 = 상환금액-장부금액 = 상환금액 - (액면금액-미상각사채할인발행차금)
= 990,000-981,818=8,182

6. 충당부채

(1) 충당부채의 의의

충당부채(provision)는 과거사건이나 거래의 결과에 의한 현재의 의무로서 지출의 시기 또는 금액이 불확실한 부채이다. 충당부채의 인식조건은 다음의 세 가지를 모두 충족하는 경우에만 인식한다.

① 과거사건의 결과로 현재의무가 존재

② 경제적 효익이 내재된 자원이 유출된 가능성이 높음(50% 이상)

③ 의무의 이행에 소요되는 금액을 신뢰성 있게 추정할 수 있음

〈예제 9-9〉의 제품보증 충당부채를 통해 충당부채에 대한 회계처리방법을 살펴보도록 하자.

예제 9-9 제품보증충당부채

(주)열매는 제품을 판매할 때 구매자에게 제품보증을 제공한다. 판매시점으로부터 2년 동안 고장난 제품에 대해 제품보증조건에 따라 수선하거나 새 제품으로 교체해주어야 한다. 20×1년 12월말 제품을 ₩200,000에 현금 판매하였고, 이와 관련하여 향후 2년 동안 ₩60,000만큼의 제품보증비가 발생할 것이라고 추정하였다(단, 현재가치 평가는 중요하지 않다고 가정한다). 20×2년에 발생하여 현금지출한 제품보증비가 ₩35,000일 경우와 ₩70,000일 경우가 있다고 하자. 20×1년과 20×2년 각각의 경우와 관련한 회계처리를 하라.

풀이

① 20×1년말 : 충당부채 설정

(차) 현금	200,000	(대) 매출	200,000
(차) 제품보증비	60,000	(대) 제품보증충당부채	60,000

② 20×2년 ₩35,000의 제품보증비가 발생한 경우

(차) 제품보증충당부채	35,000	(대) 현 금	35,000

③ 20×2년 ₩70,000의 제품보증비가 발생한 경우

(차) 제품보증충당부채	60,000	(대) 현 금	70,000
제품보증비	10,000		

익힘문제

1. 화폐액의 미래가치와 현재가치의 의미는 무엇인가?

2. 사채의 액면금액과 액면이자율의 의미는 각각 무엇인가?

3. 사채의 현재가치 계산에서 액면이자율과 시장이자율은 각각 어떻게 적용되는가?

연습문제

1. 미래가치

다음은 각기 독립된 상황이다.

(1) (주)열매는 ₩100,000을 예금하여 5년 후에 원금과 이자를 찾으려 한다. 예금이자율은 연 8%이다.

(2) (주)열매는 매년 말에 ₩100,000씩 5년간 예금하여 5년 말에 찾으려 한다. 예금이자율은 연 8%이다.

1. (주)열매가 5년 후에 찾을 금액은 얼마인가?
2. (주)열매가 5년 후에 찾을 금액은 얼마인가?

2. 현재가치

다음은 각기 독립된 상황이다.

(1) (주)열매는 상품을 판매하고 별도의 이자 없이 3년 후 ₩100,000을 받기로 하였다. (주)열매의 적정한 이자율은 연 8%이다.

(2) (주)열매는 토지를 처분하고 별도의 이자 없이 매년 말에 ₩100,000씩 3년간 수취하기로 하였다. (주)열매의 적정한 이자율은 연 8%이다.

(3) (주)열매는 (주)줄기가 발행하는 3년 만기인 사채에 투자하기로 하였다. 사채의 액면금액은 ₩1,000,000이며, 이자는 매년 말에 ₩50,000(5%)씩 수취한다. 사채에 대한 적정한 투자수익률(유효이자율)은 8%이다.

[물음]

1. (주)열매가 매출로 기록할 금액(매출채권의 장부금액)은 얼마인가?
2. (주)열매가 미수금으로 기록할 장부금액은 얼마인가?
3. (주)열매는 위 사채를 얼마를 주고 취득해야 적정한가? 이는 적정한 발행금액이기도 하다.

3. 단일금액의 현재가치

(주)열매는 거래처인 (주)새싹으로부터 토지를 매입하고 매입대가로 2년 후 ₩5,000,000을 지급하기로 약정하였다. 2년 후 ₩5,000,000 지급은 (주)열매의 은행 차입이자율을 고려하여 연

10%의 할인율을 적용하기로 한데 따른 것이다.

(1) (주)열매가 2년 후 지급할 ₩5,000,000의 현재가치는 얼마인가?

(2) (주)열매는 토지의 취득원가를 얼마로 기록해야 하는가? 취득부대비용은 없다고 가정한다.

(3) 만일 (주)열매가 지금 현금으로 토지를 매입한다면 얼마를 지급해야하나?

4. 다기간 현금흐름의 현재가치

(주)열매는 2x14년 초에 (주)줄기의 요청으로 특수기계를 할부판매하였다. (주)줄기는 향후 3년에 걸쳐 매년 말에 ₩4,000,000씩 지급해야하며, (주)열매는 (주)줄기의 신용도를 고려하여 연 8%의 할인율을 적용하였다.

(1) (주)열매의 특수기계 현금판매가격은 얼마로 추정되는가?

(2) (주)열매는 위의 할부판매에 대해 매출액을 얼마로 기록해야하는가?

(3) (주)줄기가 기계 구입시 부담한 실질 부채금액은 얼마인가?

5. 다기간 현금흐름의 현재가치

2x14년 초에 (주)열매는 (주)새싹에게 부동산을 매각하였다. 매각대금으로 지금 ₩3,000,000을 받고, 1년 후에 ₩4,000,000 그리고 2년 후에 ₩5,000,000을 받기로 약정하였다. 이러한 금액은 (주)새싹의 은행 차입이자율을 고려하여 연10%의 할인율을 적용하기로 한 데 따른 것이다.

(1) (주)열매가 매각대금으로 받는 총 금액의 현재가치는 얼마인가?

(2) (주)새싹이 매입시점에서 부담한 실질부채금액은 얼마인가?

6. 사채의 발행과 상환

(주)열매는 20×1년 1월 1일, 3년 만기의 액면금액 ₩500,000의 사채를 발행하였다. 액면이자율은 15%로 연말에 지급한다. 20×1년 1월 1일 현재 시장이자율은 12%이다. 이자는 매년 12월 31일에 지급하며 사채발행차금은 유효이자율법에 따라 연말에 상각한다.

(1) 20×1년 1월 1일 사채발행에 대한 회계처리를 하시오.

(2) 20×1년, 20×2년, 20×3년 사채발행차금상각표를 작성하시오.

(3) 20×3년 12월 31일 이자지급 및 사채상환에 필요한 회계처리를 하시오.

7. 사채의 발행과 상환

(주)열매는 20×1년 1월 1일, 3년 만기의 액면금액 ₩500,000의 사채를 발행하였다. 액면이자율은 8%로 연말에 지급한다. 20×1년 1월 1일 현재 시장이자율은 10%이다. 사채발행차금은 유효이자율법에 따라 연말에 상각한다. 20×2년 6월 30일에 현금 ₩490,000을 지급하고 사채를 상환하였을 때, 상환과 관련된 회계처리를 하시오.

8. 사채의 발행과 상환

20×1년 1월 1일에 (주)열매는 20×3년말에 만기가 도래하는 사채(액면금액 ₩300,000, 액면이자율 10%)를 ₩272,140에 발행하고 현금을 받았다. 이자지급일은 매년 12월 31일이다. 현재 시장이자율은 14%이다. 사채발행비로 ₩6,387을 지급하였으며, 사채발행차금을 상각(또는 환입)하는 방법으로 유효이자율법(유효이자율 : 15%)을 사용하는 경우에 사채와 관련된 분개를 하시오.

(1) 20×1년 1월 1일(사채발행시점)
(2) 20×1년 12월 31일(최초 이자지급일)
(3) 20×2년 12월 31일(두 번째 이자지급일)
(4) 20×3년 12월 31일(만기일)

9. 사채의 이자비용

(주)열매는 20×1년 1월 1일에 액면금액 ₩100,000의 사채(표시이자율 10%, 만기 3년)를 ₩95,200에 발행하였다. 발행사채의 유효이자율이 12%인 경우 (주)열매가 이 사채로 인하여 만기까지 부담해야 할 총 이자비용은 얼마인가?

10. 사채상환

(주)열매는 2009년 1월 1일 액면 ₩500,000, 연이자 10%, 매년말 이자지급조건, 3년 만기 사채를 발행 당시의 시장이자율 12%를 감안하여 ₩475,982에 발행하였다. 이후 자금사정이 좋아져서 2010년 7월 1일 이 사채를 시장에서 ₩492,000에 현금으로 취득하여 상환하였다. 2010년 7월 1일 사채상환에 따르는 손익은 얼마인가?

11. 제품보증충당부채

(주)열매테크는 판매한 컴퓨터에 대해 3년간 제품보증서비스를 제공한다. 과거 경험에 의하면 매출액의 3%가 제품보증비로 지출된다. 다음 자료를 보고 아래의 물음에 답하라.

- 2x12년 말 재무상태표상의 장기제품보증충당부채는 ₩120,000이다.
- 2x13년 중에 제품보증서비스 비용으로 ₩80,000을 지출하였다.
- 2x13년도의 컴퓨터 매출액은 총 ₩5,000,000이다.

(1) 2x13년 중의 제품보증비 지출을 분개하라.

(2) 2x13년 말에 제품보증충당부채를 인식하기 위한 기말 수정분개는?

(3) 2x13년 말 재무상태표에는 장기제품보증충당부채가 ₩(   )으로 표시되고, 2x13년 포괄손익계산서에 계강되는 제품보증비는 ₩(   )이다.

연습문제 해답

1.

1. ₩100,000×FV(5, 8%) = ₩100,000×1.46933 = ₩146,933
2. ₩100,000×FA(5, 8%) = ₩100,000×5.86660 = ₩586,660

2.

1. ₩100,000×PV(3, 8%) = ₩100,000×0.79383 = ₩79,383
2. ₩100,000×PA(3, 8%) = ₩100,000×2.57710 = ₩257,710
3. 액면금액의 현재가치＋이자금액의 현재가치
   = ₩1,000,000×PV(3, 8%)＋₩50,000×PA(3, 8%)
   = ₩1,000,000×0.79383＋₩50,000×2.57710 = ₩922,685

3.

(1) 2년 후 ₩5,000,000의 현재가치 = $\frac{5,000,000}{(1+0.1)^2}$ = ₩4,132,231

(2) 토지의 취득원가는 위의 (1)에서의 현재가치 ₩4,132,231 로 기록해야한다.

(3) 위의 (1)의 현재가치 ₩4,132,231이 현금매입가격이다.

4.

(1) 현금판매가격은 할부판매대금 회수예정액의 현재가치와 같다.

$\frac{4,000,000}{(1+0.08)}+\frac{4,000,000}{(1+0.08)^2}+\frac{4,000,000}{(1+0.08)^3}$ = ₩10,308,388

(2) 위의 (1)에서의 현재가치 ₩10,308,388을 매출액으로 기록해야 한다.

(3) (주)줄기가 기계구입시 부담한 실질 부채금액은 위의 (1)에서의 현재가치 ₩10,308,388이다.

5.

(1) 3,000,000 + $\frac{4,000,000}{(1+0.1)}+\frac{5,000,000}{(1+0.1)^2}$ = ₩10,768.595

(2) (주)새싹이 매입시점에서 부담한 실질 부채금액은 위의 (1)에서의 현재가치 ₩10,768,595이다.

6.

(1) 액면이자율 〉시장이자율, 즉 할증발행이므로 사채의 발행가격을 먼저 구한다. 사채의 발행가격은 다음과 같다.

₩75,000×2.4018(3기간, 12% 연금의 현재가치)＋₩500,000×0.7118(3기간, 12% 현재가치) = ₩536,035

사채의 발행가격과 사채의 액면금액의 차이 ₩536,035－500,000 = ₩36,035은 사채할증발행차금으로 표시한다.

20×1년 1월 1일 사채의 발행

(차) 현　　금　　536,035　　(대) 사　　채　　500,000

사채할증발행차금　36,035

(2) 상각표

	① 사채 기초장부금액	② 유효이자	③ 액면이자	④ 상각액	⑤ 사채 기말장부금액
20×1년	₩536,035	₩64,324	₩75,000	(₩10,676)	₩525,359
20×2년	525,359	63,043	75,000	(11,957)	513,402
20×3년	513,402	61,598*	75,000	(13,402)	500,000

* ₩513,402×12% = ₩61,608이지만 만기시 장부금액을 ₩500,000으로 맞추기 위해서 역산한다. 즉, ₩500,000(기말금액) − ₩513,402(기초금액) + ₩75,000(액면이자) = ₩61,598

(3) 20×3년 12월 31일

이자지급

(차) 이자비용　　61,598　　(대) 현　　금　　75,000

사채할증발행차금　13,402

사채상환

(차) 사　　채　　500,000　　(대) 현　　금　　500,000

7. 사채의 발행가격은 다음과 같이 계산한다.

₩40,000×2.4869(3기간, 10% 연금의 현재가치) + ₩500,000×0.7513(3기간, 10% 현재가치) = ₩475,126

사채의 상환손익을 계산하기 위해서는 상환시점에서 사채의 장부금액을 알아야 한다. 상각표를 작성하여 사채의 장부금액을 구한다.

	① 사채 기초장부금액	② 유효이자	③ 액면이자	④ 상각액	⑤ 사채 기말장부금액
20×1년	₩475,126	₩47,513	₩40,000	₩7,513	₩482,639
20×2년	482,639	48,264	40,000	8,264	490,903
20×3년	490,903	49,097	40,000	9,097	500,000

20×2년 1월 1일부터 6월 30일까지 6개월간 인식해야 할 이자비용은 ₩48,264×6/12개월 = ₩24,132이다. 사채할인발행차금상각액은 ₩8,264×6/12개월 = ₩4,132이다. 따라서 20×2년 6월 30일 현재 사채의 장부금액은 ₩482,639 + 4,132 = ₩486,771이다.

사채의 상환손익은 ₩486,771 − 490,000 = −₩3,229, 즉 상환손실이 발생한다.

(차) 사　　채　　500,000　　(대) 현　　금　　490,000
　　사채상환손실　　3,229　　　　사채할인발행차금　　13,229

8. (1) 사채발행비를 차감하고 나면 ₩272,140－6,387 = ₩265,753에 할인발행한 사채와 같다.

(차) 현　　금　　272,140　　(대) 사　　채　　300,000
　　사채할인발행차금　　27,860

(차) 사채할인발행차금　　6,387　　(대) 현　　금　　6,387

또는

(차) 현　　금　　265,753　　(대) 사　　채　　300,000
　　사채할인발행차금　　34,247

(2) 20×1년 12월 31일

(차) 이자비용　　39,863　　(대) 현　　금　　30,000
　　　　　　　　　　　　　　　사채할인발행차금　　9,863

(3) 20×2년 12월 31일

(차) 이자비용　　41,342　　(대) 현　　금　　30,000
　　　　　　　　　　　　　　　사채할인발행차금　　11,342

(4) 20×3년 12월 31일

(차) 이자비용　　43,042　　(대) 현　　금　　30,000
　　　　　　　　　　　　　　　사채할인발행차금　　13,042

(차) 사　　채　　300,000　　(대) 현　　금　　300,000

9. 상각표를 그림으로써 이자비용의 총합을 구할 수 있다. 이자비용의 총합은 유효이자의 총합과 같다.

₩11,424＋11,595＋11,781 = ₩34,800

	① 사채 기초장부금액	② 유효이자	③ 액면이자	④ 상각액	⑤ 사채 기말장부금액
20×1년	₩95,200	₩11,424	₩10,000	₩1,424	₩96,624
20×2년	96,624	11,595	10,000	1,595	98,219
20×3년	98,219	11,781	10,000	1,781	100,000
		₩34,800		₩4,800	

또는 이자비용 = 액면이자의 총합＋상각액의 총합이므로,

액면이자의 총합 : ₩100,000×10%×3년 = ₩30,000

상각액의 총합 : ₩100,000－95,200 = ₩4,800

₩30,000+4,800 = ₩34,800

10.

일자	이자비용	현금이자	사채할인발행 차금상각액	사채할인발행 차금잔액	사채의 장부가액
2009. 1. 1				₩24,018	₩475,982
2009. 12. 31	₩57,118	₩50,000	₩7,118	16,900	483,100
2010. 12. 31	57,972	50,000	7,972	8,928	491,072
2011. 12. 31	58,929	50,000	8,928	0	500,000

2010년 7월 1일 발생이자에 대한 분개

(차) 사채이자비용 28,986 (대) 미지급사채이자 25,000

사채할인발행차금 3,986

2010년 7월 1일 사채상환에 따른 손익

(차) 사채 500,000 (대) 사채할인발행차금 12,914

사채의 장부가액 487,086

사채상환손실=492,000-487,086=4,914

11. (1) (차) 장기제품보증충당부채 80,000 (대) 현금 80,0000

(2) 2x13년 말의 제품보증충당부채 설정액 = 매출액 5,000,000 x 3% = ₩150,000

(차) 제품보증비 150,000 (대) 장기제품보증충당부채 150,000

(3) 2x13년 말의 제품보증충당부채 = 기초금액 - 사용액 + 기말 설정액

= 120,000 - 80,000 +150,000

= ₩190,000

따라서 2x13년 말 재무상태표에는 장기제품보증충당부채가 ₩190,000으로 표시되고, 2x13년도의 포괄손익계산서에 계상되는 제품보증비는 ₩150,000이다.

10장 자본

1. 자본의 의의[23)]

자본이란 기업의 자산에서 부채를 차감한 후의 잔여지분을 의미한다, 자본은 소유주지분, 자기자본 또는 순자산이라고 하며, 오늘날 대부분의 기업들이 주식회사의 형태를 취하고 있으므로 자본을 주주지분이라고도 한다.

2. 자본[24)]의 분류

주식회사의 자본은 주주들과의 자본거래와 회사의 손익거래로 분류할 수 있다. 자본거래란, 증자나 감자, 주주와의 기타 거래를 의미하고 이러한 거래는 포괄손익계산서를 거치지 않고 직접 재무상태표의 자본에 반영이 된다. 한편, 손익거래는 포괄손익계산서의 당기순손익이나 기타포괄손익을 통해서 재무상태표의 자본에 영향을 미치게 된다. 〈그림 10-1〉은 손익거래가 자본에 어떻게 영향을 미치고 있는지 보여주고 있다.

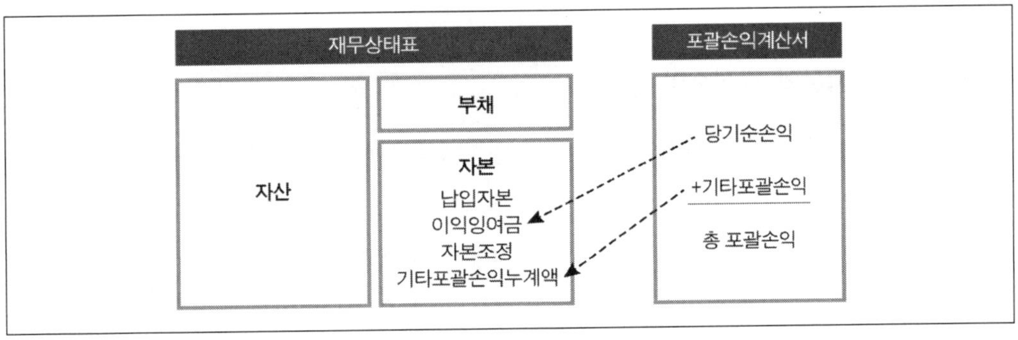

〈그림 10-1〉 손익거래로 인한 자본

K-IFRS에서는 자본의 분류에 대해 명확한 지침을 마련하고 있지 않고, 제1001호 '실무적용지침의 재무제표 예시'에서는 자본을 납입자본, 이익잉여금 및 기타자본구성요소로 구분하여 표시하고 있는데, 본서에서도 이를 따라 설명하기로 한다.

---

23) 국제회계기준에서는 자본의 회계처리와 재무제표 표시방법에 대해서 구체적으로 제시하고 있지 않다. 따라서 본 장에서는 국제회계기준의 규정을 따르되, 구체적인 회계처리나 분류 등은 기존 회계기준을 준용하여 설명한다.

24) IFRS GLOBAL 회계원리, 곽수근 · 송혁준, pp.387~410

〈표 10-1〉 자본의 분류

자본의 분류		
납입자본	자본금	• 보통주자본금 • 우선주자본금
	자본잉여금	• 주식발행초과금 • 기타자본잉여금 : 자기주식처분이익, 감자차익
이익잉여금		• 법정적립금 : 이익준비금 • 임의적립금 : 배당평균적립금, 사업확장적립금, 감채적립금 • 미처분이익잉여금(또는 미처리결손금)
기타자본	자본조정	• 자기주식 • 기타자본조정 : 주식할인발행차금, 주식매수선택권, 감자차손, 자기주식처분손실
	기타포괄손익누계액	매도가능금융자산평가손익, 해외사업장환산손익, 현금흐름위험회피파생상품평가손익

3. 납입자본

(1) 주식의 종류와 주식수의 체계

주식회사는 자기자본을 조달하기 위하여 주식을 발행하게 되는데, 주식의 종류에는 여러 가지가 있다. 보통주란, 여러 종류의 주식 중 상대적인 의미에서 표준이 되는 주식을 말한다. 보통주를 소유한 주주들은 주주총회에 참가하여 지분비율에 따라 의결권을 행사하고 배당금을 받지만, 회사의 손실에 대한 위험을 부담해야 하므로 배당이나 잔여재산 분배에 확정적인 지위를 갖지 못한다.

우선주는 보통주에 비하여 특정 사항에 대해서 우선적 지위를 갖는 주식으로써 그 우선권의 내용에 따라 이익배당우선주, 전환우선주, 상환우선주로 세분화되어진다. 우선주주는 배당이나 청산시 보통주주에 비해 우선권이 있지만 주주총회에서 제반 업무에 대한 의결권은 없는 것이 일반적이다.

주식회사 설립시 회사가 앞으로 발행할 수 있는 총주식수를 정관에 정하는데, 이를 수권주식수라고 한다. 여기서 회사가 실제로 발행한 주식수를 발행주식수라 하고 주식시장에서 거래될 수 있는 주식수를 유통주식수라고 하는데 기업이 자기가 발행한 주식을 취득하여 보유하고 있는 경우에는 그만큼 유통주식수가 줄어든다.

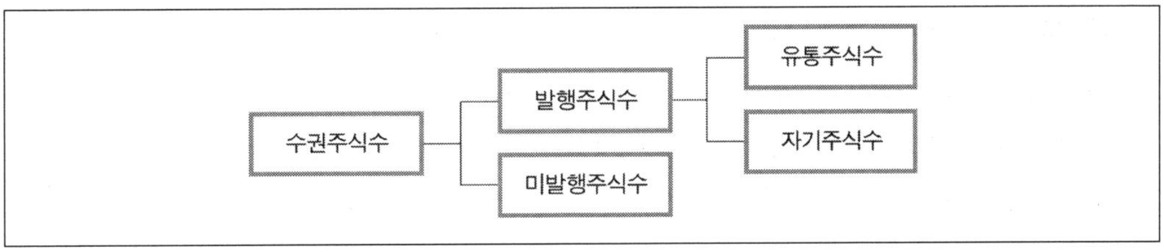

〈그림 10-2〉 주식수의 체계

(2) 납입자본

납입자본이란 주주가 실제로 납입한 자본으로 자본금과 자본잉여금을 포함한다.

- 자본금은 발행주식수의 액면금액의 합계를 나타낸다. 보통주와 우선주를 모두 발행하는 경우에는 자본금을 보통주자본금과 우선주자본금 계정으로 구분하여 표시한다.

자본금 = 발행주식수 X 주당 액면금액

- 자본잉여금은 주식발행금액이 액면금액을 초과한 부분 또는 자본거래에서 발생한 잉여금을 말한다. 자본잉여금에는 주식발행초과금, 기타자본잉여금이 있다. 주식발행초과금은 액면금액을 초과하여 주식을 발행하는 경우 주식발행금액이 액면금액을 초과하는 것을 말한다. 기타자본잉여금은 주식발행초과금을 제외한 자본잉여금에 속하는 것으로 감자차익과 자기주식처분 등이 있다. 자본잉여금은 그 사용과 처분에 있어 상법, 세법 및 기타 법규에 의해 엄격한 제한을 받고 있다.

(3) 주식의 발행

주식의 발행금액은 액면금액과 같을 수도 있고, 액면금액 보다 높거나 낮을 수도 있다. 액면발행이란 주식에 대한 주주가 납입하는 현금 혹은 현물자산의 가치가 주식의 액면금액과 동일한 경우를 말한다. 할증발행은 발행금액이 액면금액을 초과하는 경우이고, 할인발행은 발행금액이 액면금액보다 낮은 경우를 말한다. 만일 주식발행시 주식발행비(주권인쇄비, 증권사수수료, 광고비 등)가 발생할 경우 주식발행비를 차감 후 회계처리한다.

예제 10-1 주식발행

(주)열매는 20×1년 1월 1일에 액면금액 ₩5,000인 보통주 1,000주를 발행하여 회사를 설립하였다. 1주당 발행금액이 ₩5,000, ₩8,000, ₩4,000일 경우 각각에 따른 회계처리를 하고, 그 결과를 재무상태표의 자본항목에 표시하라.

풀이

① 1주당 발행금액이 ₩5,000인 경우

(차) 현금	5,000,000	(대) 자 본 금	5,000,000

② 1주당 발행금액이 ₩8,000인 경우

(차) 현금	8,000,000	(대) 자본금	5,000,000
		주식발행초과금	3,000,000*

③ 1주당 발행금액이 ₩4,000인 경우

(차) 현금	4,000,000	(대) 자 본 금	5,000,000
주식할인발행차금	1,000,000		

(4) 자본의 증가와 감소

회사의 자본금이 증가하는 것을 증자라고 하고, 반면 자본금이 감소하는 것을 감자라고 한다. 실질적으로 회사의 순자산이 증가(감소)하는 것을 실질적 증자(감자)라고 하고, 기업의 순자산이 증가(감소)하지 않고 자본금이 증가(감소)하는 경우를 형식적 증자(감소)라고 한다. 〈표10-2〉에서 자본의 증가, 감소와 관련된 거래의 예가 정리되어 있다.

〈표 10-2〉 자본의 증가와 감소

	자본의 증가		자본의 감소	
	실질적 증자	형식적 증자	실질적 감자	형식적 감자
거래의 예	주식발행	주식배당 무상증자	유상소각	무상소각

주식배당이란, 주식을 발행하여 배당을 지급하는 것을 말한다. 주식배당의 경우 이익잉여금을 처분하여 자본금으로 대체시키면서 신주를 발행하므로 현금의 유출이 발생하지 않는다. 예

를 들어 1,000주를 보유한 주주는 10%의 주식배당으로 100주의 주식을 추가로 받게 된다. 하지만 회사의 순자산에는 변동이 없으므로 주당 주식가격은 하락하게 된다. 주식배당을 회계처리할 경우 주식의 액면금액을 배당액으로 하여 자본금을 증가시키고 이익잉여금을 감소시킨다.

무상증자란, 주주들에게 무상으로 주식을 발행하는 것을 말한다. 보통자본잉여금이나 이익준비금을 자본금으로 전입하면서 주식을 발행하는데, 자본잉여금이 자본금으로 전환되는 자본의 구성만 바뀔 뿐이고 총자본, 총자산의 변화는 없다.

액면분할 또는 주식분할이란, 하나의 주식을 여러 개의 주식으로 분할하는 것을 말한다. 이는 주식의 액면금액을 줄이면서 비례적으로 발행주식수를 늘리는 것이다. 주식분할을 실시해도 자본금의 변동이 없으므로 별도의 회계처리를 할 필요가 없다. 반면, 주식병합은 여러개의 주식을 하나의 주식으로 통합하는 것을 말하는데, 주식의 액면금액을 증가시키면서 비례적으로 발행주식수를 줄이므로 자본금의 변동이 없다.

예제 10-2 형식적 증자

(주)열매는 20×1년 1월 1일에 액면금액 ₩5,000인 보통주 1,000주를 주당 ₩8,000에 발행하여 회사를 설립하였다. 20×1년 동안 ₩1,000,000의 당기순이익이 발생하였다. 20×2년 3월 15일 주주총회에서 보통주 1주당 0.1주의 주식배당을 결의하였다. 이와 관련한 회계처리를 하고, 주식배당 직전과 직후의 부분재무상태표를 작성하라.

풀이

① 회사설립시

(차) 현 금	8,000,000	(대) 자본금	5,000,000
		주식발행초과금	3,000,000

② 당기순이익을 이익잉여금으로 대체

(차) 집 합 손 익	1,000,000	(대) 이익잉여금	1,000,000

③ 주식배당시

(차) 이익잉여금	500,000	(대) 자 본 금	500,000

부분재무상태표

	주식배당 전	주식배당 후
자본금	₩5,000,000	₩5,500,000
주식발행초과금	3,000,000	3,000,000
이익잉여금	1,000,000	500,000
총자본	₩9,000,000	₩9,000,000

4. 이익잉여금

(1) 이익잉여금의 처분

이익잉여금이란, 회사의 설립부터 경영활동을 통해 창출한 과거 및 현재의 순이익의 누적액 중에서 배당이나 납입자본으로 대체된 금액을 제외하고 기업내부에 유보되어 있는 금액이다. 포괄손익계산서상의 당기순이익은 이익잉여금을 증가시키고 배당금 지급과 당기순손실은 이익잉여금을 감소시킨다.

(2) 이익잉여금의 처분

기업의 이익은 배당의 형태로 주주들에게 배분되는데, 만일 기업의 이익 모두를 배당으로 지급한다면 내부적으로 운용할 현금이 감소하게 된다. 따라서 기업들은 이익 중 일부를 배당으로 지급하고 나머지는 내부에 유보하는데, 이익의 내부유보는 상법 및 기타 법률에 의해서 강제되기도 하고 자발적으로 이루어지기도 한다. 적립금으로 처분되지 않고 남아있는 금액을 미처분이익잉여금이라고 한다.

- 법정적립금은 상법 및 기타 법률에 의해 강제되는 적립금이다. 상법은 기업의 유지와 채권자 보호를 위해 자본금의 50%에 달할 때 까지 매 결산기 현금배당액의 10% 이상을 이익준비금으로 적립하도록 하고 있다.
- 임의적립금은 회사가 자발적으로 적립한 것이다. 회사에서는 사업확장, 부채 상환 등 회사에서 필요한 목적을 달성하기 위하여 배당 등 사외유출을 제한할 필요가 있을 때 임의적립금을 적립한다. 만일 목적을 달성한 경우 주주총회 의결을 거쳐 과거 설정한 임의적립금을 배당이 가능하도록 할 수 있는데, 이를 임의적립금의 이입이라고 한다.

(3) 배당

배당이란 기업이 창출한 이익중 일부를 주주들에게 배분하는 것을 말한다. 배당은 현금 뿐 아니라 현물배당이나 주식배당도 가능하다. 기업은 기업 현재 주식을 소유하고 있는 주주들에게 배당금을 지급하게 되는데 그 기준이 되는 일자를 배당기준이라고 한다. 그리고 그 다음해 초 주주총회에서 배당이 결정된다. 따라서 배당금의 최종결정은 당기말에 이루어지는 것이 아니라 다음회계연도에 이루어지고 배당결정일 이후 일정기간이 지나고 주주에게 배당금이 지급된다. 배당금과 관련한 회계처리는 〈예제 10-3〉을 통해 살펴보도록 한다.

예제 10-3 이익잉여금의 처분과 배당

(주)열매는 20×1년 1월 1일에 액면금액 ₩5,000인 보통주 1,000주를 주당 ₩8,000에 발행하여 회사를 설립하였다. 20×1년 동안 ₩1,000,000의 당기순이익이 발생하였다. 20×2년 3월 15일 주주총회에서 주당 ₩200의 현금배당을 결의하였으며 이익준비금으로 ₩50,000을 적립하기로 하였다. 20×2년 3월 30일 현금배당이 지급되었다. 배당과 관련된 회계처리를 하고, 부분재무상태표를 작성하라.

풀이

① 20×1년 12월 31일 결산일(배당기준일)

(차) 집 합 손 익	1,000,000	(대) 미처분이익잉여금	1,000,000

② 20×2년 3월 15일 주주총회에서 배당과 이익준비금 결의(배당선언일)

(차) 미처분이익잉여금	250,000	(대) 미지급배당금	200,000
		이익준비금	50,000

③ 20×2년 3월 30일 배당지급(배당지급일)

(차) 미지급배당금	200,000	(대) 현　금	1,000,000

부분재무상태표

	20x1년12월31일	20x2년3월15일	20x2년3월30일
유동부채			
……			
미지급배당금		₩200,000	
자본			
자본금	₩5,000,000	₩5,000,000	₩5,000,000
주식발행초과금	3,000,000	3,000,000	3,000,000
이익준비금		50,000	50,000
미처분이익잉여금	1,000,000	750,000	750,000
총자본	₩9,000,000	₩8,800,000	₩8,800,000

〈그림 10-3〉은 현금배당과 관련한 거래순서와 회계처리를 보여주고 있다.

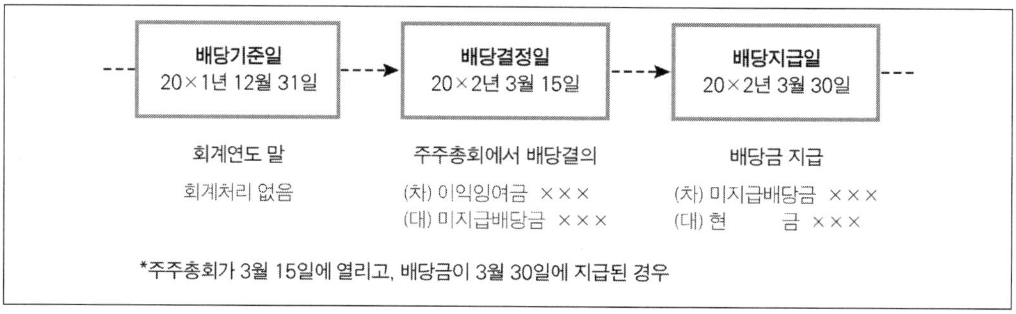

〈그림 10-3〉 현금배당의 거래순서

(4) 이익잉여금처분계산서

이익잉여금처분계산서는 회계기간 동안 이익잉역금의 처분과 이입내역을 명확히 보고하기 위한 재무보고서이다. 국제회계기준에서는 기본재무제표에 포함시키지 않고 대신 이익잉여금처분내용을 주석으로 기재하도록 하고 있다.

〈표 10-3〉 이익잉여금처분계산서 양식

제x기	20xx년x월x일부터 20xx년x월x일까지	제x기	20xx년x월x일부터 20xx년x월x일까지
처분예정일	20xx년x월x일	처분확정일	20xx년x월x일

구분	당기		전기	
미처분이익잉여금		xxx		xxx
전기이월미처분이익잉여금 (또는 전기이월미처리결손금)	xxx		xxx	
당기순이익(또는 당기순손실)	xxx		xxx	
임의적립금등의 이입액		xxx		xxx
xxx적립금	xxx		xxx	
합계		xxx		xxx
이익잉여금처분액		xxx		xxx
이익준비금	xxx		xxx	
기타법정적립금	xxx		xxx	
배당금	xxx		xxx	
사업확장적립금	xxx		xxx	
감자적립금	xxx		xxx	
차기이월미처분이익잉여금		xxx		xxx

이익잉여금처분계산서 형식을 보면 미처분이익잉여금의 기초금액부터 기말금액까지의 증가와 감소를 쉽게 파악할 수 있다.

5. 자본조정과 기타포괄손익누계액

(1) 자본조정의 성격과 종류

자본조정이란 성격상 주주와의 자본거래에 해당하나 최종 불입된 자본으로 볼 수 없거나 자본의 차감성격으로 자본금이나 자본잉여금으로 분류할 수 없는 항목들이다. 예를 들면, 자기주식, 주식할인발행차금, 주식매수선택권, 감가차손, 자기주식처분손실 등이 있다.

(2) 자기주식

자기주식이란 회사가 이미 발행한 주식 중 일부를 추후에 재발행하거나 소각할 목적으로 재

취득한 주식을 말한다. 상법에서는 법정자본금을 유지하여 채권자를 보호하기 위해서 원칙적으로 자기주식의 취득을 금지하고 있다. 그러나 주식의 소각, 합병 또는 영업 전부의 양수, 회사의 권리실행에 필요한 경우에 한해서 예외적으로 자기주식의 취득이 허용된다. 자기주식은 의결권이 없으며 배당금을 받지 못한다. 자기주식의 취득은 그 성격상 주주에게 납입자본을 환급한 것이므로 자본거래에 해당한다.

▌재발행

자기주식을 재발행하는 경우 재발행금액이 취득원가를 초과할 때는 초과금액을 자기주식처분이익 계정의 대변에 기록한다. 반면에 재발행금액이 취득원가보다 낮은 경우 차액을 우선적으로 자기주식처분이익과 상계하고, 잔여분을 자기주식처분손실계정의 차변에 기록한다.

▌소각

취득한 자기주식을 소각할 때에는 자기주식의 취득원가와 액면금액을 비교하여 취득원가가 액면금액보다 낮은 경우에는 차액을 감자차익계정의 대변에 기록하고, 취득원가가 액면금액보다 높은 경우에는 차액을 감자차손계정의 차변에 기록한다. 이 때 감자차익 잔액이 있는 경우에는 감자차익에서 우선적으로 차감한다. 이때 소각하는 주식의 액면금액만큼 자본금이 감소한다.

자기주식을 재발행하거나 소각할 때 이익이 발생하면 자본잉여금으로 분류하고, 손실이 발생하면 자본조정으로 분류하는 것을 유의해야한다. 자본조정에 분류된 자기주식처분손실이나 감자차손은 추후 이익잉여금 처분으로 처리하게 된다.

예제 10-4 자기주식

(주)열매는 20×1년 1월 1일에 액면금액 ₩5,000인 보통주 1,000주를 주당 ₩8,000에 발행하여 회사를 설립하였다. 20×1년 1월 10일 자기주식 30주를 주당 ₩6,000에 취득하였다. 10주는 20×1년 1월 12일 주당 ₩6,500에 재발행하였으며, 10주는 20×1년 1월 14일 주당 ₩5,000에 재발행하였다. 나머지 10주는 20×1년 1월 15일에 소각하였다. 자기주식 관련 회계처리를 하고, 분개한 날짜별로 각각 부분재무상태표를 작성하라.

풀이

① 20×1년 1월 10일 : 자기주식 취득

(차) 자기주식 180,000 (대) 현금 180,000

② 20×1년 1월 12일 : 자기주식 10주를 주당 ₩6,500에 재발행

(차) 현금	65,000	(대) 자기주식	60,000
		자기주식처분이익	5,000

③ 20×1년 1월 14일 : 자기주식 10주를 주당 ₩5,000에 재발행

(차) 현금	50,000	(대) 자기주식	60,000
자기주식처분이익	5,000		
자기주식처분손실	5,000		

④ 20×1년 1월 15일 : 자기주식 10주를 소각

(차) 자본금	50,000	(대) 자기주식	60,000
감자차손	10,000		

부분재무상태표

	20x1년1월10일	20x1년1월12일	20x1년1월14일	20x1년1월15일
자본				
자본금	₩5,000,000	₩5,000,000	₩5,000,000	₩5,000,000
주식발행초과금	3,000,000	3,000,000	3,000,000	3,000,000
자기주식처분이익		5,000		
자기주식	(180,000)	(120,000)	(60,000)	
자기주식처분손실			(5,000)	(5,000)
감자차손				(10,000)
	₩7,820,000	₩7,885,000	₩7,935,000	₩7,985,000

(3) 기타포괄손익누계액

포괄손익이란, 일정기간동안 소유주와의 거래를 제외한 모든 거래나 사건의 결과 인식된 자본의 변동을 말한다. 기타포괄손익이란 손익거래를 통해 자본의 변동을 가져오지만 당기순손익에는 반영되지 않는 항목을 말한다. 기타포괄손익은 매년 증감액이 발생하므로 재무상태표에 표시되는 금액은 기타포괄손익누계액이며, 매년 증감액은 포괄손익계산서에 표시된다. 기타포괄손익누계액 항목의 예로는 매도가능금융자산평가손익, 현금흐름위험회피파생상품평가손익, 해외사업장환산손익, 재평가잉여금, 지분법자본변동 등이 있다.

익힘문제

1. 주식발행을 통해 주주가 납입한 금액은 재무상태표에 어떻게 표시되는가?

2. 임의적립금은 주주배당에 사용할 수 있는가?

3. 주식배당을 한 후에도 자본 총액이 변화하지 않는 이유가 무엇인가?

4. 액면분할을 하여 발행주식수가 증가하면 자본금도 증가하는가?

연습문제

1. **자본분류**

다음 자본항목들을 납입자본, 이익잉여금, 기타자본요소로 분류하시오.

① 주식발행할인차금	Ⓐ 납입자본
② 감자차손	
③ 매도가능금융자산평가손익	
④ 주식발행초과금	Ⓑ 이익잉여금
⑤ 배당평균적립금	
⑥ 이익준비금	
⑦ 감자차익	Ⓒ 기타자본요소

2. **보통주 발해의 회계처리**

(주)열매는 사업 첫해에 다음과 같은 주식거래가 있었다. 보통주의 액면가액은 ₩5,000이다.

2월 1일 300주의 주식을 주당 ₩6,500에 발행하고 현금으로 납입을 받다.
7월 1일 200주의 주식을 주당 ₩7,000에 발행하고 현금으로 납입을 받다.

1) 위의 거래를 분개하시오.
2) 회계기말 (1) 보통주자본금과 (2) 주식발행초과금을 각각 구하시오.

3. **이익잉여금의 구성**

(주)열매의 자본구성은 다음과 같다.

보통주자본금	₩280,000	주식발행초과금	₩120,000
이익준비금	90,000	미처분이익잉여금	?

(주)열매의 총자산이 ₩1,000,000이고 총부채가 ₩390,000일 때 미처분이익잉여금은 얼마인가?

4. 자기주식

20×4년초 (주)열매의 재무상태표에 나타난 자본계정이다.

납입자본금(액면금액 ₩5,000)	₩3,500,000
주식발행초과금	1,400,000
감자차익	280,000
자기주식처분이익	360,000
미처분이익잉여금	1,200,000

다음은 일련의 자본거래이다.

20×4년 3월 8일 자기주식 200주를 주당 ₩6,000에 취득하였다.

20×4년 4월 9일 자기주식 50주를 소각하였다.

20×4년 8월 28일 자기주식 100주를 주당 ₩6,500에 처분하였다.

20×4년 (주)열매의 당기순이익은 ₩700,000이다.

다음 중 20×1년말 재무상태표에 표시될 자기주식과 자본총계는 얼마인가?

5. 발행주식수

다음의 자료는 (주)열매의 재무상태표상의 자본계정을 나타낸 것이다.

보통주자본금(액면금액 ₩5,000)	₩10,000,000
우선주자본금(액면금액 ₩6,000)	3,000,000
주식발행초과금	4,500,000
자기주식(보통주 100주)	500,000
이익잉여금	1,700,000

(1) 보통주와 우선주의 발행주식수는 각각 몇 주인가?

(2) 보통주의 기말 현재 유통주식수는 몇 주인가?

(3) 주식발행 당시 납입총액은 얼마인가?

(4) 현재 자본총액은 얼마인가?

6. 부문재무상태표

(주)열매의 부분재무상태표는 다음과 같다.

부분재무상태표

(주)열매 20×4년 1월 1일

자 산	부 채	
	자 본	
	자본금	
	보통주자본금(액면금액 ₩5,000)	₩8,000,000
	보통주 주식발행초과금	3,200,000
	이익잉여금	
	이익준비금	1,700,000
	미처분이익잉여금	3,000,000

20×4년 3월 1일 주주총회에서 미처분이익잉여금 중 현금배당 ₩1,000,000을 실시하고, 이익준비금으로 ₩500,000을 적립하고 나머지는 차기로 이월하기로 결정하였다.

20×4년 당기순이익은 ₩700,000이다.

20×5년 3월 3일 주주총회에서 미처분이익잉여금 중 현금배당을 ₩300,000 실시하고 이익준비금으로 ₩200,000을 적립하고 나머지는 차기로 이월하기로 결정하였다.

20×5년 당기순이익은 ₩1,350,000이다.

(1) 20×5년말의 미처분이익잉여금과 이익준비금은 얼마인가?

(2) 20×5년말의 재무상태표의 자본부분을 완성하시오.

연습문제 해답

1. Ⓐ 납입자본 : ④ 주식발행초과금, ⑦ 감자차익

Ⓑ 이익잉여금 : ⑤ 배당평균적립금, ⑥ 이익준비금

Ⓒ 기타자본요소 : ① 주식발행할인차금, ② 감자차손, ③ 매도가능금융자산평가손익

2. 1) 2월 1일 현금 1,950,000

2월 1일	현금	1,950,000		
			보통주자본금	1,500,000
			주식발행초과금	450,000
7월 1일	현금	1,400,000		
			보통주자본금	1,000,000
			주식발행초과금	400,000

2) (1) 보통주자본금 : ₩1,500,000+₩1,000,000 = ₩2,500,000

(2) 주식발행초과금: ₩450,000+₩400,000 = ₩850,000

3. 자기자본 = 총자산 − 총부채 = ₩1,000,000 − 390,000 = ₩610,000

미처분이익잉여금 = 자기자본 − 보통주자본금 − 주식발행초과금 − 이익준비금

= ₩120,000

4. 20×1년 3월 8일

(차) 자기주식	1,200,000	(대) 현　금	1,200,000

20×1년 4월 9일

(차) 자 본 금	250,000*	(대) 자기주식	300,000**
		감자차손	50,000

* 500주×₩5,000 = ₩250,000

** 500주×₩6,000 = ₩300,000

20×1년 8월 28일

(차) 현　금	650,000*	(대) 자기주식	600,000**
		자기주식처분이익	50,000

* 100주×₩6,500 = ₩650,000

** 100주×₩6,000 = ₩600,000

	자본금	주식발행 초과금	감자차익	자기주식 처분이익	미처분 이익잉여금	자기주식	총 계
20×1년 1월 1일	₩3,500,000	₩1,400,000	₩280,000	₩360,000	₩1,200,000		₩6,740,000
20×1년 3월 8일						(₩1,200,000)	(1,200,000)
20×1년 4월 9일	(250,000)		(50,000)			300,000	0
20×1년 8월 28일				50,000		600,000	650,000
당기순이익					700,000		700,000
총 계	₩3,250,000	₩1,400,000	₩230,000	₩410,000	₩1,900,000	(₩300,000)	₩6,890,000

5. (1) 보통주 : ₩10,000,000÷5,000 = 2,000주

우선주 : ₩3,000,000÷6,000 = 500주

(2) 유통주식수 = 발행주식수－자기주식

= 2,000－100 = 1,900주

(3) 납입총액 = 보통주자본금＋우선주자본금＋주식발행초과금

= ₩10,000,000＋3,000,000＋4,500,000 = ₩17,500,000

(4) 자본총액 = 납입자본금총액＋이익잉여금－자기주식

= ₩17,500,000＋1,700,000－500,000 = ₩18,700,000

6. (1) 미처분이익잉여금 = ₩3,000,000(기초이익잉여금)－1,000,000(현금배당)

－500,000(이익준비금 적립)＋700,000(당기순이익)

－300,000(현금배당)－200,000(이익준비금 적립)

＋1,350,000(당기순이익)

= ₩3,050,000

이익준비금 = ₩1,700,000＋500,000＋200,000 = ₩2,400,000

(2)

부분재무상태표

(주)열매 20×5년 12월 31일

자 산	부 채	
	자 본	
	자 본 금	
	보통주자본금(액면금액 ₩5,000)	₩8,000,000
	보통주 주식발행초과금	3,200,000
	이익잉여금	
	이익준비금	2,400,000
	미처분이익잉여금	3,050,000

11장 기타 금융자산: 지분투자와 채권투자

1. 금융자산의 의의 및 분류

(1) 금융자산의 의의

금융상품(financial instruments)이란 거래당사자 일방에게 금융자산을 발생시키고 동시에 다른 거래 상대방에게 금융부채나 지분상품을 발생시키는 모든 계약을 말한다. K-IFRS에서는 금융자산[25)]의 범주를 다음과 같이 분류하고 있다.

① 현금

② 다른 기업의 지분상품 : 기업의 자산에서 부채를 차감한 후의 잔여지분을 나타내는 모든 계약

③ 다음 중 하나에 해당하는 계약상 권리

㉠ 거래상대방에게서 현금 등 금융자산을 수취할 계약상 권리

㉡ 잠재적으로 유리한 조건으로 거래상대방과 금융자산이나 금융부채를 교환하기로 한 계약상 권리

④ 기업 자신의 지분상품으로 결제되거나 결제될 수 있는 다음 중 하나의 계약

㉠ 수취할 자기지분상품의 수량이 변동가능한 비파생상품

㉡ 확정수량의 자기지분상품에 대하여 확정 금액의 현금 등 금융자산을 교환하여 결제하는 방법이 아닌 방법으로 결제되거나 결제될 수 있는 파생상품

(2) 금융자산의 분류

K-IFRS에서는 금융자산을 다음과 같이 분류하도록 규정하고 있다.[26)]

① 공정가치측정 금융자산

공정가치(fair value)로 가치변동을 인식하는 금융자산을 총칭하며, 구체적인 분류는 다음과 같다.

---

25) 금융자산 중 ①은 제6장에서 이미 다루었으며, ③과 ④는 거래상대방에게 금융부채를 발생시키는데 이에 대해서는 제9장 '금융부채'를 참조하기 바란다.

26) K-IFRS의 금융상품과 관련된 내용은 제1039호 '금융상품 : 인식과 측정'과 제1109호 '금융상품'에서 규정하고 있다. 제 1109호는 제 1039호를 점진적으로 개선하기 위하여 제정된 기준서이며 2013년 1월 1일 이후 이후 개시하는 보고기간부터는 의무적으로 적용해야한다. 따라서 본서는 제1109호를 중심으로 설명하였음을 부언해둔다.

• 당기손익인식금융자산 : 단기매매목적으로 보유하는 금융자산(주로 주식이나 사채)으로서 공정가치변동을 당기손익으로 인식하는 금융자산

• 기타포괄손익인식금융자산 : 장기보유 목적의 지분상품(주식)으로서, 단기매매항목이 아니며, 공정가치변동을 기타포괄손익으로 인식하는 금융자산

② 상각후원가측정 금융자산

계약상 특정시점의 현금흐름을 수취하기 위한 목적으로 보유하며, 계약조건이 원금과 이자에 대한 현금흐름으로만 제한된 금융자산을 말한다. 구체적인 예로는 만기보유목적의 채무상품(국공채, 회사채 등), 매출채권 등이 있다.

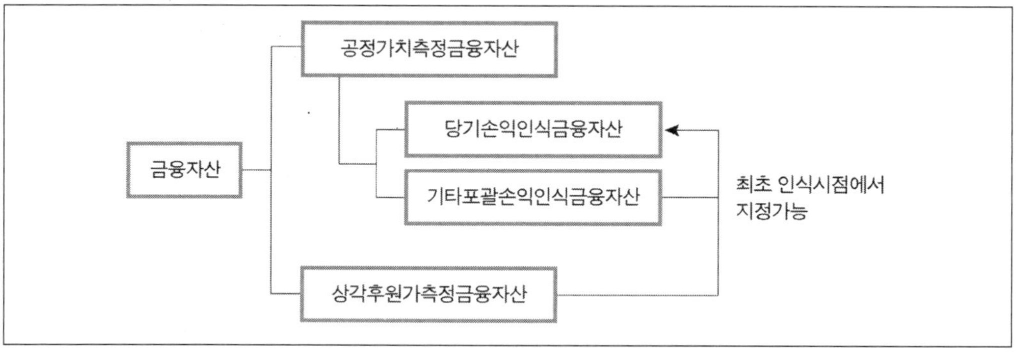

〈그림 11-1〉 금융자산의 분류

2. 공정가치측정금융자산(1) : 당기손익인식금융자산

공정가치측정금융자산은 보유목적이 계약상 현금흐름을 수취하는 것이 아닌 금융자산을 말하며, 공정가치변동액의 회계처리방법에 따라 당기손익인식금융자산과 기타포괄손익인식금융자산으로 분류된다. 본 절에서는 당기손익인식 금융자산에 대해 살펴보고, 기타포괄손익인식금융자산은 절을 달리하여 살펴보기로 한다.

(1) 당기손익인식금융자산의 최초 인식과 측정

당기손익인식금융자산은 금융상품의 계약당사자가 될 때 재무상태표에 인식하며, 최초 인식시점의 공정가치로 측정한다. 여기서 공정가치란, 합리적인 판단력과 거래의사가 있는 독립

된 당사자 사이의 거래에서 자산이 교환되거나 부채가 결제될 수 있는 금액을 말한다[27].

이 때 취득과 직접 관련된 거래원가(중개수수료, 규제기관과 증권거래소의 부과금 및 세금 등)는 발생 즉시 당기비용으로 처리한다. 최초 인식시점의 공정가치는 일반적으로 제공한 대가의 공정가치와 동일한 금액이다.

예제 11-1 당기손익인식금융자산의 최초 인식과 측정

20X4년 8월에 금융자산(당기손익인식금융자산으로 분류)을 ₩1,000에 매입하고 중개수수료 ₩50을 지급하였다.

물음] 금융자산의 취득시 회계처리를 하시오. 단, 취득에 직접 관련된 거래원가를 비용으로 처리한다.

풀이

(차) 당기손익인식금융자산	1,000	(대) 현금	1,050
수수료비용	50		

(2) 당기손익인식금융자산의 후속측정

1) 기말평가

당기손익인식금융자산은 보고기간 말의 공정가치로 평가하고, 공정가치변동분은 당기손익인식금융자산평가손익의 과목으로 당기손익에 반영한다. 금융자산의 보고기간말 공정가치는 매도 등에서 발생할 수 있는 거래원가를 차감하지 않은 금액을 말한다.

〈당기손익인식금융자산의 공정가치 상승시〉
(차) 당기손익인식금융자산 xxx (대) 당기손익인식금융자산평가이익 xxx

〈당기손익인식금융자산의 공정가치 하락시〉
(차) 당기손익인식금융자산평가손실 xxx (대) 당기손익인식금융자산 xxx

예제 11-2 당기손익인식금융자산의 기말평가

(1) (주)열매는 20x4년 3월 1일에 단기투자목적으로 A사 주식을 구입하였다. 주식의 취득원가는 ₩750,000이었고 20X4년 12월 31일 공정가치는 ₩600,000이었다.

27) 보통 공정가치는 해당 거래의 거래가격이지만 공정가치와 거래가격이 반드시 일치하는 것은 아니다.

물음 1] 금융상품이 당기손익인식금융자산일 경우 기말평가에 관한 회계처리를 하시오.

물음 2] 만일 〈물음 1〉에서 A주식의 20X4년 말 공정가치가 ₩800,000일 경우 기말평가에 관한 회계처리를 하시오.

풀이

1. 20X4년 말 공정가치가 ₩600,000인 경우

(차) 당기손익인식금융자산평가손실 (당기손실)	150,000	(대) 당기손익인식금융자산	150,000

2. 20X4년 말 공정가치가 ₩800,000인 경우

(차) 당기손익인식금융자산	50,000	(대) 당기손익인식금융자산평가이익 (당기이익)	50,000

2) 처분

기업은 당기손익인식금융자산을 보유함에 따라 배당금수익을 얻을 수 있는데, 기간 중에 배당금을 수령하는 경우에는 수익 계정인 배당금수익 계정의 대변에 기록한다.

한편, 상황에 따라서는 기업은 당기손익인식금융자산을 처분함으로써 이익을 창출할 수 있으며, 처분금액과 장부금액과의 차액은 당기손익인식금융자산처분손익의 과목으로 하여 당기손익으로 인식한다. 이 경우 장부금액은 당기에 취득한 경우에는 취득원가를, 전기 이전에 취득한 경우에는 전기말 공정가치를 말한다. 이 때 당기손익인식금융자산의 처분과 직접 관련하여 발생하는 거래원가는 처분금액에서 차감한다.

> 당기손익인식금융자산처분이익 = 금융자산 처분금액(거래원가 차감후)
> - 금융자산의 장부금액*
>
> * 당기에 취득한 경우 취득원가, 전기 이전에 취득한 경우 전기말 공정가치

예제 11-3 당기손익인식금융자산

(주)열매는 20X4년 12월 20일에 A사 주식을 현금으로 취득하고, 당기손익인식금융자산으로 분류하였으며, 구입과 관련된 거래수수료 ₩50,000을 현금으로 지급하였다. (주)열매는 20X5년 2월 20일 동 주식을 처분하고, 거래원가 ₩10,000원을 차감한 금액을 수령하였다.

구분	취득원가 (20X4년 12월20일)	공정가치 (20X4년 12월 31일)	처분가격 (20X5년 2월 20일)
A사 주식	₩5,000,000	₩5,600,000	₩5,500,000

물음] (주)열매가 해야 할 당기손익인식금융자산과 관련된 일자별 회계처리를 하시오.

풀이

① 20X4년 12월20일 취득시

(차) 당기손익인식금융자산	5,000,000	(대) 현금	5,050,000
수수료비용	50,000		

② 20X4년 12월31일 평가

(차) 당기손익인식금융자산	600,000	(대) 당기손익인식금융자산평가이익	600,000

③ 20X5년 2월 20일 처분

(차) 현금	5,490,000*	(대) 당기손익인식금융자산	5,600,000
당기손익인식금융자산처분손실	110,000		

* 처분금액 = 5,500,000 - 10,000 = 5,490,000

〈표 11-1〉 당기손익인식금융자산의 회계처리방법 요약

구분	내용
취득시	취득시점의 공정가치를 취득원가로 기록(취득시 거래원가는 당기비용으로 처리) (차) 당기손익인식금융자산 XXX (대) 현금 XXX
결산시	① 장부금액 〈 공정가치 (차) 당기손익인식금융자산 XXX (대)당기손익인식금융자산평가이익 XXX ② 장부금액 〉 공정가치 (차) 당기손익인식금융자산평가손실 XXX (대)당기손익인식금융자산 XXX
배당금 수령	(차) 현금 XXX (대) 배당금수익 XXX
처분시	처분금액과 장부금액의 차이를 처분손익으로 처리 (처분금액〉장부금액) (차) 현금 XXX (대) 당기손익인식금융자산 XXX 당기손익인식금융자산처분이익 XXX

3. 공정가치측정금융자산(2) : 기타포괄손익인식금융자산

(1) 기타포괄손익인식금융자산의 최초 인식과 측정

기타포괄손익인식금융자산은 금융상품의 계약당사자가 되는 때에 재무상태표에 인식하며 최초인식시 공정가치로 측정한다. 이 때 기타포괄손익인식금융자산의 취득과정에서 직접 관련된 거래원가는 최초 인식하는 공정가치에 가산하여 측정한다. 이는 취득에 관련된 거래원가를 당기 비용으로 인식하는 당기손익인식금융자산과 차이가 있다.

(2) 기타포괄손익인식금융자산의 후속측정

1) 기말평가

기타포괄손익인식금융자산은 최초 인식 후 매 보고기간 말에 공정가치로 측정하며, 평가손익은 기타포괄손익으로 처리하여 기타포괄손익누계액(자본항목)으로 계상한다. 이 때 유의할 점은, 기타포괄손익인식금융자산을 공정가치로 후속측정할 경우 평가 전 기타포괄손익인식금융자산평가손익 잔액을 고려하여 회계처리 해야 한다. 예를 들어, 기타포괄손익인식금융자산평가이익(손실)이 발생한 경우 장부상 평가 전 기타포괄손익인식금융자산평가손실(이익)과 먼저 상계한 후 잔액을 기타포괄손익인식금융자산평가이익(손실)으로 계상한다. 공정가치와 관련된 내용은 당기손인인식금융자산에서 살펴본 내용과 동일하다.

예제 11-4 기타포괄손익인식금융자산의 기말평가

(주)열매는 20x4년 1월 1일에 A사 주식을 ₩1,000에 취득하여 기타포괄손익인식금융자산으로 분류하고 있으며, 결산일은 매년 12월 31일이다. 각 연도말 A사 주식의 공정가치는 다음과 같다.

20X1년 말	:₩1,200	20X2년 말	:₩1,300	20x4년 말	:₩1,100
20X4년 말	: 800	20X5년 말	: 1,400	20X6년 말	: 1,000

물음] (주)열매는 A사 주식과 관련하여 각 연도말에 행할 회계처리를 하시오.

풀이

일자	회계처리
20X1년 초	(차) 기타포괄손익인식금융자산 1,000 (대) 현금 1,000 재무상태표 잔액 : 〈자산〉 기타포괄손익인식금융자산 1,200 / 〈자본〉
20X1년 말	(차) 기타포괄손익인식금융자산 200 (대) 기타포괄손익인식금융자산평가이익 200 재무상태표 잔액 : 〈자산〉 기타포괄손익인식금융자산 1,200 / 〈자본〉 기타포괄손익인식금융자산평가이익 200
20X2년 말	(차) 기타포괄손익인식금융자산 100 (대) 기타포괄손익인식금융자산평가이익 100 재무상태표 잔액 : 〈자산〉 기타포괄손익인식금융자산 1,300 / 〈자본〉 기타포괄손익인식금융자산평가이익 300
20x4년 말	(차) 기타포괄손익인식금융자산평가이익 200 (대) 기타포괄손익인식금융자산 200 재무상태표 잔액 : 〈자산〉 기타포괄손익인식금융자산 1,100 / 〈자본〉 기타포괄손익인식금융자산평가이익 100
20X4년 말	(차) 기타포괄손익인식금융자산평가이익 100 (대) 기타포괄손익인식금융자산 300 기타포괄손익인식금융자산평가손실 200 재무상태표 잔액 : 〈자산〉 기타포괄손익인식금융자산 800 / 〈자본〉 기타포괄손익인식금융자산평가손실 200
20X5년 말	(차) 기타포괄손익인식금융자산 600 (대) 기타포괄손익인식금융자산평가손실 200 기타포괄손익인식금융자산평가이익 400 재무상태표 잔액 : 〈자산〉 기타포괄손익인식금융자산 1,400 / 〈자본〉 기타포괄손익인식금융자산평가이익 400
20X6년 말	(차) 기타포괄손익인식금융자산평가이익 400 (대) 기타포괄손익인식금융자산 1,000 재무상태표 잔액 : 〈자산〉 기타포괄손익인식금융자산 1,000 / 〈자본〉

2) 처분

기타포괄손익인식금융자산을 처분할 경우, 일단 처분시점의 공정가치로 재측정하여 기타포괄손익인식금융자산평가손익을 자본항목으로 추가로 인식한 후, 처분손익을 인식한다. 이 때 처분금액은 처분시점의 공정가치(매각대금)에서 처분관련 거래원가를 차감한 금액이 된다. 기타포괄손익인식금융자산에서 발생한 배당금은 지급액을 받을 권리가 확정되는 시점[28]에 당기이익으로 인식한다.

예제 11-5 기타포괄손익인식금융자산(지분투자) 후속측정(1)

(주)열매는 20X4년 12월 20일 B사 주식을 취득하고 현금을 지급하였고, 이 주식을 기타포괄손익인식금융자산으로 분류하였다. (주)열매는 B사 주식을 20X6년 1월 1일에 처분하였고,(주)열매의 결산일은 매년 12월 31일이다.

구분	취득원가 (20X4년 12월 20일)	공정가치 (20X4년 12월 31일)	공정가치 (20X5년 12월 31일)	처분가격 (20X6년 1월 1일)
B사 주식	₩5,000,000	₩5,600,000	₩5,300,000	₩5,300,000

물음] K-IFRS에 따라 일련의 회계처리를 하시오.

풀이

20X4년 12월 20일 :

(차) 기타포괄손익인식금융자산 5,000,000 (대) 현금 5,000,000

20X4년 12월 31일 :

(차) 기타포괄손익인식금융자산 600,000 (대) 기타포괄손익인식금융자산평가이익 600,000

20X5년 12월 31일 :

(차) 기타포괄손익인식금융자산평가이익 300,000 (대) 기타포괄손익인식금융자산 300,000

20X6년 1월 1일 :

(차) 현금 5,300,000 (대) 기타포괄손익인식금융자산 5,300,000

기타포괄손익인식금융자산평가이익 300,000 기타포괄손익인식금융자산처분이익300,000

28) 일반적으로 배당결의 시점이 수익인식시점이 된다.

예제 11-6 기타포괄손익인식금융자산의 후속측정(2)

(주)열매는 20X4년 12월 20일에 B사 주식 100주를 현금으로 취득하고, 기타포괄손익인식금융자산으로 분류하였다. (주)열매의 결산일은 매년 12월 31일이다.

	취득원가	공정가치
B사 보통주(액면₩50, 100주) :	₩6,000	₩5,000

20X5년 12월 4일 B사 주식 전부를 ₩4,800(공정가치)에 매도하였으며, 관련 수수료는 ₩100이었다.

물음] K-IFRS에 따라 일련의 회계처리를 하시오.

풀이

20X4년 12월 31일 :

(차) 기타포괄손익인식금융자산평가손실 1,000* (대) 기타포괄손익인식금융자산 1,000

*공정가치 ₩5,000-장부금액 ₩6,000 = 평가손실 ₩1,000

20X5년 12월 4일 :

(차) 기타포괄손익인식금융자산평가손실 200* (대) 기타포괄손익인식금융자산 200

*공정가치 ₩4,800-장부금액 ₩5,000 = 평가손실 ₩200

(차) 현금 4,700* (대) 기타포괄손익인식금융자산 4,800

기타포괄손익인식금융자산처분손실 100

*처분금액 : ₩4,800-₩100=₩4,700

〈표 11-2〉 기타포괄손익인식금융자산의 회계처리방법 요약

구분	내용
취득시	취득시점의 공정가치를 취득원가로 기록(취득시 거래원가는 공정가치에 가산) (차) 당기손익인식금융자산 XXX (대) 현금 XXX
결산시	① 장부금액 〈 공정가치 (차)기타포괄손익인식금융자산 XX (대)기타포괄손익인식금융자산평가이익 XX ② 장부금액 〉 공정가치 (차)기타포괄손익인식금융자산평가손실 XX (대)기타포괄손익인식금융자산 XX
배당금 수령	(차) 현금 XXX (대) 배당금수익 XXX
처분시	처분금액과 장부금액의 차이를 처분손익으로 처리 (처분금액〉장부금액) (기타포괄손익인식금융자산평가손익을 고려) (차) 현금 XXX 기타포괄손익인식금융자산평가이익 XXX (대) 기타포괄손익인식금융자산 XXX 기타포괄손익인식금융자산처분이익 XXX

4. 상각후원가측정금융자산

(1) 상각후원가측정금융자산의 최초 인식과 측정

상각후원가측정금융자산은 금융상품의 계약당사자가 되는 때에 재무상태표에 인식하며 최초 인식시 공정가치로 측정한다. 특정시점의 만기보유금융자산의 공정가치는 특정시점 이후에 발생하는 미래현금흐름을 특정시점의 유효이자율로 할인한 현재가치로 결정된다. 한편, 상각후원가측정금융자산의 취득에 직접 관련된 거래원가(중개수수료, 규제기관과 증권거래소의 부과금 및 세금 등)는 최초 인식하는 공정가치에 가산(취득원가에 가산)하여 측정한다.

(2) 상각후원가측정금융자산의 후속 측정

상각후원가측정금융자산은 유효이자율법을 적용하여 상각후원가로 측정한다. 상각후원가란 채권의 취득금액에서 상환된 원금을 차감하고, 취득금액과 만기금액의 차액에 유효이자율법을 적용하여 계산된 상각액을 가감한 금액이다. 유효이자율법에 대해서는 제9장에서 살펴본 바와 같다. 상각후원가측정금융자산은 매도를 통한 현금흐름을 실현할 목적이 아니고, 계약상 현금흐름을 수취하기 위한 목적으로 보유하는 자산이므로 공정가치로 평가하지 않는다.

제9장에서 사채발행자의 입장에서 회계처리 할 경우 사채할인발행차금 또는 사채할증발행차금의 별도 계정을 사용하였지만, 투자자의 입장에서 채권에 대해 유효이자율법을 적용할 경우에는 별도의 계정을 사용하지 않고 상각후원가측정금융자산의 장부금액을 직접 조정한다.

한편, 상각후원가측정금융자산 중 정기예금이나 정기적금 등과 같은 금융기관이 취급하는 금융상품과 단기수취채권은 상각후원가와 최초 측정금액의 차이가 중요하지 않으므로 최초 측정금액으로 측정한다.

예제 11-7 상각후원가측정금융자산의 후속측정

(주)열매는 20X4년 1월 1일 A사가 20X4년 1월 1일 발행한 사채(액면 ₩1,000,00, 만기 20X7년말, 표시이자율 8%, 이자는 매년말 지급)를 계약상 현금흐름수취 목적으로 ₩936,600에 취득하였다. 취득시 이 사채의 유효이자율은 10%이었으며, (주)열매의 결산일은 매년말이다.

물음] 채무상품이 상각후원가측정금융자산으로 분류될 경우, 일자별 회계처리를 나타내시오.

풀이

1. 유효이자율법에 의한 상각표

일자	유효이자	표시이자	상각액	장부금액
20X4년 초				₩936,600*
20X4년 말	₩93,660	₩80,000	₩13,660	950,260
20X5년 말	95,026	80,000	15,026	965,286
20X6년 말	96,529	80,000	16,529	981,815
20X7년 말	98,185	80,000	18,185	1,000,000
계	₩383,400	₩320,000	₩63,400	

* ₩1,000,000X 0.68301(4년, 10%현가) + ₩80,000X 3.16987(4년, 10% 연금현가)

2. 회계처리

20X4년 1월 1일 :	(차) 상각후원가측정금융자산	936,600	(대) 현금	936,600
20X4년 12월 31일 :	(차) 현금	80,000	(대) 이자수익	93,600
	상각후원가측정금융자산	13,660		
20X5년 12월 31일 :	(차) 현금	80,000	(대) 이자수익	95,026
	상각후원가측정금융자산	15,026		
20X6년 12월 31일 :	(차) 현금	80,000	(대) 이자수익	96,529
	상각후원가측정금융자산 16,529			
20X7년 12월 31일 :	(차) 현금	80,000	(대) 이자수익	98,185
	상각후원가측정금융자산	18,285		
	(차) 현금	1,000,000		
			(대) 상각후원가측정금융자산	1,000,000

익힘문제

1. 금융자산이란 어떠한 자산인지 설명하라.

2. 당기손익인식금융자산은 회계기말에 어떻게 평가하는지 설명하라.

3. 당기손익인식금융자산을 처분하였을 때 처분손익은 어떻게 계산하는지 설명하라.

4. 기타포괄손익인식금융자산으로 분류된 투자주식의 기말 평가방법을 설명하라.

5. 기타포괄손익인식금융자산의 평가손익은 재무제표에 어떻게 표시하는지 설명하라.

6. 상각후원가측정금융자산을 취득하였을 때 유효이자율을 어떻게 계산하는지 설명하라.

연습문제

1. 당기손익인식금융자산

(주)열매는 20X4년 12월 31일 다음과 같은 당기손익인식금융자산의 포트폴리오를 가지고 있다. (주)열매의 결산일은 매년 12월 31일이다.

	취득원가	1주당 공정가치
A사 보통주	₩34,400	₩32
B사 보통주	150,000	28
계	₩184,400	

(1) 당기손익인식금융자산은 전부 20X4년에 매입한 것이며, 20X5년 중 당기손익인식금융자산의 거래는 다음과 같다.

3월 1일 : A사로부터 주당 ₩4의 배당금을 지급받았다.

3월 9일 : B사로부터 주당 ₩3의 배당금을 지급받았다.

4월20일 : A사의 주식 500주를 주당 ₩38에 매입하였으며, 매입수수료는 ₩100이었다.

9월 5일 : B사의 보통주 전부를 주당 ₩27에 매각하였으며, 그와 관련된 수수료는 ₩400이었다.

10월28일 : A사의 보통주 800주를 주당 ₩37에 매각하였으며(이동평균법 적용), 그와 관련된 수수료는 ₩600이었다.

(2) 20X5년 12월 31일 A사 주식의 주당 공정가치는 ₩30이다.

[물음]

(주)열매가 20X4년말과 20X5년에 당기손익인식금융자산과 관련하여 행할 회계처리를 나타내시오.

2. 기타포괄손익인식금융자산

(주)열매는 20x4년 12월 31일 다음과 같은 시장성이 있는 투자주식을 가지고 있다. 이 투자주식들은 전부 20x4년에 구입한 것이며, 기타포괄손익인식금융자산으로 분류된다.

	취득원가	공정가치
A사 보통주(액면 ₩100) 2,000주	₩220,000	₩209,000
B사 보통주(액면 ₩30) 1,000주	38,500	44,000

[추가자료]

(1) 20X5년 4월 9일에 A사 보통주 1,000주를 주당 ₩115(공정가치)에서 매도하였으며, 관련수수료로 ₩2,000을 지급하였다. 20X5년 12월 31일 A사 보통주의 1주당 공정가치는 ₩113이다.

(2) 20X5년 5월 1일에 B사 보통주 500주를 주당 ₩40(공정가치)에 매도하였으며, 관련수수료로 ₩1,000을 지급하였다. 20X5년 12월 31일 B사 보통주 1주당 공정가치는 ₩25이다.

[물음]

(주)열매가 K-IFRS에 따라 위의 투자주식과 관련된 거래를 기록할 경우 보유주식별로 행할 회계처리를 나타내시오.

3. 상각후원가측정금융자산- 할인발행

(주)새싹은 다음과 같은 사채를 발행하고 (주)열매는 이 사채를 구입하여 상각후원가측정금융자산으로 분류하였다. 양 회사의 결산일은 매년 12월 31일이다.

사채의 액면금액 : ₩100,000	사채발행일 : 20X4년 1월 1일
사채만기일 : 20X6년 12월 31일	표시이자율 : 연10%
유효이자율 : 연12%	이자지급 : 매년 12월 31일(연1회)

[물음]

(주)새싹과 (주)열매 입장에서 사채에 관한 회계처리를 나타내시오. 단, 현가요소는 본서의 부록을 참조하시오.

4. 금융자산 : 채무상품(사채)의 공정가치 계산

20×1년 초에 사채(액면 ₩100,000, 표시이자율 10%, 이자는 매년 말 후급, 만기는 20×3년 말)를 취득하였다. 각각의 시장이자율에 대한 현가요소는 다음과 같다.

	8%	10%	12%
기간 1년, ₩1의 현가요소	0.92593	0.90909	0.89286
기간 2년, ₩1의 현가요소	0.85734	0.82645	0.79719
기간 3년, ₩1의 현가요소	0.79383	0.75131	0.71178

[물음]

시장이자율이 각각 8%, 10%, 12%일 경우 사채의 공정가치를 계산하시오.

5. 상각후원가측정금융자산- 할증발행

(주)줄기는 다음과 같은 사채를 발행하고 (주)열매는 이 사채를 구입하여 상각후원가측정금융자산으로 분류하였다. 양 회사의 결산일은 매년 12월 31일이다.

사채의 액면금액 : ₩100,000	사채발행일 : 20X4년 1월 1일
사채만기일 : 20X6년 12월 31일	표시이자율 : 연10%
유효이자율 : 연8%	이자지급 : 매년 12월 31일(연1회)

[물음]

(주)줄기와 (주)열매 입장에서 사채에 관한 회계처리를 나타내시오. 단, 현가요소는 본서의 부록을 참조하시오.

연습문제 해답

1.

일자	회계처리
20X4. 12. 31	(차)당기손익인식금융자산평가손실 12,400 (대)당기손익인식금융자산 12,400 *A사주식:(1,000주X₩32)-₩34,400 = 평가손실 ₩2,400 B사주식:(5,000주X₩28)-₩150,000 = 평가손실 ₩10,000 평가손실 ₩12,400
20X5. 3. 1	(차) 현금 4,000 (대) 배당금수익 4,000 * 1,000주 X ₩4=₩4,000
20X5. 3. 9	(차) 현금 15,000 (대) 배당금수익 15,000 * 5,000주 X ₩3=₩15,000
20X5. 4. 20	(차) 당기손익인식금융자산(A) 19,000 (대) 현금 19,100* 수수료비용 100 * 500주X₩38 + ₩100 = 19,100
20X5. 9. 5	(차) 현금 134,600* (대) 당기손익인식금융자산(B) 140,000 금융자산처분손실 5,400 * 5,000주X₩27 - ₩400 = ₩134,600
20X5. 10. 28	(차) 현금 29,000*1 (대) 당기손익인식금융자산(A) 27,200*2 금융자산처분이익 1,800 *1 처분금액 : 800주X₩37-₩600 = ₩29,000 *2 장부금액(이동평균법) 1주당 금액 : (₩32,000+₩19,000) / 1,500주 = ₩34 장부금액 : 800주 X ₩34 = ₩27,200
20X5. 12. 31	(차)당기손익인식금융자산평가손실 2,800 (대) 당기손익인식금융자산(A) 2,800 *A사 주식 : 700주X(₩30-₩34) = 평가손실 ₩2,800

2. 1. A사 보통주

일자	회계처리
20X4년 말	(차)기타포괄손익인식금융자산평가손실 11,000 (대)기타포괄손익인식금융자산 11,000 *공정가치₩209,000-장부금액₩220,000=평가손실 ₩11,000
20X5년 4월	(차)기타포괄손익인식금융자산 10,500 (대)기타포괄손익인식금융자산평가손실 10,500 *공정가치₩115X1,000주-장부금액₩209,000X1,000주/2,000주 =평가이익 ₩10,500 (차) 현금 113,000[*2] (대) 기타포괄손익인식금융자산 115,00[*1] 금융자산처분손실 2,000 [*1]장부금액 : ₩115X1,000주 = ₩115,000 [*2]처분금액 : ₩115,000-₩2,000=₩113,000
20X5년 말	(차)기타포괄손익인식금융자산 8,500 (대) 기타포괄손익인식금융자산평가손실 500 기타포괄손익인식금융자산평가손실 8,000 *공정가치₩113X1,000주-장부금액 ₩209,000X1,000주/2,000주 = 평가이익 ₩8,500

2. B사 보통주

일자	회계처리
20X4년 말	(차)기타포괄손익인식금융자산 5,500 (대)기타포괄손익인식금융자산평가이익 11,000 *공정가치₩44,000-장부금액₩38,500=평가이익 ₩5,500
20X5년 5월	(차)기타포괄손익인식금융자산평가이익 2,000 (대)기타포괄손익인식금융자산 2,000 *공정가치₩40X500주-장부금액₩44,000X500주/1,000주 =평가손실 ₩2,000 (차) 현금 19,000[*2] (대) 기타포괄손익인식금융자산 20,000[*1] 금융자산처분손실 1,000 [*1]장부금액 : ₩40X500주 = ₩20,000 [*2]처분금액 : ₩20,000-₩1,000=₩19,000
20X5년 말	(차)기타포괄손익인식금융자산평가이익 3,500 (대)기타포괄손익인식금융자산 9,500 기타포괄손익인식금융자산평가손실 6,000 *공정가치₩25X500주-장부금액 ₩44,000X500주/1,000주 = 평가손실 ₩9,500

3. 1. 사채의 발행금액 :

이자의 현재가치 = ₩10,000 × 2.40183 (3년, 12% 연금현가) = ₩24,018

원금의 현재가치 = ₩100,000 × 0.71178 (3년, 12% 현가) = ₩71,178

사채의 발행금액 ₩95,196

2. 유효이자율법에 의한 상각표

일자	유효이자	표시이자	상각액	장부금액
20X4년 초				₩95,196
20X4년 말	₩11,424	₩10,000	₩1,424	96,620
20X5년 말	11,594	10,000	1,594	98,214
20X6년 말	11,786	10,000	1,786	100,000
계	₩34,804	₩30,000	₩4,804	

3. 회계처리

일자	(주)새싹 -발행자	(주)열매 -투자자
20X4. 1. 1	(차)현금 95,196 (대) 사채 95,196	(차) 상각후원가측정금융자산 95,196 (대) 현금 95,196
20X4. 12. 31	(차)이자비용 11,424 (대) 현금 10,000 사채 1,424	(차) 현금 10,000 상각후원가측정금융자산 1,424 (대) 현금 11,424
20X5. 12. 31	(차)이자비용 11,594 (대) 현금 10,000 사채 1,594	(차) 현금 10,000 상각후원가측정금융자산 1,594 (대) 현금 11,594
20X6. 12. 31	(차)이자비용 11,786 (대) 현금 10,000 사채 1,786 (차)사채 100,000 (대) 현금 100,000	(차) 현금 10,000 상각후원가측정금융자산 1,786 (대) 현금 11,786 (차) 현금 100,000 (대) 상각후원가측정금융자산 100,000

4. 사채의 공정가치는 사채의 발행금액이다. 사채의 발행금액은 당해 사채로 인한 미래현금흐름을 발행시점의 시장이자율로 할인한 현재가치와 일치한다.

(1) 미래현금흐름의 추정

	20×1. 1. 1	20×1.12.31	20×2.12.31	20×3.12.31
원금				₩100,000
이자		₩10,000	₩10,000	10,000

(2) 발행금액의 계산

	시장이자율 8%일 때	시장이자율 10%일 때	시장이자율 12%일 때
원금	₩100,000×0.79383 = ₩79,383	₩100,000×0.75131 = ₩75,131	₩100,000×0.71178 = ₩71,178
이자	₩10,000×2.57710 = 25,771	₩10,000×2.48685 = 24,869	₩10,000×2.40183 = 24,018
	₩105,154	₩100,000	₩95,196

5. 1. 사채의 발행금액 :

이자의 현재가치 = ₩10,000 X 2.57710 (3년, 8% 연금현가) = ₩25,771

원금의 현재가치 = ₩100,000X 0.79383 (3년, 8% 현가) = ₩79,383

사채의 발행금액 ₩105,154

2. 유효이자율법에 의한 상각표

일자	유효이자	표시이자	상각액	장부금액
20X4년 초				₩105,154
20X4년 말	₩8,412	₩10,000	₩1,588	103,566
20X5년 말	8,285	10,000	1,715	101,851
20X6년 말	8,149	10,000	1,851	100,000
계	₩24,846	₩30,000	₩5,154	

3. 회계처리

일자	(주)줄기 -발행자	(주)열매 -투자자
20X4. 1. 1	(차) 현금 105,154 (대) 사채 105,154	(차) 상각후원가측정금융자산 105,154 (대) 현금 105,154
20X4. 12. 31	(차) 이자비용 8,412 사채 1,588 (대) 현금 10,000	(차) 현금 10,000 (대) 이자수익 8,412 상각후원가측정금융자산 1,588
20X5. 12. 31	(차) 이자비용 8,285 사채 1,715 (대) 현금 10,000	(차) 현금 10,000 (대) 이자수익 8,285 상각후원가측정금융자산 1,715
20X6. 12. 31	(차) 이자비용 8,149 사채 1,851 (대) 현금 10,000 (차) 사채 100,000 (대) 현금 100,000	(차) 현금 10,000 (대) 이자수익 8,149 상각후원가측정금융자산 1,851 (차) 현금 100,000 (대) 상각후원가측정금융자산 100,000

12장 수익과 비용

1. 수익

(1) 수익인식의 기초

① 수익의 의의

기업에 있어서 수익은 생산물의 생산과 판매 또는 용역제공으로 유발되는 가치증가의 경제적 사건과 관련이 있다. 수익에 대한 정의는 '재무보고를 위한 개념체계'와 K-IFRS 제1018호 '수익'에서 찾아볼 수 있다. K-IFRS 제1018호에서는 수익을 다음과 같이 정의하고 있다.

> 수익이란 "지분참여자의 출자관련 증가분을 제외한 자본의 증가를 수반하는 것으로서 회계기간의 정상적인 활동에서 발생하는 경제적 효익의 총유입"이다.

이러한 정의에 비추어 보면 수익은 다음과 같은 특징이 있다.

- 순자산의 증가가 이루어져야 한다. 순자산의 증가는 자산의 증가 또는 부채의 감소로 나타날 수 있다. 이런 점에서 수익을 자원의 유출관점이 아닌 유입관점에서 보고 있다.
- 회계기간의 정상적인 활동으로 인한 순자산의 증가이어야 한다. 따라서 정상적인 활동의 종류와 당해 수익이 인식되는 방법에 따라 매출액, 이자수익, 배당금수익 및 임대수익 등으로 구분될 수 있다.
- 재화의 인도, 생산 또는 용역의 제공 등으로 인한 순자산의 증가이다. 따라서 주식의 발행 등 자본거래에서 발생되는 순자산의 증가나 부가가치세와 같이 제3자를 대신하여 받은 금액이나 대리관계에서 위임자를 대신하여 받은 금액 등은 수익으로 보지 않는다.

K-IFRS에서는 광의의 수익의 정의에 수익과 차익을 모두 포함시키고 있다. 수익은 기업의 정상적인 활동에서 발생하는 것으로 매출액, 수수료수익, 이자수익, 배당수익, 로열티수익 등 여러 가지 종류가 있다. 이에 반해 차익은 기업의 정상영업활동의 일환으로 발생하거나 그 이외의 활동에서 발생할 수 있으며, 유형자산이나 무형자산의 처분 등의 여러 가지 종류가 있다.

② 수익인식기준(실현주의)

수익과 비용을 인식하는 방법에는 현금기준과 발생기준이 있다. 발생기준이 현금기준보다 기간별 수익과 비용을 적절히 대응시켜 정확한 경영성과를 측정하므로 현행회계는 발생기준에 따라 수익과 비용을 인식한다. 발생기준이란, 현금의 수취나 지급 여부와 관계없이 수익과 비용이 발생하는 시점에 이를 인식하여 재무제표에 반영한다.

수익과 비용을 언제 인식하는가는 매우 중요하고 어려운 문제이다. 수익은 기업의 영업활동 전 과정을 통해 발생하며 이러한 수익을 발생기준에 따라 인식하기 위해서는 수익획득과정별로 증가된 가치를 구분하고 그 크기를 측정해야한다. 그런데 이러한 측정과정은 신뢰성을 확보하기 어렵고 실무적으로도 매우 복잡하다. 따라서 수익의 인식과 측정에 있어서 발생기준을 후퇴시키고 일정한 요건을 설정하여 이 요건을 충족한 시점에서 수익을 인식하게 되는데 이를 실현기준이라고 한다. 실현기준에 의하면 수익은 다음 두 가지 요건을 충족한 시점에서 인식하게 된다.

- 실현요건 : 수익은 실현(realized)되었거나 실현가능한(realizable) 시점에서 인식한다. 기업이 영업활동으로 상품이나 용역을 제공하고 그 대가로 현금 또는 현금청구권을 수취하였을 경우 수익이 실현되었다고 본다.
- 가득기준 : 기업이 고객에게 상품을 인도하였거나 용역을 제공함으로써 자신의 의무를 모두 완료하였을 때 수익이 가득(earned)되었다고 할 수 있다.

수익획득과정은 기업마다 다르지만 일반적으로 원재료를 취득하여 제품을 생산한 후 이를 판매하고 판매대금을 회수하는 과정을 거치게 된다. 수익은 이러한 수익획득과정에서 실현요건과 가득요건을 충족시키는 시점에서 인식하게 된다. 〈그림 12-1〉은 수익획득과정에서 수익이 인식될 수 있는 시점을 나타내주고 있다.

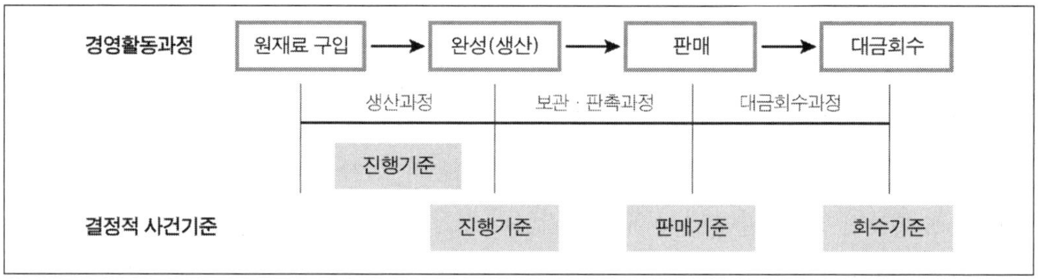

〈그림 12-1〉 경영활동과정과 수익인식기준

〈그림 12-1〉에서 수익인식의 두 가지 기준만 충족되면 판매시점 뿐만 아니라 그 이전에도 수익의 인식이 가능하며 판매시점까지 두 조건을 충족시키지 못하면 그 이후(현금회수)로 수익인식을 미뤄야한다.

수익은 보통 결정적 사건을 기준으로 판매시점(판매기준), 완성시점(완성/생산기준), 현금

회수시점(회수기준)에서 인식한다. 예를 들어, 귀금속이나 농산물의 경우 완성(생산)시점에서 수익인식이 가능하며, 장기할부판매의 경우 현금회수시점(K-IFRS에서는 인정하지 않음)에서 수익을 인식하기도 한다. 또한 진행기준에 입각하여 시간의 경과나 원가가 발생됨에 따라 수익을 인식하기도 하는데 이자수익, 임대료수익, 계약에 의한 공사의 경우가 그 예이다.

③ 수익의 측정

수익은 재화의 판매, 용역의 제공이나 자산의 사용에 대하여 받았거나 또는 받을 대가의 공정가치로 측정해야한다.

(2) 재화의 판매

재화의 판매란 상품이나 제품의 인도, 대금청구권 확정의 두 가지 요건이 충족되는 경우를 말한다. 많은 기업들이 영업활동과정상 재화의 판매는 수익이 가득되기 위한 결정적사건(가득요건)이며, 재화의 판매시점에서는 교환거래가 발생하므로 측정이 용이(실현요건)하기 때문에 대부분의 수익인식방법으로 판매기준이 적용된다. 다음에서는 재화의 판매에 따른 수익인식방법에 대해 여러 가지 유형으로 구분하여 살펴보기로 한다.

① 위탁판매

위탁판매란, 위탁자의 상품을 수탁자에게 위탁하여 판매하는 것을 말한다. K-IFRS에서는 위탁판매의 경우 수탁자가 적송품을 제3자에게 판매한 시점에 수익을 인식하도록 규정하고 있다. 그 이유는 수탁자는 위탁자의 의뢰에 의해 판매를 대행만 하기 때문이다. 따라서 위탁자 입장에서는 결산일까지 판매되지 않은 적송품은 기말재고자산에 포함시켜야 한다. 이에 대한 회계처리(위탁자입장)는 다음과 같다.

<table>
<tr><td colspan="2">상품적송시</td><td colspan="2">회계처리 없음</td></tr>
<tr><td colspan="2">적송품을 수탁자가 판매시</td><td>(차) 현금 또는 매출채권 XXX</td><td>(대) 매출 XXX</td></tr>
<tr><td rowspan="2">결산시</td><td>적송품판매관련</td><td>(차) 매출채권 XXX</td><td>(대) 매출 XXX</td></tr>
<tr><td>기말재고액관련</td><td colspan="2">(차) 매출원가 XXX　　(대) 기초재고 XXX
매출원가 XXX　　매입 XXX
기말재고* XXX　　매출원가 XXX
* 창고의 기말재고 + 수탁자에게 보관 중인 상품 자산 = 부채 + 자본</td></tr>
</table>

예제 12-1 위탁판매

20x1년 초에 서울(주)는 부산(주)와 위탁매매계약을 체결하였다. 다음은 20x1년 서울(주)의 재고자산 및 위탁판매와 관련된 내용이다.

- 20x1년 초의 재고자산은 ₩300,000(300단위)이다.
- 20x1년 1월 초에 재고자산 1,000단위를 단위당 ₩1,000씩에 구입하였다.
- 20x1년 2월 초에 재고자산 800단위를 부산(주)에 적송하면서 적송운임 ₩20,000을 부담하였다.
- 20x1년 5월 초에 부산(주)로부터 매출계산서를 다음과 같이 수령하고 판매대금을 회수하였다.

매출액(600단위)	₩1,200,000
판매수수료	(120,000)
송금해야 할 금액	₩1,080,000

- 20x1년 말의 실사재고자산의 원가는 ₩500,000(500단위)이었고 재고자산에 대한 감모손실이나 평가손실은 없다고 가정한다.

물음] 위탁회사와 수탁회사의 입장에서 각 시점별로 필요한 회계처리를 하시오.

풀이

	위탁회사(서울(주))	수탁회사(부산(주))
구매시점 :	(차) 매입 1,000,000 (대) 현금 1,000,000	(회계처리 없음)
적송시점 :	(차) 판매운임 20,000 (대) 현금 20,000 *적송운임은 판매비용으로 즉시 비용 처리한다.	(회계처리 없음)
판매시점 :	(차) 매출채권 1,080,000 판매수수료 120,000 (대) 매출 1,200,000	(차) 현금 1,200,000 (대) 수수료수익 120,000 수탁판매(예수금) 1,080,000
대금회수 :	(차) 현금 1,080,000 (대) 매출채권 1,080,000	(차) 수탁판매(예수금) 1,080,000 (대) 현금 1,080,000
결산기말 :	(차) 매출원가 300,000 매출원가 1,000,000 상품(기말) 700,000 (대) 상품(기초) 300,000 매입 1,000,000 매출원가 700,000 *₩500,000+위탁재고 ₩200,000=₩700,000	

② 시용판매

시용판매란 주문을 받지 않고 상품 등을 고객에게 인도하여 고객이 그 상품을 사용해 보고 매입하겠다는 의사표시를 함으로써 판매가 성립되는 판매이다. 시용판매의 경우 수익은 고객이 매입의사표시를 한 시점에 인식하게 된다. 따라서 기말 현재 고객으로부터 매입의사표시가 없는 시송품은 판매자의 기말재고에 포함시켜야 한다. 시송품 관련 회계처리는 다음과 같다.

시송품적송시	회계처리 없음	
매입의사표시를 한 시점	(차) 현금 또는 매출채권 XXX	(대) 매출 XXX
결산시	(차) 매출원가 XXX 매출원가 XXX 기말재고* XXX * 창고에 남아있는 기말재고액 + 매입의사표시 없는 시송품	(대) 기초상품 XXX 매입 XXX 매출원가 XXX

예제 12-2 시용판매

(1) 20x1년 초의 기초상품은 200개(단위당 원가 ₩2,000)이다.

(2) 20x1년 4월 초에 상품 500개(@₩2,000)를 현금매입하였다.

(3) 20x1년 7월 초 서울(주)는 시용매출을 위하여 고객에게 판매가격 ₩3,000의 상품 600개를 발송하였다.

(4) 기말 현재 고객이 구입의사를 표명한 부분은 500개이다. 시용매출의 경우 판매가는 원가의 50%를 이익으로 가산하여 책정한다. 한편, 실사재고자산은 100개이다.

물음] 각 시점별 회계처리를 하시오.

풀이

매입시점 :	(차) 매입	1,000,000	(대)현금	1,000,000
시송품 인도시점 :	(회계처리 없음)			

* 시송품 선적시 발생하는 운임 역시 비용으로 처리한다. 그리고 시송품 인도시 시송품계정에 차기하고 시송품매출계정에 대기하는 대조계정법을 사용하기도 한다. 그러나 이는 권장할 만한 방법이 아니며, 대조계정은 재무상태표에 표시하지 않는다.

결산기말 :	(차) 매출채권	1,500,000	(대) 매출	1,500,000
	(차) 매출원가	400,000	(대) 상품(기초)	400,000
	매출원가	1,000,000	매입	1,000,000

상품(기말)	400,000	매출원가	400,000

*실지재고원가 ₩2,000 × 100개 +시송품원가 ₩2,000 × 100개 = ₩400,000

③ 할부판매

할부판매란 상품 등을 고객에게 인도하고 대금은 미래에 분할하여 회수하기로 한 판매를 말한다. K-IFRS에 의하면 할부판매에 대한 수익을 원칙적으로 상품을 인도한 시점에서 인식하도록 하고 있다. 그리고 수익금액은 재화의 판매, 용역의 제공이나 자산의 사용에 대하여 받았거나 받을 대가의 고정가치로 측정해야 하므로 장기할부매출채권의 경우 현재가치로 평가하고 유효이자율법을 적용하여 기간의 경과에 따라 수익으로 인식하도록 하고 있다.

(3) 용역의 제공

용역을 제공하는 기업은 용역을 생산함과 동시에 거래처에 제공하며, 그 대금은 사전 약정에 따라 계산되므로 용역의 제공과 동시에 청구권이 발생한다. 따라서 용역제공의 경우 진행정도에 따라 수익을 인식하게 된다. 다음에서는 용역제공에 따른 수익인식방법에 대해 여러 가지 유형으로 구분하여 살펴보도록 한다.

① 광고용역

광고제작사의 광고제작용역수익은 진행기준으로 수익을 인식하고, 방송사의 광고수익은 광고를 대중에게 전달하는 시점에서 수익을 인식한다.

예제 12-3 광고용역

(1) (주)열매는 광고물을 제작하는 회사로 20X1년 10월 1일 TV광고물을 ₩100,000에 제작하는 계약을 체결하였다, 20X1년 12월 31일 현재 TV광고물 제작에 따른 진행률은 50%로 추정되며, TV광고물은 20X2년 2월 28일 제작 완료되었다. 광고제작대금은 TV광고물 제작완료시점에 전액 수령하였다.

(2) (주)M방송은 (주)열매가 제작한 TV광고물을 주말 드라마 '전설의 콩빵'의 방송 전후에 걸쳐 10회 방송하는 계약을 체결하였다. TV광고물은 20X2년 3월 중에 4회, 4월 중에 6회가 방송되었으며, 광고방송에 대한 대가는 총 ₩200,000으로 광고의 종료시점에 회수되었다.

물음 1] (주)열매가 광고계약과 관련하여 20X1년도에 인식할 수익과 (주)M방송이 20X2년 3월 31

일로 종료되는 회계연도에 인식할 수익을 계산하시오.

물음 2] (주)열매와 (주)M방송이 〈물음 1〉과 관련하여 해야 할 회계처리를 하시오.

풀이

1. 수익인식액

(1) (주)열매의 광고제작수수료 : ₩100,000 X 50% = ₩50,000

(2) (주)M방송의 광고매체수수료 : ₩200,000 X $\frac{4회}{10회}$ = ₩80,000

2. 회계처리

구분	회계처리
(주)열매	(차) 광고제작채권 50,0000 (대) 광고제작수익 50,000
(주)M방송	(차) 광고매출채권 80,000 (대) 광고매출 80,000

② 설치용역

재화를 판매하고 설치용역을 제고하기로 한 경우에는 당해 설치용역이 재화판매에 부수적으로 제공되는지의 여부에 따라 수익을 달리 인식한다.

- 설치용역이 재화판매에 부수적으로 제공되는 경우 : 당해 거래 전체를 재화판매거래로 분류한다. 따라서 설치용역수수료를 별도로 인식하지 않는다.
- 설치용역이 재화판매와 별도로 제공되는 경우 : 당해 거래를 재화판매거래와 용역제공거래로 구분하고, 설치용역수수료는 진행기준으로 인식한다.

예제 12-4 설치용역

(주)열매는 외국에서 수입한 기계장치를 국내에 판매하는 회사이다. (주)열매의 결산일은 매년 12월 31일이며 관련 자료는 다음과 같다.

(1) (주)열매가 판매하는 기계장치는 조립 및 설치과정이 복잡하므로 조립 및 설치전담팀을 별도로 운영하고 있다.

(2) (주)열매는 20X1년 12월 26일 갑회사에 기계장치 1대를 ₩1,000,000에 판매하였는데 기계장치를 조립하고 설치하는데 총 500시간을 투입해야 한다. 20X1년에 조립 및 설치에 투입한 시간은 300시간이고 나머지는 20X2년에 투입하여 설치를 완료하였다.

물음 1] 기계장치 판매가격에 조립 및 설치용역의 대가가 포함된 경우 20X1년과 20X2년에 인식할 수익금액을 계산하시오.

물음 2] 기계장치 판매가격 ₩1,000,000 중 ₩200,000이 조립 및 설치용역에 대한 대가인 경우 〈물음 1〉에 답하시오.

풀이

1. 설치용역이 재화판매에 부수적으로 제공되는 경우

	20X1년	20X2년
재화판매수익	₩1,000,000	₩0
용역제공수익	0	0
합계	₩1,000,000	₩0

2. 설치용역이 재화판매와 별도로 제공되는 경우

	20X1년	20X2년
재화판매수익	₩800,000	₩0
용역제공수익	120,000*	80,000**
합계	₩920,000	₩80,000

* ₩200,000 × 300시간 /500시간 = ₩120,000

** ₩200,000-₩120,000 = ₩80,000

③ 재화의 판매가격에 추후 제공될 용역대가가 포함된 경우

재화의 판매가격에 추후 제공될 용역에 대한 식별가능한 대가가 포함되어 있는 경우 이를 재화판매와 용역제공거래로 구분하여 별도로 회계처리한다. 따라서 이러한 경우 재화판매의 거래는 판매시점에서 수익을 인식하고 용역제공거래는 진행기준에 따라 수익을 인식해야 한다.

예제 12-5 재화의 판매가격에 추후 제공될 용역대가가 포함된 경우

(1) (주)열매는 20X1년초에 ERP소프트웨어를 ₩2,200,000에 판매하였는데, 동 금액에는 2년간 ERP운용과 관련된 용역제공의 대가 ₩1,200,000이 포함되어있다.

(2) (주)열매가 ERP운용과 관련된 용역제공과 관련하여 예상하는 총원가는 ₩800,000이며, 이 중 20X1년 발생한 원가는 ₩600,000이다.

물음] (주)열매가 20X1년과 20X2년에 인식할 수익금액은 얼마인가?

풀이

	20X1년	20X2년
재화판매수익	₩1,000,000	₩0
용역제공수익	900,000*	300,000**
계	₩1,900,000	₩300,000

* ₩1,200,000 X ₩600,000/₩800,000 = ₩900,000

** ₩1,200,000 - ₩900,000 = ₩300,000

2. 비용

(1) 비용의 정의

비용이란, 특정 회계기간 동안에 자산의 유출이나 소멸 또는 부채의 증가에 따라 자본의 감소를 초래하는 경제적 효익의 감소로서 지분참여자와 관련된 것은 제외한다. 비용은 다음과 같은 특성이 있다.

- 비용은 자본의 감소를 초래한다. 자본의 감소는 자산의 감소 또는 부채의 증가로 나타난다. 상품매출인 경우 상품이 감소되며, 이자비용이 발생된 경우 부채가 증가되는데, 이런 경우가 비용발생의 전형적인 예이다.
- 순자산이 감소되더라도 지분참여자에 대한 분배는 비용으로 간주하지 않는다. 왜냐하면 현금배당은 경영성과의 최종결과로 나타난 이익 중 지분참여자에게 배분되는 것으로서 수익에서 차감되지 않기 때문이다.
- 비용은 기업의 계속적, 중심적 영업활동과정에서 발생한다. 그러나 광의의 비용은 주요 경영활동이외의 부수적인 거래나 사건의 결과로부터 발생하는 차손을 포함한다.

(2) 비용인식기준 (수익·비용대응의 원칙)

비용의 인식이란 비용이 귀속되는 보고기간을 결정하는 것이다. 비용도 수익과 마찬가지로 기업의 경영활동 전과정을 통해 발생하므로 재화나 용역의 사용 또는 소비로 미래경제적 효익이 감소하고 이를 신뢰성있게 측정할 수 있을 때 포괄손익계산서에 인식해야한다. 그러나 현실적으로 이 논리를 적용하기가 어렵기 때문에 일반적으로 수익이 인식된 시점에 수익과 관련하여 비용을 인식하게 되는데, 이를 수익·비용대응의 원칙이라고 한다. 수익·비용대응의 원칙에 따라 비용을 인식하는 방법에는 다음 세 가지가 있다.

① 특정 수익 항목의 가득과 직접적인 관련성 : 비용은 발생된 원가와 특정 수익항목의 가득 간에 존재하는 직접적인 관련성을 기준으로 포괄손익계산서에 인식한다. 재화의 판매에 따라 수익이 발생됨과 동시에 매출원가를 구성하는 다양한 비용요소가 인식되는 것이 그 예이다.

② 체계적이고 합리적인 배분절차 : 경제적 효익이 여러 회계기간에 걸쳐 발생할 것으로 기대되고 수익과의 관련성이 단지 포괄적으로 또는 간접적으로만 결정될 수 있는 경우 비용은 체계적이고 합리적인 배분절차를 기준으로 포괄손익계산서에 인식된다.
이러한 비용 인식절차는 유형자산, 영업권, 특허권과 상표권 같은 자산의 사용과 관련된 비용을 인식하기 위하여 자주 필요하다. 이러한 경우에 관련된 비용은 감가상각비 또는 상각비로 표시된다. 이 배분절차는 해당 항목과 관련된 경제적효익이 소비되거나 소멸되는 회계기간에 비용을 인식하는 것을 목적으로 한다.

③ 즉시 비용화 : 미래 경제적 효익이 기대되지 않는 지출이거나, 미래 경제적 효익이 기대되더라도 재무상태표에 자산으로 인식되기 위한 조건을 충족하지 못하거나 더 이상 충족하지 못하는 부분은 즉시 포괄손익계산서에 비용으로 인식되어야 한다. 제품보증에 따라 부채가 발생하는 경우와 같이 자산의 인식을 수반하지 않는 부채가 발생하는 경우에는 포괄손익계산서에 비용을 동시에 인식한다.

〈표 12-1〉은 비용의 인식을 정리한 것이다.

〈표 12-1〉 비용의 인식

구분	인식방법	예
직접적 관련성	특정 수익항목의 가득과 직접적으로 관련된 경우	매출원가
체계적이고 합리적인 배분	경제적 효익이 여러 기간에 걸쳐 발생할 것으로 기대되고 수익과의 관련성이 단지 포괄적으로 또는 간접적으로만 결정될 수 있는 경우	감가상각비 무형자산상각비
즉시 비용화	미래 경제적 효익이 기대되지 않거나 자산으로 인식되기 위한 조건을 충족하니 못한 경우	제품보증비

익힘문제

1. 현금기준회계와 발생기준회계의 의미는 무엇인가?

2. 통상적으로 수익은 어떻게 정의하는가?

3. 수익의 가득과정이 완료되었다는 의미는 무엇인가?

4. 수익의 인식시점으로 판매시점이 널리 이용되는 이유는 무엇인가?

5. 비용의 인식에서 직접대응과 간접대응은 무엇인가?

연습문제

1. 수익인식

(주)열매는 소프트웨어 판매 및 서비스 공급회사이다. (주)열매의 결산일은 매년 12월 31일이며, 관련 자료는 다음과 같다.

(1) 이 회사는 20X4년 1월 1일 (주)새싹에 원가 ₩700,000인 ERP소프트웨어를 ₩1,000,000에 판매하고 ERP운용과 관련된 용역을 ₩1,200,000에 2년 동안 제공하기로 약정하였다.
(2) 이 용역제공과 관련하여 예상되는 총원가는 ₩800,000이며 이 중에서 20X4년도에 실제 발생한 원가는 ₩600,000 이다.

[물음]

수익인식에 관한 K-IFRS에 근거할 때 20X4년과 20X5년의 매출총이익은 얼마인가?

2. 시용판매

다음은 (주)열매의 매출과 매입에 관한 자료이다.

(1) 기초상품재고액은 ₩10,000(1,000개 @₩10)이다.
(2) 4월 30일에 상품 ₩60,000(6,000개 @₩10)을 현금매입하였다.
(3) 11월 15일에 원가 ₩50,000(판매가 ₩65,000)인 상품을 시용판매하기 위하여 고객에게 시송하였다.
(4) 12월 15일 고객으로부터 판매가 ₩45,000에 해당하는 시송품의 매입의사통지를 받았다.
(5) 기말인 12월 31일에 상품창고재고액은 ₩20,000이다.

[물음]

(주)열매가 행해야 할 회계처리를 일자별로 제시하라. 단, (주)열매는 실지재고조사법을 사용하며, 집합손익계정으로 바로 마감한다.

3. 할부판매

다음은 (주)열매의 20X4년 할부매출과 관련된 자료이다. 20X4년 12월 31일에 상품 ₩12,000(원가₩9,000)을 6개월마다 3회의 대금회수약정을 할부매출하였다. 첫 번째 할부금은 매출시에 받았다.

[물음]

판매시점의 유효이자율이 12%라고 가정하고 이 할부판매에 대하여 판매시점과 두 번째 할부금 회수시점(20X5년 6월 30일)이 회계처리를 하라.

연습문제 해답

1. 1. 재화의 판매수익 : 판매시점에서 인식함.

	20X4년
매출액	₩1,000,000
매출원가	(700,000)
매출총이익	₩300,000

2. 용역의 제공수익 : 진행기준으로 인식함

	20X4년	20X5년
매출액	$₩1,200,000 \times \frac{600,000}{800,000}$ =₩900,000	₩1200,000-₩900,000 = ₩300,000
매출원가	(700,000)	(200,000)
매출총이익	₩300,000	₩100,000

따라서, 20X4년 매출총이익 : ₩300,000 + ₩300,000 = ₩600,000

20X5년 매출총이익 : ₩100,000

2.

4월 30일〉	(차) 매입	60,000	(대) 현금	60,000
11월 15일〉	분개없음			
12월 15일〉	(차) 매출채권	45,500	(대) 매출	45,500
12월 31일〉	(차) 매출	45,500	(대) 매입	60,000
	기말재고	35,000*	기초재고	10,000
			집합손익	10,500

* ₩20,000+(₩65,000-₩45,400)X ₩50,000/₩65,000

3.

20X4년 12월 1일〉	(차) 현금	4,000	(대) 매출	11,334 *
	매출채권	8,000	현재가치할인차금	666
	(차) 매출원가	9,000	(대) 재고자산	9,000
20X5년 6월 30일〉	(차) 현금	4,000	(대) 매출채권	4,000
	(차) 현재가치할인차금	440	(대) 이자수익	440 **

* ₩4,000 + ₩4,000ㅌ 1.8334 (2기간 정상연금, 유효이자율 6%) = ₩11,334

** (₩8,000-₩666) X 6% = ₩440

13장 현금흐름표

1. 현금흐름표의 기초

(1) 현금흐름표의 의의

기업과 다양한 이해관계를 가지고 있는 정보이용자들은 기업에 관한 경제적 의사결정을 하는 과정에서 여러 가지 재무정보를 필요로 하며, 기업의 기본적인 재무제표에는 재무상태표, 포괄손익계산서, 자본변동표 그리고 현금흐름표가 있다.

재무상태표는 특정시점의 기업재무상태를 나타내며, 포괄손익계산서는 특정 기간동안의 기업성과를 나타내고, 자본변동표는 자본의 증감내역을 보다 상세히 나타내준다. 현금흐름표는 다른 주요 재무제표들이 제공하는 정보와 함께 상호 보완적인 역할을 한다. 특히 포괄손익계산서가 발생주의 관점에서 회계 기간동안의 경영활동 성과로 당기순이익을 보고하는 데에 비해 현금흐름표는 현금주의로 측정한 경영성과를 표시한다. 〈그림 13-1〉은 기본 재무제표간의 상호관계를 나타내고 있다.

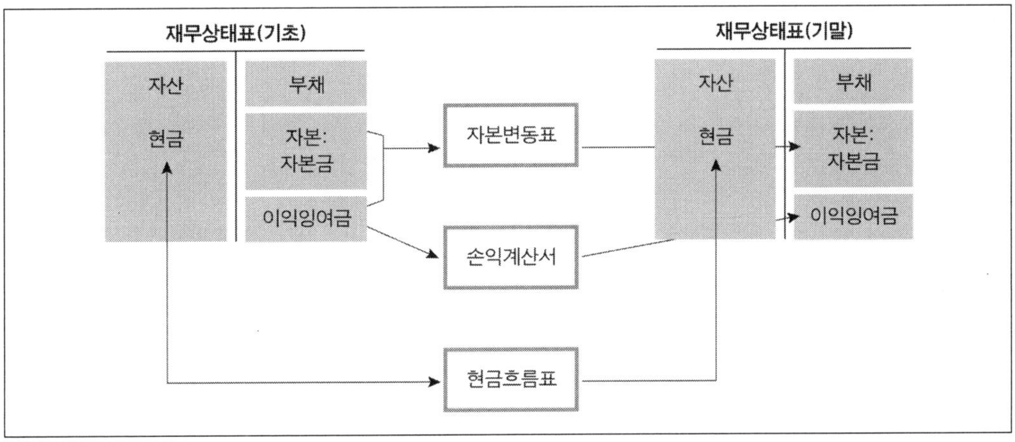

〈그림 13-1〉 기본 재무제표간의 상호관계

발생주의에 입각해서 작성된 포괄손익계산서만으로는 현금의 유입·유출과 관련되는 수많은 거래들이 어떻게 기업의 현금흐름을 변화시키는지를 설명해 주지는 못한다. 이러한 한계점을 보완하여 현금흐름에 관한 정보를 보다 포괄적으로 설명하기 위해 기본 재무제표의 하나로 현금흐름표(statement of cash flows)를 작성하고 있다. 따라서 재무정보이용자는 현금흐름표를 이용하여 기업경영이나 경영정책을 보다 정확하고 깊이 있게 이해할 수 있다.

(2) 현금흐름표의 유용성

현금흐름표는 일정기간 동안 기업의 현금유입과 현금유출에 관한 정보를 각 활동별로 제공하는 재무제표이다. 이러한 현금흐름표는 다음과 같은 유용성을 가지고 있다.

- 미래현금흐름의 금액과 시기를 조절하는 능력의 평가 : 다른 재무제표와 같이 사용되는 경우 순자산의 변화, 재무구조 그리고 변화되는 상황에 적응하기 위한 현금흐름의 금액과 시기를 조절하는 능력을 평가하는데 유용한 정보를 제공한다.
- 이익의 질 : 현금흐름표에서 계산되는 현금흐름은 여러 가지 원가배분방법이나 회계추정을 통하지 않고 산출되기 때문에 발생주의에 의해 계산된 당기순이익보다는 더 객관적이고 신뢰성이 높다. 따라서 현금흐름표의 현금흐름과 손익계산서의 당기순이익을 비교 분석하면 당기순이익의 질을 평가할 수 있어서 기업의 경영성과에 대한 심층적인 정보를 얻을 수 있다.
- 영업성과에 대한 기업간의 비교가능성 제고 : 동일한 거래와 사건에 대해 서로 다른 회계처리를 적용함에 따라 발생하는 영향을 제거하므로 영업성과에 대한 기업간의 비교가능성을 제고할 수 있다.
- 역사적 현금흐름에 관한 정보 제공 : 역사적 현금흐름정보는 미래현금흐름의 금액, 시기 및 확실성에 대한 지표로 자주 사용된다.

현금흐름표에 제공되는 정보는 위와 같은 정보들 뿐만 아니라 재무 정보이용자에게 많은 유용한 정보를 제공한다.

(3) 현금의 개념

현금흐름표에서 현금의 범위를 어떻게 한정하느냐에 따라 표시되는 내용에 차이가 있다. 따라서 현금의 개념을 명확히 이해할 필요가 있다. 현금흐름표를 작성할 때의 현금은 현금과 현금성자산으로 제한된다. 즉, 현금(cash)은 통화 및 요구불예금을 포함하며, 현금성자산(cash equivalent)은 단기금융자산으로서 현금으로의 전환이 용이하고 가치변동의 위험이 크지 않은 자산을 포함한다. 현금성자산의 대표적인 예로는 취득당시 만기가 3개월 이내인 정기예금, 90일 만기의 기업어음 등이 있다.

(4) 기업활동의 구분

현금흐름표는 회계기간 동안 발생한 현금흐름을 영업활동, 투자활동, 재무활동으로 구분하여 각 활동에서 유입되고 유출되는 현금을 세분화하여 보고한다.

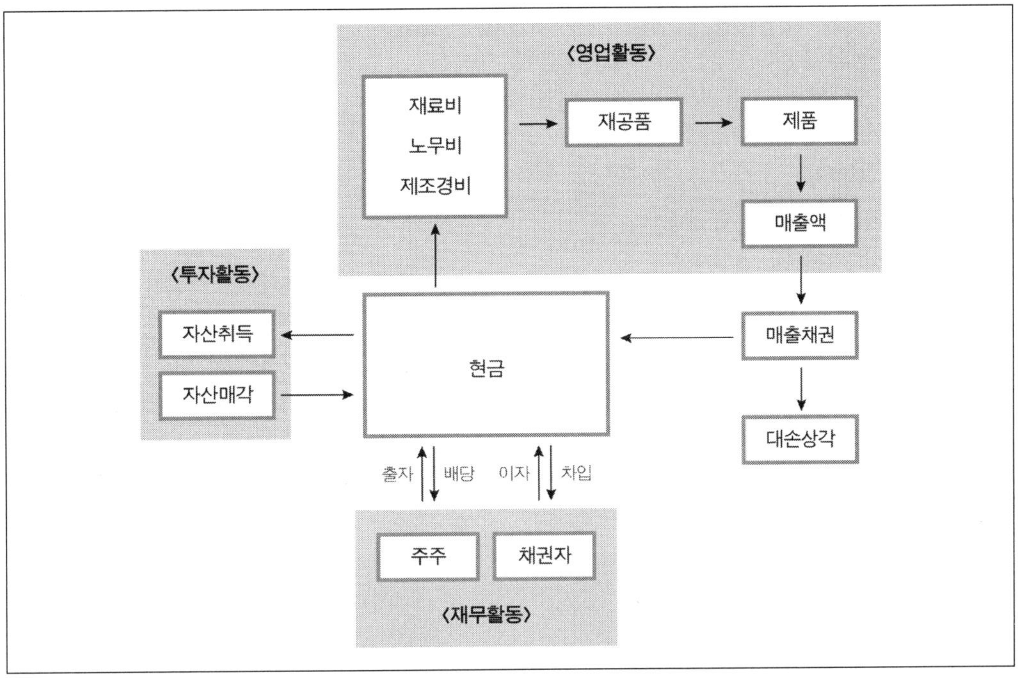

〈그림 13-2〉 기업의 자금순환과정

- 영업활동(operating activities)은 기업의 주요 수익 창출 활동으로서 일반적으로 제품의 생산 및 재화와 용역의 판매와 관련되는 활동을 의미한다. 영업활동 현금흐름은 매출과 매입 거래, 영업과 관련된 비용의 지급 및 종업원의 급여 지급 등을 포함한다.
- 투자활동(investing activities)은 장기성자산 및 현금성자산에 속하지 않는 기타투자자산의 취득과 처분에 관련된 현금흐름이다. 투자활동으로 인한 현금흐름은 대여금의 회수나 토지와 건물 등 자산의 처분으로 유입되는 현금과 현금 대여나 토지와 건물 등 자산의 취득으로 인해 유출되는 현금을 포함한다.
- 재무활동(financing activities)은 기업이 경영활동에 필요한 자금을 조달하고 이에 대한 대가를 지급함으로써 발생하는 현금흐름을 말한다. 재무활동으로 인한 현금흐름은 부채의 타입과 신주 발행 등으로 유입되는 현금과 부채의 상환, 배당금 지급 등으로 유출되는 현금을 나타낸다.

기업의 경영활동에 따른 현금흐름의 구분과 관련된 예는 〈표 13-1〉과 같다.

〈표 13-1〉 기업경영활동에 따른 현금흐름 구분

기업의 경영활동	현금흐름	
	현금의 유입	현금의 유출
영업활동 : 제품의 생산과 상품, 용역의 구매 및 판매활동 등을 말하며 투자 및 재무활동에 속하지 아니한 거래를 말한다.	• 제품의 판매 (매출채권 회수활동 포함) • 이자수익 • 배당금 수취	• 상품 · 원자재의 구매 (매입채무 지급활동 포함) • 이자비용의 지급 • 법인세비용의 지급
투자활동 : 현금의 대여와 회수활동, 유가증권, 투자자산, 유형자산 등의 취득, 처분활동 등 영업활동과 관련이 없는 자산의 증가 · 감소거래	• 대여금의 회수 • 유가증권의 처분 • 투자자산의 처분 • 고정자산의 처분	• 대여금의 증가 • 유가증원의 취득 • 투자자산의 증가 • 고정자산의 취득
재무활동 : 현금의 차입 및 상환 활동, 신주발행이나 배당금지급 등 영업활동과 관련이 없는 부채 및 자본의 증가 · 감소거래	• 장 · 단기차입금의 증가 • 어음 · 사채의 발행 • 주식의 발행	• 장 · 단기차입금의 상환 • 어음 · 사채의 상환 • 배당금의 지급

(5) 현금흐름표의 양식

현금흐름표는 현금흐름을 영업활동, 투자활동 및 재무활동으로 구분하여 표시하는데, 영업활동 현금흐름을 표시하는 방법에 따라 직접법과 간접법으로 구분된다. 기업회계기준서 제1007호 '현금흐름표'에서는 직접법을 사용할 것을 권장하고 있다. 현금흐름표의 양식은 다음과 같다.

현금흐름표 – 간접법

(주) 열매

과목	제xx기 금액	
Ⅰ. 영업활동으로 인한 현금흐름		xxx
1. 당기순이익		
2. 현금의 유출이 없는 비용등의 가산		
가. 감가상각비		
나. 퇴직급여		
다.		
3. 현금의 유입이 없는 수익등의 차감		
가. 사채상환이익		
나.		
4. 영업활동으로 인한 자산부채의 변동		
가. 재고자산의 감소(증가)		
나. 매출채권의 감소(증가)		
다. 매입채무의 증가(감소)		
라. 미지급 법인세의 증가(감소)		
마.		
Ⅱ. 투자활동으로 인한 현금흐름		xxx
1. 투자활동으로 인한 현금유입액		
가. 유가증권의 처분		
나. 토지의 처분		
다.		
2. 투자활동으로 인한 현금유출액		
가. 유가증권의 취득		
나. 토지의 취득		
다.		
Ⅲ. 재무활동으로 인한 현금흐름		xxx
1. 재무활동으로 인한 현금유입액		
가. 사채의 발행		
나. 보통주의 발행		
다.		
2. 재무활동으로 인한 현금유출액		
가. 단기차입금의 상환		
나. 사채의 상환		
다.		
Ⅳ. 현금의 증가 (감소) (Ⅰ+Ⅱ+Ⅲ)		xxx
Ⅴ. 기초의 현금		xxx
Ⅵ. 기말의 현금		xxx

〈그림 13-3〉 간접법에 의한 현금흐름표 양식

현금흐름표 – 직접법

(주) 열매

과목	제xx기 금액	
Ⅰ. 영업활동으로 인한 현금흐름		xxx
1. 매출 등 수입활동으로부터의 유입액		
2. 매입 및 종업원에 대한 유출액		
3. 이자수익 유입액		
4. 배당금수익 유입액		
5. 이자비용 유출액		
6. 미지급법인세 유출액		
7.		
Ⅱ. 투자활동으로 인한 현금흐름		xxx
1. 투자활동으로 인한 현금유입액		
가. 유가증권의 처분		
나. 토지의 처분		
다.		
2. 투자활동으로 인한 현금유출액		
가. 유가증권의 취득		
나. 토지의 취득		
다.		
Ⅲ. 재무활동으로 인한 현금흐름		xxx
1. 재무활동으로 인한 현금유입액		
가. 사채의 발행		
나. 보통주의 발행		
다.		
2. 재무활동으로 인한 현금유출액		
가. 단기차입금의 상환		
나. 사채의 상환		
다.		
Ⅳ. 현금의 증가(감소) (Ⅰ+Ⅱ+Ⅲ)		xxx
Ⅴ. 기초의 현금		xxx
Ⅵ. 기말의 현금		xxx

〈그림 13-4〉 직접법에 의한 현금흐름표 양식

2. 현금흐름표의 작성

(1) 현금흐름표 작성을 위한 거래의 분석

현금흐름표를 작성하기 위하여 현금의 유입과 유출을 발생시키는 기업의 다양한 거래에 대하여 이해하고 이 거래가 현금흐름에 미치는 영향을 파악해야 한다. 다음 예제를 통하여 현금흐름표 작성을 위해 거래를 분석하고 기업의 회계처리를 이해 한 후 현금흐름표를 작성해 보도록 한다.

예제 13-1 현금흐름표작성에 필요한 정보[29]

다음은 (주)열매의 20x4년 및 20x5년 말의 재무상태표와 20x5년의 포괄손익계산서이다.

재무상태표

(주)열매 (단위 : 원)

자산	20x4년말	20x5년말	부채및자본	20x4년말	20x5년말
현금및현금성자산	50,000	120,000	단기차입금	20,000	10,000
매출채권	190,000	175,000	매입채무	18,000	32,000
선급보험료	2,000	4,000	미지급이자	8,000	3,000
미수이자	3,000	1,000	선수임대료	4,000	5,000
상품	90,000	60,000	미지급법인세	10,000	5,000
투자부동산	100,000	120,000	장기차입금	115,000	145,000
토지	300,000	250,000	자본금	500,000	550,000
건물	150,000	210,000	자본잉여금	100,000	50,000
감가상각누계액	(20,000)	(30,000)	일반적립금	50,000	53,000
			이익잉여금	40,000	57,000
	865,000	910,000		865,000	910,000

포괄손익계산서

(주)열매 20x5.1.1~12.31 (단위:원)

매출액		750,000
기타수익		40,000
이자수익	10,000	
임대료	10,000	
유형자산처분이익	15,000	
환율변동이익	5,000	
상품의 변동		(30,000)
상품매입액		(600,000)
종업원급여		(60,000)
대손상각비		(3,000)
보험료		(20,000)
감가상각비		(10,000)
이자비용		(12,000)
법인세비용차감전순이익		55,000
법인세비용		(25,000)
당기순이익		30,000

29) IFRS회계원리, 송상엽, 도서출판웅지, p.612 예제 활용

〈추가자료〉

(1) 당기에 외화현금에서 환율변동이익 ₩5,000이 발생하였다.

(2) 투자부동산에서 ₩20,000을 투자하였다.

(3) 장부금액 ₩50,000의 토지를 ₩65,000에 처분하였다.

(4) 건물을 ₩60,000에 구입하였으며, ₩10,000의 감가상가비를 계상하였다.

(5) 단기차입금 ₩20,000을 상환하고 추가로 ₩10,000을 차입하였으며 장기차입금 ₩30,000을 차입하였다,

(6) 자본잉여금 ₩50,000을 자본에 전입하였다.

(7) 20x4년의 이익처분은 다음과 같다.

현금배당 ₩10,000 　　이익준비금 ₩3,000

(2) 현금흐름표의 작성

현금흐름표에서는 영업활동 현금흐름을 구하는 것이 복잡하고 까다로운데, 이를 쉽게 이해하기 위해서는 발생기준과 현금기준의 상호관계를 잘 파악해야한다. 발생기준과 현금기준의 상호관계는 다음과 같다.

〈표 13-2〉발생기준과 현금기준의 상호관계

발생기준	영업현금흐름과 관련 없는 손익 및 영업활동과 관련된 자산·부채		현금기준
매출활동관련손익	매출채권, 선수금		고객으로부터수취한 현금
매입활동관련손익	재고자산, 매입채무, 선급금		공급자에게 지급한 현금
기타수익 (매출·매입동이외의 수익)	영업현금흐름과 관련없는 수익	미수수익, 선수수익 당기손익인식금융자산	기타영업동으로 수취한 현금
기타비용 (매출·매입활동이외의 비용)	영업현금흐름과 관련없는 비용	미지급비용, 선급비용, 충당부채	기타영업활동에서 지급한 현금
당기순이익			영업활동현금흐름

영업활동 현금흐름은 발생기준 포괄손익계산서상의 손익에 영업현금흐름과 관련 없는 손익 및 영업활동과 관련된 자산·부채의 증감액을 가감하여 구하게 된다. 이러한 영업활동 현금흐름을 구하는 방법에는 간접법과 직접법이 있는데, K-IFRS에서는 두 가지 방법을 모두 인정하고 있다.

1) 영업활동으로 인한 현금흐름

① 간접법

간접법은 영업활동현금흐름을 포괄손익계산서상의 당기순이익에서 영업현금흐름과 관련 없는 손익을 제거하고, 영업활동과 관련된 자산·부채의 순증감액을 가감하여 구하는 방법이다. 간접법에 의한 영업활동현금흐름을 계산하는 과정을 나타내면 다음과 같다.

〈표 13-2〉 간접법에 의한 영업활동 현금흐름

당기순이익(발생기준)		XXX
① 영업현금흐름과 관련 없는 손익제거 :	수익	(XXX)
	비용	XXX
② 영업활동과 관련된 자산·부채의 증감 :		
	자산의 증가	(XXX)
	감소	XXX
	부채의 증가	XXX
	감소	(XXX)
영업활동현금흐름(현금기준)		XXX

▌영업현금흐름과 관련 없는 손익제거

영업현금흐름과 관련 없는 손익[30]은 투자 및 재무활동과 관련된 손익으로, 이들 손익을 제거하는 이유는 포괄손익계산서상의 당기순이익은 투자 및 재무활동과 관련된 손익까지 포함하고 있으므로 이를 제거하야만 영업현금흐름과 관련된 손익을 구할 수 있기 때문이다.

영업현금흐름과 관련 없는 손익을 당기순이익에 가감하는 방법은 수익은 차감하고 비용은 가산하는 것이다.

▌영업활동과 관련된 자산·부채의 증감

영업활동과 관련된 자산·부채의 당기 순증감액을 당기순이익에 가감하는 방법은 자산의 증가는 차감하고 감소는 가산하며, 반대로 부채의 증가는 가산하고 감소는 차감한다.

〈예제 13-1〉의 경우 영업활동현금흐름을 간접적으로 작성하면 다음과 같다.

30) 영업현금흐름과 관련 없는 손익의 대표적인 예는 감가상각비, 상각후원가측정금융자산의 할인액 상각, 사채발행차금상각액, 자산처분손익, 부채상환손익, 외화표시 현금및현금성자산의 환율변동효과 등이 있다.

현금흐름표

(주)열매 (단위 : 원)

영업활동 현금흐름		
당기순이익		30,000
영업현금흐름과 관련 없는 손익제거		(10,000)
감가상각비	10,000	
환율변동이익[31]	(5,000)	
유형자산처분이익	(15,000)	
영업활동과 관련된 자산·부채의 증감		50,000
매출채권의 감소	15,000	
선급보험료의 증가	(2,000)	
미수이자의 감소	2,000	
상품의 감소	30,000	
매입채무의 증가	14,000	
미지급이자의 감소	(5,000)	
선수임대료의 증가	1,000	
미지급법인세의 감소	(5,000)	
영업활동순현금흐름		70,000

② 직접법

직접법(direct approach)은 영업활동관련손익을 각 활동별로 구분한 후 그 구분된 손익에 당해 영업활동과 관련된 자산, 부채의 증감액을 고려하여 영업활동별로 영업활동 현금흐름을 구하는 방법이다.

이러한 방법은 영업활동에서 발생한 현금흐름을 항목별로 세부적으로 나타내므로 기업의 영업활동에서 발생한 현금흐름의 자세한 정보를 제공해준다. 하지만 직접법에 의한 현금흐름표를 작성하기 위해서는 기업의 모든 영업활동에 대한 회계처리를 파악해야하므로 작성하기 복잡하다는 단점이 있다.

31) K-IFRS에서는 환율변동으로 인한 미실현손익은 현금흐름이 아니지만, 외화로 표시된 현금및현금성자산의 환율변동효과는 기초와 기말의 현금및현금성자산을 조정하기 위해 현금흐름표에 별도 표시하도록 규정하고 있다. 따라서 외화로 표시된 현금및현금성자산과 관련된 환율변동손익은 영업현금흐름과 관련 없는 손익이므로 이를 당기순이익에서 제거하고 현금흐름표에 별도로 표시한다.

〈표 13-3〉 직접법에 의한 영업활동현금흐름

영업활동별 관련 손익(발생기준)	관련수익	xxx
	관련비용	(xxx)
당해 영업활동과 관련된 자산, 부채의 증감		
	자산의 증가	(xxx)
	감소	xxx
	부채의 증가	xxx
	감소	(xxx)
영업활동별 현금흐름(현금기준)		xxx

앞에서 제시된 〈예제 13-1〉을 바탕으로 직접법에 의한 영업활동 현금흐름을 계산해보자.

- 고객으로부터 수취한 현금 : 고객으로부터 수취한 현금은 포괄손익계산서상의 매출활동 관련 손익에 매출활동과 관련된 자산, 부채인 매출채권과 선수금의 증감액을 가감하여 계산한다. 매출활동 관련 손익이란 매출액, 매출채권 관련 대손상각비 등을 말한다. 그리고 매출채권과 선수금의 조정과정은 앞에서 살펴본 간접법의 경우와 동일하다.

  〈예제 13-1〉의 경우 고객으로부터 수취한 현금은 다음과 같다.

매출활동 관련 손익 :	수익(매출액)	₩750,000
	대손상각비	(3,000)
매출채권의 감소		15,000
고객으로부터 수취한 현금		₩762,000

- 공급자에게 지급한 현금 : 공급자에게 지급한 현금은 포괄손익계산서상의 매입활동관련 손익에 매입활동과 관련된 자산·부채인 재고자산, 매입채무, 선급금의 증감액을 가감하여 계산한다. 매입활동관련손익이란, 매출원가(또는 상품의 변동과 상품매입액) 등을 말한다. 그리고 재고자산, 매입채무, 선급금의 조정과정은 간접법의 경우와 동일하다.

  〈예제 13-1〉의 경우 공급자에게 지급한 현금은 다음과 같다.

매입활동 관련 손익 :	상품의 변동	₩(30,000)
	상품매입액	(600,000)
상품의 감소		30,000
매입채무의 증가		14,000
공급업자에게 지급한 현금		₩(586,000)

• 기타영업활동으로 수취한 현금 : 기타영업활동으로 수취한 현금은 기타영업활동관련수익에 기타영업활동과 관련된 자산·부채인 미수수익과 선수수익의 증감액을 가감하여 계산한다. 기타영업활동관련수익이란 포괄손익계산서상의 기타수익(매출, 매입활동 이외의 수익)중 영업현금흐름과 관련 없는 수익을 제외한 수익항목을 말한다. 그리고 미수수익과 선수수익의 조정과정은 간접법의 경우와 동일하다.

〈예제 13-1〉의 경우 기타영업활동으로 수취한 현금은 다음과 같다.

이자수취		임대료수취	
포괄손익계산서상의 이자수익	₩10,000	포괄손익계산서상의 임대료	₩10,000
미수이자의 감소	2,000	선수임대료의 증가	1,000
계	₩12,000	계	₩11,000

• 기타영업활동에서 지급한 현금 : 기타영업활동과 관련된 자산·부채인 선급비용·미지급비용·충당부채의 증감액을 가감하여 계산한다. 기타영업활동관련비용이란 포괄손익계산서상의 기타비용(매출, 매입활동 이외의 비용) 중 영업현금흐름과 관련 없는 비용을 제외한 비용항목을 말한다. 선급비용·미지급비용·충당부채의 조정과정은 간접법의 경우와 동일하다.

〈예제 13-1〉의 경우 기타영업활동에서 지급한 현금은 다음과 같다.

종업원급여지급		임대료수취	
포괄손익계산서상의 종업원급여	₩(60,000)	포괄손익계산서상의 보험료	₩(20,000)
		선급보험료의 증가	(2,000)
계	₩(60,000)	계	₩(22,000)
이자지급		**법인세지급**	
포괄손익계산서상의 이자비용	₩(12,000)	포괄손익계산서상의 법인세비용	₩(25,000)
미지급이자의 감소	(5,000)	미지급법인세의 증가	(5,000)
계	₩(17,000)	계	₩(30,000)

지금까지 살펴본 내용을 종합하여 직접법에 의한 현금흐름표를 작성하면 다음과 같다.

현금흐름표		
(주)열매		(단위 : 원)
영업활동 현금흐름		
고객으로부터 수취한 현금		762,000
공급자에게 지급한 현금		(586,000)
기타영업활동으로 수취한 현금		23,000
이자수취	12,000	
임대료수취	11,000	
기타영업활동에서 지급한 현금		(129,000)
종업원급여지급	60,000	
보험료지급	22,000	
이자지급	17,000	
법인세지급	30,000	
영업활동순현금흐름		70,000

2) 투자활동 현금흐름

투자활동 현금흐름은 영업활동과 관련이 없는 자산의 증가·감소에서 발생한 현금흐름을 말한다. 〈예제 13-1〉의 경우 투자부동산, 토지, 건물(감가상각누계액 포함)이 투자활동과 관련된 계정들인데, 이들의 당기 증가·감소내역을 분석하여 투자활동현금흐름을 찾아내야한다.

① 투자부동산

(차) 투자부동산	20,000	(대) 현금	20,000

*추가자료 1번 : 투자활동현금유출액은 ₩20,000임

② 토지

(차) 현금	65,000	(대) 토지	50,000
		유형자산처분이익	15,000

*추가자료 2번 : 투자활동현금유입액은 ₩65,000이며, 이 거래에서 발생한 처분이익은 영업현금흐름과 관련 없는 손익임

③ 건물

(차) 건물	60,000	(대) 현금	60,000

*추가자료 3번 : 투자활동현금유출액은 ₩60,000임

(차) 감가상각비 10,0000 (대) 감가상각누계액 10,000

*추가자료 4번 : 감가상각비는 영업현금흐름과 관련없는 손익(현금의 유출이 없는 비용)임

3) 재무활동 현금흐름

재무활동현금흐름은 영업활동과 관련이 없는 부채 및 자본의 증가·감소거래에서 발생한 현금흐름을 말한다. 〈예제 13-1〉의 경우 장기차입금, 자본금, 자본잉여금, 일반적립금, 이익잉여금인데, 이들의 당기 증가·감소 내역을 분석하여 재무활동현금흐름을 찾아내야 한다.

① 단기차입금

(차) 단기차입금 20,000 (대) 현금 20,000

(차) 현금 10,000 (대) 단기차입금 10,000

*추가자료 5번 : 재무활동현금유출액은 ₩10,000임

② 장기차입금

(차) 현금 30,000 (대) 장기차입금 30,000

*추가자료 6번 : 재무활동현금유입액 ₩30,000임

③ 자본금과 자본잉여금

(차) 자본잉여금 50,000 (대) 자본금 50,000

*추가자료 7번 : 현금의 유입과 유출이 없는 거래임

④ 이익잉여금

(차) 이익잉여금 13,000 (대) 현금 10,000

일반적립금 3,000

*추가자료 8번 : 재무활동현금유출액은 ₩10,000이며,일반적립금(이익준비금)의 적립은 현금의 유입과 유출이 없는 거래임

(차) 당기순이익 30,000 (대) 이익잉여금 30,000

*포괄손익계산서

3. 현금흐름표의 작성사례[32)]

20×2년 동안 다음과 같은 거래가 발생하였다.

① (주)열매는 당기에 상품 ₩880,000을 판매하고 대금 중 ₩220,000은 현금으로 수령 하고 나머지는 매출채권으로 회계처리하였다. (주)열매는 계속기록법을 사용하고 있다.

② 위 매출과 관련되어 발생한 매출원가는 ₩630,000이다.

③ 당기 중에 매입한 재고자산의 원가는 ₩704,000이다. 매입은 전액 외상매입이었다.

④ 일부 부서를 이전함에 따라 기존에 이용하던 건물 중 1개 동을 ₩110,000에 현금을 수취하고 매각하였으며, 이전하는 부서를 위하여 새로운 건물을 ₩150,000에 현금으로 매입하였다. 한편, 당기 중의 건물에 대한 감가상각비는 ₩20,000이다.

⑤ (주)열매의 무형자산은 특허권이며 당기에 ₩5,000이 상각되었다.

⑥ 당기의 종업원 급여로 ₩150,000을 현금으로 지출하였으며, 기존 사무실이 협소하여 사무실을 임대하여 사용한 결과 ₩5,000의 임차료가 발생하였다. 임차료는 20×3년 1월에 지급하기로 하였다.

⑦ 건물의 취득을 위하여 ₩100,000을 은행에서 차입하였다. 새로운 차입금과 기존 차입금으로부터 발생한 당기 이자비용은 총 ₩24,000이며 모두 현금으로 지급하였다.

⑧ 사업의 확장에 따른 여유분의 현금보유 필요성을 느껴 자본금 ₩20,000을 증가시키는 유상증자를 실시하였으며 이로 인한 현금유입액은 ₩100,000이다.

⑨ 20×2년 중에 주주에게 배당금 ₩30,000을 현금으로 지급하였다.

한편, (주)열매의 20x1년과 20x2년의 비교재무상태표 및 20x2년의 포괄손익계산서는 다음과 같다.

비교재무상태표

(주)열매

	20x1년12월31일	20x2년12월31일
유동자산		
현금및현금성자산	₩55,000	₩131,400
매출채권	120,000	156,000

32) GLOBAL회계원리, 곽수근 · 송혁준, 신영사, p.432 사례 응용

재고자산	80,000	154,000
비유동자산		
토지	200,000	200,000
건물	250,000	300,000
(감가상각누계액)	(50,000)	(50,000)
특허권	20,000	15,000
자산총계	₩675,000	₩906,400
유동부채		
매입채무	₩100,000	₩80,400
미지급비용	20,000	25,000
비유동부채		
장기차입금	200,000	300,000
자본		
자본금	100,000	120,000
자본잉여금	150,000	230,000
이익잉여금	105,000	151,000
부채 및 자본총계	₩675,000	₩906,400

포괄손익계산서

㈜ 열매	20x2년	
매출액		₩880,000
매출원가		630,000
매출총이익		₩250,000
급여		150,000
감가상각비		20,000
무형자산상각비		5,000
임차료		5,000
이자비용		24,000
유형자산처분이익		30,000
당기순이익		₩76,000
기타포괄손익		-
총포괄이익		₩76,000

①, ② 매출원가 ₩630,000의 상품을 ₩880,000에 판매하면서 ₩220,000은 현금으로 수령하고 나머지는 외상거래

(차) 현금	220,000	(대) 매 출	880,000
매출채권	660,000		
(차) 매출원가	630,000	(대) 재 고 자 산	630,000

③ 재고자산 ₩704,000을 외상으로 매입 :

(차) 재 고 자 산	704,000	(대) 매 입 채 무	704,000

④ 건물 일부를 ₩110,000에 매각하였으며, 이전하는 부서를 위하여 새로운 건물을 ₩150,000에 매입 :

(차) 현금	110,000	(대) 건 물*1),3)	100,000
감가상각누계액*2),3)	20,000	유형자산처분이익	30,000
(차) 건물	150,000	(대) 현 금	150,000
(차) 감가상각비	20,000	(대) 감가상각누계액	20,000

*1) 당기 처분한 건물의 취득원가 = 기초 건물금액+당기 취득금액−기말 건물금액
= ₩250,000+150,000−300,000 = ₩100,000

*2) 당기 처분한 건물의 감가상각누계액
= 기초 감가상각누계액+당기 감가상각비−기말 감가상각누계액
= ₩50,000+20,000−50,000 = ₩20,000

*3) 처분한 건물의 장부금액과 감가상각누계액은 T계정을 통해서도 파악이 가능

건물 (단위 :천원)

기초	250	당기처분	100
당기취득	150	기말	300
계	400	계	400

건물-감가상각누계액 (단위 : 천원)

당기감소	20	기초	50
기말	50	당기증가	20
계	70	계	70

⑤ 특허권의 ₩5,000 상각 :

(차) 무형자산상각비	5,000	(대) 특허권	5,000

⑥ 종업원 급여로 ₩150,000 현금지급. 임차료 ₩5,000은 기말 현재 미지급 :

(차) 급 여	150,000	(대) 현금	150,000
(차) 임차료	5,000	(대) 미지급비용	5,000

⑦ 차입금 ₩100,000 증가 및 이자비용 ₩24,000의 발생 :

(차) 현금	100,000	(대) 장기차입금	100,000
(차) 이자비용	24,000	(대) 현금	24,000

⑧ 유상증자로 인한 현금유입 ₩100,000 :

(차) 현금	100,000	(대) 자본금	100,000
		자본잉여금	80,000*

*자본잉여금의 증가분 = 주식발행금액－자본금 = ₩100,000－20,000 = ₩80,000

⑨ 20×2년중에 주주에게 ₩30,000을 배당금으로 지급 :

(차) 이익잉여금	30,000	(대) 현금	30,000

▌현금흐름표의 작성 – 직접법

현금흐름표–직접법

(주)열매	20x2년		
1. 영업활동으로 인한 현금흐름			(₩53,600)
A. 매출로 인한 현금유입액		844,000	
B. 매입으로 인한 현금유출액		(723,600)	
C. 급여의 지급		(150,000)	
D. 이자비용의 지급		(24,000)	
2. 투자활동으로 인한 현금흐름			(40,000)
A. 투자활동으로 인한 현금의 유입		110,000	
ㄱ. 건물의 처분	110,000		
B. 투자활동으로 인한 현금의 유출		(150,000)	
ㄱ. 건물의 취득	(150,000)		
3. 재무활동으로 인한 현금흐름			170,000
A. 재무활동으로 인한 현금의 유입		200,000	
ㄱ. 차입금의 증가	100,000		
ㄴ. 유상증자	100,000		
B. 재무활동으로 인한 현금의 유출		(30,000)	
ㄱ. 배당금의 지급	(30,000)		
4. 현금의 순증감 (1.+2.+3.)			₩76,400
5. 기초의 현금			55,000
6. 기말의 현금			₩131,400

현금흐름표 작성 – 간접법

현금흐름표-간접법

(주)열매 20x2년

1. 영업활동으로 인한 현금흐름			(₩53,600)
A. 당기순이익		76,000	
B. 현금유입이 없는 비용 등의 가산		25,000	
ㄱ. 감가상각비	20,000		
ㄴ. 무형자산상각비	5,000		
C. 현금유출이 없는 수익 등의 차감		(30,000)	
ㄱ. 유형자산처분이익	(30,000)		
D. 영업활동으로 인한 자산과 부채의 변동		(124,600)	
ㄱ. 매출채권의 증가	(36,000)		
ㄴ. 재고자산의 증가	(74,000)		
ㄷ. 매입채무의 감소	(19,600)		
ㄹ. 미지급금의 증가	5,000		
2. 투자활동으로 인한 현금흐름			(40,000)
A. 투자활동으로 인한 현금의 유입		110,000	
ㄱ. 건물의 처분	110,000		
B. 투자활동으로 인한 현금의 유출		(150,000)	
ㄱ. 건물의 취득	(150,000)		
3. 재무활동으로 인한 현금흐름			₩170,000
A. 재무활동으로 인한 현금의 유입		200,000	
ㄱ. 차입금의 증가	100,000		
ㄴ. 유상증자	100,000		
B. 재무활동으로 인한 현금의 유출		(30,000)	
ㄱ. 배당금의 지급	(30,000)		
4. 현금의 순증감 (1.+2.+3.)			₩76,400
5. 기초의 현금			55,000
6. 기말의 현금			₩131,400

익힘문제

1. 현금흐름표는 기업의 영업활동, 투자활동 및 재무활동 현금흐름에 대한 정보를 제공한다. 영업활동, 투자활동, 재무활동이란 각각 어떤 활동인지 설명하라.

2. 영업활동 현금흐름의 개념을 설명하라.

3. 개념적으로 볼 때 재무활동의 현금유입과 현금유출에는 각각 어떤 요소들이 있는가?

4. 회계기준은 현금흐름표에서 현금성자산을 현금의 범위에 포함시키고 있다. 현금성자산이란 무엇인가?

5. 영업활동 현금흐름을 측정함에 있어 직접법이란 어떤 방법인지 설명하라.

6. 영업활동 현금흐름을 측정함에 있어 간접법이란 어떤 방법인지 간략히 설명하라.

7. 투자활동 현금흐름의 측정방법을 설명하라.

8. 제무활동 현금흐름의 측정방법을 설명하라.

연습문제

1. 계정의 분석

다음의 거래자료를 참고하여 (주)열매의 20×4년 현금흐름표 작성을 위한 계정을 분석(분개)하라.

(1) 토지 ₩35,000을 현금으로 구입하였으며 장부금액 ₩56,000의 토지를 ₩43,000에 처분하였다.

(2) 취득원가 ₩28,000, 감가상각누계액 ₩12,000의 건물을 ₩17,000에 처분하였다.

(3) 20×4년의 이익처분은 현금배당 ₩37,000과 이익준비금의 적립 ₩3,000이다.

2. 영업활동

다음은 (주)열매의 20×1년 손익계산서와 비교재무상태표의 일부분이다. 이를 이용하여 영업활동으로 인한 현금흐름을 간접법과 직접법을 사용하여 각각 구하라.

손익계산서

매 출	₩800,000
매출원가	(400,000)
매출총이익	400,000
감가상각비	(100,000)
급 여	(80,000)
보 험 료	(30,000)
이자비용	(60,000)
당기순이익	₩130,000

부분재무상태표

	20×0년말	20×1년말
매출채권	₩420,000	₩550,000
미지급급여	50,000	40,000
매입채무	470,000	350,000
미지급보험료	60,000	90,000

3. 투자활동

다음은 (주)열매의 재무상태표와 손익계산서의 일부와 추가정보이다. 이를 토대로 20×1년도의 현금흐름표에 보고되어야 할 투자활동으로부터의 현금흐름을 계산하라.

부분재무상태표

	20×0년말	20×1년말
유형자산(토지)	₩350,000	₩670,000
미지급금	27,000	77,000

부분손익계산서
20×1년

토지처분이익	₩26,000
당기순이익	56,000

[추가정보]

20×1년 6월 1일 원가 ₩120,000의 토지를 현금으로 받고 처분하였다. 또한 20×1년 11월중 새로운 토지를 구입하였으며, 재무상태표에도 나와 있듯이 구입대금 중 현금으로 지급하지 못한 ₩50,000은 미지급금으로 계상되었다. 토지 외에 처분하거나 구입한 유형자산은 없다.

4. 재무활동

다음은 20×1년에 있었던 (주)열매의 재무활동에 관한 자료이다. 이 자료를 바탕으로 각 거래에 대한 분개를 하고 (주)열매의 재무활동으로 인한 현금흐름을 구하여라.

(1) 유상증자로 인한 현금유입	₩300,000	신주의 액면금액	₩100,000
(2) 사채 조기상환액(이자포함)	650,000	이자비용	20,000
사채의 장부금액	600,000		

5. 종합예제

다음 (주)열매의 회계자료와 추가자료를 바탕으로 20×1년의 영업활동으로 인한 현금흐름을 직접법과 간접법으로 각각 구하고 현금흐름표를 작성하여라. 이때, 이자수익은 재무활동으로 인한 현금흐름으로 분류한다.

비교재무상태표

	20×0년	20×1년		20×0년	20×1년
현 금	₩399,000	₩840,000	매입채무	₩8,000	₩5,000
매출채권	6,000	9,000	미지급비용	7,000	1,000
재고자산	13,000	11,000	선수임대료	10,000	15,000
건 물	71,000	60,000	자 본 금	340,000	400,000
감가상각누계액	(55,000)	(41,000)	이익잉여금	69,000	458,000

포괄손익계산서

매 출		₩980,000
매출원가		(470,000)
매출총이익		510,000
판매비와관리비		
급 여	₩47,000	
보 험 료	26,000	
감가상각비	10,000	(83,000)
영업이익		427,000
임 대 료	21,000	
이자수익	4,000	
건물처분이익	5,000	30,000
당기순이익		₩457,000

[추가자료]

(1) 미지급비용은 급여로 인해, 선수금은 임대료로 인해 발생한 것이다.

(2) 당기에 ₩60,000의 유상증자가 있었으며 현금으로 발행되었다.

(3) 20×1년 1월 1일에 취득원가 ₩35,000, 감가상각누계액 ₩24,000인 건물을 ₩16,000에 처분하였다.

(4) 현금배당 ₩68,000이 주주들에게 지급되었다.

연습문제 해답

1. (1) 토지 : 투자활동으로 인한 현금흐름을 구할 때, 유형자산처분손실은 현금의 유입과는 상관이 없으므로 당기순이익에 가산하여 준다.

(차) 토　　지	35,000	(대) 현　　금	35,000
(차) 현　　금	43,000	(대) 토　　지	56,000
유형자산처분손실	13,000		

(2) 건물 : 투자활동으로 인한 현금흐름을 구할 때, 유형자산처분이익은 현금의 유출과는 관계가 없으므로 당기순이익에서 차감하여 준다.

(차) 현　　금	17,000	(대) 건　　물	28,000
감가상각누계액	12,000	유형자산처분이익	1,000

(3) 이익잉여금 : 포괄손익계산서상의 당기순이익을 이익잉여금에 전입하고 이익잉여금 처분에 관한 분개를 하면 된다. 현금배당은 재무활동으로 인한 현금흐름을 계산할 때 현금의 유출과 직접적인 관련이 있으므로 당기순이익에서 차감해야 하는 사실을 잊지 말아야 한다.

(차) 이익잉여금	40,000	(대) 현　　금	37,000
		이익준비금	3,000

2. (1) 영업활동으로 인한 현금흐름(간접법)

당기순이익	₩130,000
감가상각비	100,000
매출채권의 증가	(130,000)
미지급급여의 감소	(10,000)
매입채무의 감소	(80,000)
미지급보험료의 증가	30,000
영업활동으로 인한 현금흐름	₩40,000

(2) 영업활동으로 인한 현금흐름(직접법)

매출로부터의 현금유입 = 매출액 − 매출채권의 증가분

= ₩800,000 − 130,000 = ₩670,000

매입으로부터의 현금유출 = 매출원가 + 매입채무의 감소분

= ₩400,000 + 80,000 = ₩480,000

급여로 인한 현금유출 = 급여 + 미지급급여의 감소분

= ₩80,000 + 10,000 = ₩90,000

보험료 지급으로 인한 현금유출 = 보험료 − 미지급보험료의 증가분

= ₩30,000 − 30,000 = ₩0

이자비용 = ₩60,000

영업활동으로 인한 현금흐름 = ₩670,000 − 480,000 − 90,000 − 60,000 = ₩40,000

3. (1) 현금유입액 : 토지 처분금액 = ₩120,000 + 26,000(토지처분이익)

= ₩146,000

(2) 현금유출액 : 토지 증가액 = ₩670,000 − (₩350,000 − 120,000)

= ₩440,000

토지 현금구입액 = ₩440,000 − 50,000 = ₩390,000

(3) 현금흐름 : ₩146,000 − 390,000 = (₩244,000)

4. (1) 유상증자로 인한 현금유입

(차) 현 금	300,000	(대) 자 본 금	100,000
		주식발행초과금	200,000

(2) 사채상환에 따른 현금유출

(차) 사 채	600,000	(대) 현 금	650,000
이자비용	20,000		
사채상환손실	30,000		

(3) 재무활동으로 인한 현금흐름 = ₩300,000 − 650,000 = (₩350,000)

5. (1) 영업활동으로 인한 현금흐름(직접법)

매출로부터의 현금유입 = 매출액 − 매출채권의 증가분

= ₩980,000 − 3,000 = ₩977,000

매입으로부터의 현금유출 = 매출원가 + 매입채무의 감소분 − 재고자산의 감소분

= ₩470,000 + 3,000 − 2,000 = ₩471,000

급여로 인한 현금유출 = 급여 + 미지급급여의 감소분

= ₩47,000 + 6,000 = ₩53,000

보험료로 인한 현금유출 = ₩26,000

임대료로 인한 현금유입 = 임대료 + 선수임대료의 증가분

= ₩21,000 + 5,000 = ₩26,000

영업활동으로 인한 현금흐름 = ₩977,000 − 471,000 − 53,000 − 26,000 + 26,000

= ₩453,000

(2) 영업활동으로 인한 현금흐름(간접법)

당기순이익	₩457,000
매출채권의 증가	(3,000)
재고자산의 감소	2,000
선수임대료의 증가	5,000
미지급비용의 감소	(6,000)
매입채무의 감소	(3,000)
영업활동과 무관한 손익의 제거	
감가상각비	10,000
이자수익	(4,000)
건물처분이익*	(5,000)
영업활동으로 인한 현금흐름	₩453,000

참고로 건물처분과 관련된 손익은 다음과 같이 계산할 수 있다.

(차)	현 금	16,000	(대) 건 물	35,000
	감가상각누계액	24,000	건물처분이익	5,000

또한 취득원가가 ₩35,000인 건물을 처분했음에도 불구하고 20×1년말 재무상태표에 계상된 건물이 ₩60,000이므로 차액인 ₩24,000{₩60,000−(₩71,000−35,000)}만큼이 신규 건물을 구입하는 데 투자되었다고 유추할 수 있다.

(3) 투자활동으로 인한 현금흐름

건물의 처분	₩16,000
건물의 취득	(24,000)
투자활동으로 인한 현금흐름	(₩8,000)

(4) 재무활동으로 인한 현금흐름

유상증자	₩60,000
이자수익	4,000
현금배당	(68,000)
재무활동으로 인한 현금흐름	(₩4,000)

(5)

현금흐름표

영업활동으로 인한 현금흐름		₩453,000
당기순이익	₩457,000	
감가상각비	10,000	
이자수익	(4,000)	
건물처분이익	(5,000)	
매출채권의 증가	(3,000)	
재고자산의 감소	2,000	
선수금의 증가	5,000	
미지급급여의 감소	(6,000)	
매입채무의 감소	(3,000)	
투자활동으로 인한 현금흐름		(8,000)
건물의 처분	16,000	
건물의 취득	(24,000)	
재무활동으로 인한 현금흐름		(4,000)
유상증자	60,000	
이자수익	4,000	
현금배당	(68,000)	
현금의 증가		441,000
기초현금		399,000
기말현금		₩840,000

14장 재무제표분석

지금까지는 재무제표를 작성하기 위한 회계처리방법 및 절차에 중점을 두어 설명하였다. 본 장에서는 완성된 재무제표에 근거하여 재무제표에 담겨 있는 정보를 분석하고 활용하는 것을 목적으로 하는 재무제표분석에 대하여 살펴보고자 한다.

1. 재무제표 분석의 의의

회계정보는 기업의 재무상태와 경영성과에 대한 정보와 현금흐름에 대한 정보가 담겨져 있다. 많은 회계정보는 일반 대중에게 공시되기 때문에 정보이용자는 큰 비용을 들이지 않고 쉽게 회계정보를 얻을 수 있다. 또한 기업과 정보이용자와는 독립적인 외부감사인이 회계정보의 적정성에 대하여 평가를 하게 되므로 정보의 신뢰성이 상대적으로 높다. 그런데 재무제표 이용자가 그러한 정보를 실제로 의사결정에 활용하려면, 재무제표에서 정보를 추출하여 해석하는 작업이 필요하다. 각 정보 이용자가 효과적이고 효율적으로 재무제표 정보를 이용하기 위해서 필요한 방법이 재무제표분석이다. 재무제표분석(financial statement analysis)은 재무제표이용자의 의사결정에 도움이 되도록 재무제표에 포함된 정보를 이용 가능한 상태로 가공하여 제공하는 것을 말한다. 즉, 재무제표분석은 기업실체의 과거 및 현재의 재무상태와 경영성과를 평가하고 기업실체의 미래상황을 예측하는 데 도움을 준다.

재무정보 이용자들은 주주, 채권자, 경영자, 정부기관, 거래업체 등 매우 다양하며, 그들 각자가 재무정보를 이용하는 목적도 다양하다. 따라서 재무제표분석은 다양한 재무정보이용자의 요구를 충족시킬 수 있는 재무제표 분석기법이나 재무비율도 다를 것이다. 재무제표분석을 위해서 기업 외부의 재무정보이용자가 이용가능한 재무제표의 정보를 활용해서 어떻게 의사결정에 활용할 수 있는지 살펴보도록 하자.

2. 분석기법

(1) 추세분석

추세분석(trend analysis)이란 일정기간 재무비율 증감이나 변화추세를 파악하여 재무상태가 개선되고 있는지 아니면 악화되고 있는지를 분석하는 것을 말한다. 장기적인 추세를 분석하여 재무상태의 변화를 평가하게 되면 상호비교에서는 얻을 수 없는 정보를 알아낼 수 있는 장점이 있다. 예를 들어, 어느 기업의 자기자본순이익률이 10%로서 산업평균비율 15%에 비교하여 불량하다는 결론을 얻게 되었다 하더라도, 과거 5년 동안 3%, 6%, 6.5%, 7%, 9% 그리고 10%로 상승하였다면 이 기업은 장기적으로 볼 때 경영성과가 개선되고 있음을 반영한 것이므로 긍정적인 평가가 내려질 수 있는 것이다. 이러한 의미에서 추세분석은 기업내 분석, 시계열 분석 또는 수평적 분석이라고도 불려진다.

(2) 요소구성비율 분석

요소구성비율(component ratio)이란 재무제표를 구성하고 있는 각각의 항목이 재무제표 전체에서 어느 정도 비중을 차지하는지 분석하는 것을 말한다. 예를 들면, 재무상태표의 각 항목을 총자산에 대한 비율로 표시하고, 포괄손익계산서의 항목들은 매출액에 대한 비율로 표시할 수 있는데, 이렇게 표시된 재무제표를 공통형 재무제표(common-size financial statement)라고 부른다. 이렇게 비율로 표시하면 자산과 부채의 항목, 손익 항목들이 어떻게 구성되었는지 파악할 수 있으며, 기업규모가 다른 여러 기업들간에도 비교가 용이해진다.

〈표 14-1〉과 〈표 14-2〉에 (주)열매의 20x4년, 20x4년 재무상태표와 포괄손익계산서를 비교하고 있다. 20x4년도와 20x4년도의 수치 자체를 단순히 비교해서는 의미있는 분석을 하기가 어렵다. 따라서 재무상태표의 각 항목을 총자산으로 나눈 비율로 표시하고, 포괄손익계산서의 각 항목을 매출액으로 나눈 비율을 나타낸 공통형 포괄손익계산서를 비교해 보면 20x4년과 20x4년의 각 구성항목을 비교해 볼 수 있다.

20x4년의 경우 총자산에서 매도가능금융자산이 차지하는 비중이 47.3%로 가장 큰 반면, 20x4년에는 유형자산이 차지하는 비중이 48.5%로 가장 크다. 또한 20x4년도의 매출원가 비중이 20x4년도의 매출원가 비중 보다 크지만, 판매비의 비중은 20x4년도에 더 높아진 것을 볼 수 있다.

이와 같은 예는 요소구성비율에 의한 재무분석의 한계점을 제시하고 있다. 이 방법은 요소구성비율의 변동은 기준이 되는 금액의 변동 또는 두 가지 모두의 변동에 의해 발생할 수 있다는 것을 인식하고 있어야 한다.

〈표 14-1〉 재무상태표와 공통형 재무상태표

	재무상태표		공통형 재무상태표	
	20x3	20x4	20x3	20x4
유동자산				
현금및현금성자산	₩322,900	₩1,249,600	16.2%	16.3%
매출채권	110,800	366,400	5.5%	4.8%
재고자산	132,500	540,920	6.6%	7.0%
기타유동자산	12,540	102,600	0.6%	1.3%
비유동자산				
매도가능금융자산	945,460	1,606,480	47.3%	20.9%
유형자산	360,020	3,726,000	18.0%	48.5%
영업권	91,200	-	4.6%	0.0%
기타무형자산	22,740	90,960	1.1%	1.2%
자산총계	₩1,998,160	₩7,682,960	100.0%	100.0%
유동부채				
매입채무	₩187,620	₩460,400	9.4%	6.0%
단기차입금	200,000	600,000	10.0%	7.8%
비유동부채				
장기차입금	160,000	480,000	8.0%	6.2%
부채총계	₩547,620	₩1,540,400	27.4%	20.0%
자본금	₩800,000	₩3,400,000	40.0%	44.3%
이익잉여금	650,540	2,742,560	32.6%	35.7%
자본총계	₩1,450,540	₩6,142,560	72.6%	80.0%

〈표 14-2〉 포괄손익계산서와 공통형 포괄손익계산서

	포괄손익계산서		공통형 포괄손익계산서	
	20x3	20x4	20x3	20x4
매출	₩355,000	₩1,560,000	100.0%	100.0%
매출원가	230,000	680,000	64.8%	43.6%
매출총이익	125,000	880,000	35.2%	56.4%
판매비	8,700	336,000	2.5%	21.5%
관리비	21,000	80,000	5.9%	5.1%
이자비용	7,500	32,000	2.1%	2.1%
법인세비용차감전순이익	87,800	432,000	24.7%	27.7%
법인세비용	21,950	108,000	6.2%	6.9%
계속영업이익	65,850	324,000	18.5%	20.8%
중단영업손실	-	122,000	0.0%	7.8%
당기순이익	65,850	202,000	18.5%	12.9%
기타포괄손익				
매도가능금융자산	240	800	0.1%	0.1%
총포괄이익	₩66,090	₩202,800	18.6%	13.0%

(3) 재무비율 분석

재무비율(financial ratio)이란 재무제표 항목들 간의 관계를 분석하는 것이다. 재무비율은 여러 가지 방법으로 표현하고 있는데, 크게 수익성, 활동성, 유동성, 레버리지 비율로 구분할 수 있다. 이러한 재무비율을 이용함으로써 상호 관련된 많은 항목들을 경제적인 의미가 있는 몇몇 지표로 축소할 수 있고 보다 쉽게 이해할 수 있게 된다. 그러나 재무비율은 여러 가지 한계점이 있기 때문에 이를 식별하고 분별력있게 사용할 필요가 있다. 흔히 사용되고 있는 여러 가지 비율에 대해서는 다음에서 자세히 살펴보도록 한다.

3. 재무비율분석

재무비율은 재무제표에서 경제적 의미와 이론적인 연관관계가 분명한 특정 두 항목을 서로 대비하여 이해하기 쉬운 지표로 나타낸 것이다.

〈그림 14-1〉에서 기업활동을 재무제표분석 측면에서 영업활동, 투자활동, 재무활동으로 구분하고 있다. 즉, 영업활동은 최소의 비용으로 최대한 수익을 얻기 위한 활동이고, 투자활동은 자원의 효율적 활용을 위한 활동이다. 또한 재무활동은 자원의 효율적 조달을 위한 활동으로 나눌 수 있다.[33]

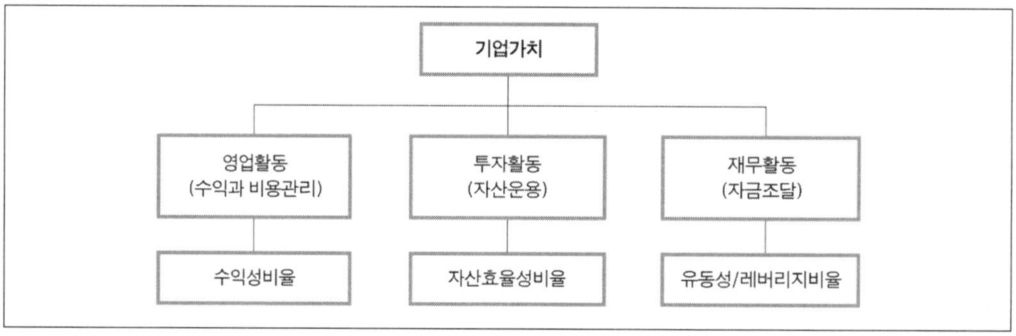

〈그림 14-1〉 기업활동의 구분과 재무비율

따라서 재무비율도 이러한 구분에 관련 있는 비율로 나눌 수 있다. 즉, 영업활동은 수익성비율, 투자활동은 자산효율성(활동성)비율, 그리고 재무활동은 유동성비율과 레버리지비율로 평가할 수 있다.

33) IFRS회계원리, 이효익·최관·백원선, 신영사, p.630

(1) 수익성비율

수익성비율(profitability ratio)이란, 기업이 이익을 창출할 수 있는 능력을 나타내는 재무비율이다. 즉, 투자자나 채권자들로부터 조달된 자본이 얼마나 효율적으로 이용되고 있는지를 나타내는 지표이다.

▌매출총이익률

매출총이익률(return on sales, gross profit margin)은 매출액에서 모든 비용을 차감한 후 얼마의 이익(margin)을 얻고 있느냐를 나타내는 재무비율이다. 즉, 매출액 ₩1당 얼마만큼의 매출총이익을 달성했는지 나타낸다. 매출활동에서 가장 직접적인 비용인 매출원가를 차감한 매출총이익이 매출액 대비 높을수록 수익률이 높다고 할 수 있다. 이 비율의 분모로는 매출액을 이용하고, 분자로는 매출총이익, 영업이익, 순이익 등을 이용하고 있다. 어느 것을 분자로 이용하느냐에 따라 매출총이익률, 매출액영업이익률, 매출액순이익률로 불린다.

$$매출총이익률 = \frac{매출총이익}{매출액} = \frac{매출액 - 매출원가}{매출액}$$

▌총자산이익률

총자산이익률(ROA : return on assets)은 총자본이익률이라고도 하는데, 기업이 수익을 창출하기 위하여 조달한 총자본을 얼마나 효율적으로 이용하고 있는지 나타내는 재무비율이다.

$$총자산이익률 = \frac{이자비용차감전이익(또는당기순이익)}{평균총자산}$$

분모의 총자산은 주주 뿐만 아니라 채권자로부터 조달된 자금의 합계를 의미하므로 분자의 이익도 채권자에게 귀속되는 이자비용을 차감하기 전 영업이익을 이용하는 것이 타당하다. 재무비용이 이 비율의 산정에서 제외됨으로써 자본구조의 차이에 상관없이 기업간의 비교가 가능해진다. 이 비율의 분자는 한 기간의 흐름(flow)을 나타내고, 분모는 특정시점 자산의 수치(stock)를 나타낸다. 따라서 분자와 분모의 인식의 차이를 반영하기 위하여 분모는 기초와 기말의 평균을 사용한다.

▌자기자본이익률

자기자본이익률(ROE: return on equity)은 보통주 소유자들에 의하여 출자된 자본이 얼마나 효율적으로 이용되고 있는지를 나타내는 재무비율이다. 주주 입장에서는 부채에 대한 대가인 이자비용을 차감한 이익에 관심이 있기 때문에 자기자본이익률을 계산할 때에는 당기순이익을 사용한다. 자기자본이익률은 주주의 입장에서 수익률을 평가하는 지표로 널리 사용되고 있다.

$$\text{자기자본이익률} = \frac{\text{당기순이익}}{\text{평균자기자본}}$$

자기자본율이 높다면 주주가 투입한 자본이 잘 활용되어 높은 수익성을 달성한 것으로 해석할 수 있다.

▌주당순이익

주당순이익(EPS : earning per share)은 기업의 순이익을 가중평균유통주식수로 나눈 주당 순이익을 말한다.[34] 주당순이익은 보통주를 보유하고 있는 주주입장에서 회사의 수익성을 평가하기 위해 널리 사용되고 있는 지표이다.

$$\text{주당순이익} = \frac{\text{당기순이익} - \text{우선주배당금}}{\text{가중평균유통주식수}}$$

순이익 그 자체는 총액이어서 개개인의 주주에게 돌아올 이익의 크기를 반영하지 못한다. 주주에게는 자신이 소유한 1주에 돌아올 이익의 몫이 더 중요한 의미를 갖는다. 따라서 기업에 따라서는 총괄적인 경영목표치로 사용되기도 한다.

(2) 활동성비율

활동성비율이란, 기업이 보유하고 있는 자산이 효율적으로 운용되고 있는지 여부를 측정한다.

34) 유통주식수는 기업의 발행보통주식 수에서 자기주식을 차감한 것이다. 당기 중에 유상증자, 무상증자, 주식분할 등이 있으면 그 발행일 기준으로 기간경과에 따라 가중평균한다.

매출채권회전율과 매출채권평균회수기간

매출채권회전율(accounts receivable turnover ratio)은 매출채권이 현금화되는 속도 또는 매출채권에 대한 투자효율성을 나타낸다.

$$매출채권회전율 = \frac{매출액}{평균매출채권}$$

이 비율은 기업이 회계기간동안 매출채권을 평균적으로 몇 번이나 회수하였는지를 나타낸다. 매출채권회전율이 높다는 것은 매출액에 비해 매출채권 잔액이 낮다는 것을 나타내는데, 이는 신용 대신 현금으로 판매하는 비중이 높거나 또는 매출채권이 빨리 회수되고 있음을 의미한다.

한편, 1년 즉, 365일을 매출채권회전율로 나누면 매출채권이 한 번 회전하는데 소요되는 기간이 측정되는데 이를 매출채권평균회수기간(average collection period)이라고 한다.

$$매출채권평균회수기간 = \frac{365일}{매출채권회전율}$$

매출채권 평균회수기간은 경영자와 재무분석가에게 여러 측면에서 매우 중요한 정보를 제공한다. 이 비율은 기업이 신용기간에 관한 정책과 비교됨으로써 신용판매관리의 효율성을 측정할 수 있다. 매출채권 평균회수기간은 기업이 보유하고 있는 매출채권의 단기유동성을 평가하는 데에도 이용할 수 있는데 평균회수기간이 짧을수록 평균적으로 매출채권의 유동성이 높다는 것을 뜻한다.

재고자산회전율

재고자산회전율(inventory turnover)은 매출원가를 평균재고자산으로 나눈 값이다. 이 비율은 기업이 재고자산을 얼마나 효율적으로 관리하고 있는지 나타내는 지표이다.

$$재고자산회전율 = \frac{매출원가}{평균재고자산}$$

재고자산회전율이 높을수록 재고자산이 효율적으로 관리되고 있다는 것을 나타낸다. 이 비율이 높으면 상대적으로 적은 재고자산을 가지고 일정액의 매출을 달성하고 있다는 것을 의미하는데, 이는 재고자산이 효율적으로 운용되고 있다는 것을 나타내기 때문이다. 회전율이 낮은 경우 즉, 재고자산이 과다한 경우는 판매부진이나 재고자산이 진부화가능성을 의미할 수 있다.

▌총자산회전율

총자산회전율(asset turnover)은 기업이 수익을 창출하는데 자산을 얼마나 효율적으로 사용하는지를 측정한다.

$$총자산\ 회전율 = \frac{매출액}{평균총자산}$$

총자산회전율은 매출액을 평균총자산으로 나누어 측정한다. 총자산회전율이 높을수록 한 단위의 자산을 이용하여 보다 높은 매출액을 실현한 것이므로 자산이 효율적으로 이용되고 있다는 것을 의미한다.

(3) 유동성비율(단기 지급능력)

유동성비율(liquidity ratio)이란 기업이 단기 채무를 상환할 능력이 있는지를 측정한다. 따라서 기업이 보유하고 있는 유동자산이 단기채무의 상환자원이 되기 때문에 유동성은 유동자산과 유동부채의 비율로 흔히 표현된다. 기업의 이해관계자들 중 특히 단기채권자인 은행이나 거래처들이 유동성비율을 중요시 한다.

▌유동비율

유동비율(current ratio)이란 유동자산을 유동부채로 나누어 측정한다.

$$유동비율 = \frac{유동자산}{유동부채}$$

유동비율이 높다는 것은 기업이 유동부채에 비해 유동자산을 많이 보유하고 있다는 것을 의미한다. 따라서 기업의 유동비율이 높다면 단기 채무상환능력이 양호한 것으로 평가 할 수 있다.

▌당좌비율

유동자산 중에서 현금화되는 속도가 늦고, 현금화되는 과정에서 불확실성이 높은 재고자산을 차감한 것을 당좌자산이라고 한다. 이 당좌자산과 단기부채를 대응시키는 것이 당좌비율(quick ratio)인데, 단기채무에 대한 지급 능력을 평가하는데 보다 효과적일 때가 있다. 유동비율이 높은 경우라도 재고자산의 비율이 높은 경우에는 당좌비율은 상대적으로 낮아질 수도 있다.

$$당좌비율 = \frac{재고자산이외의유동자산}{유동부채}$$

(4) 레버리지비율(장기 지급능력)

레버리지비율(leverage ratio)은 기업이 장기적으로 채무의 원금과 이자를 원만하게 지급할 수 있는지 여부를 측정한다. 채권자는 레버리지비율을 장기채권에 대한 위험부담 정도를 평가하는 기준으로 사용한다. 한편, 경영자는 이 비율들을 자본조달에 관환 의사결정기준으로 사용할 수 있다.

▌부채비율

부채비율(D/E : debt-to-equity ratio)은 총부채를 자기자본으로 나눈 비율인데, 기업의 레버리지 정도를 나타낸다. 부채비율이 높으면 기업이 만기에 부채를 상환하지 못할 가능성이 높아진다고 볼 수 있다.

$$부채비율 = \frac{총부채}{자기자본(또는총자산)}$$

분모로 자기자본 대신 총자산을 사용할 수도 있다. 이 때에는 자산에서 총부채가 차지하는 비율로 해석할 수 있다.

▌이자보상비율

이자보상비율(interest coverage ratio)은 이자지급능력을 나타내는 비율이다. 이는 영업이익 또는 EBIT를 지급이자로 나누어 구하거나, 이자 및 법인세비용차감전 현금흐름, 즉 영업이익 혹은 EBIT에 감가상각비를 더한 현금흐름을 이자비용으로 나누어 구한다.

이 비율의 크기는 영업활동으로부터 얻어지는 현금흐름이 이자비용에 충당되는데 몇 배의 여유가 있는지, 그 안전도를 나타내는 지표이다. 만약 이자보상비율이 1보다도 작다면, 기업이 벌어들인 이익이 이자비용을 지급하기에도 부족하다는 의미로 해석할 수 있다.

〈표 14-3〉 재무비율 요약

비율	계산식
〈수익성〉	
매출총이익률	$\frac{\text{매출총이익}}{\text{매출액}}$
총자산이익률	$\frac{\text{이자비용차감전이익}}{\text{평균총자산}}$
자기자본이익률	$\frac{\text{당기순이익}}{\text{평균자기자본}}$
주당순이익	$\frac{\text{당기순이익} - \text{우선주배당금}}{\text{가중평균유통주식수}}$
〈활동성〉	
매출채권회전율	$\frac{\text{매출액}}{\text{평균매출채권}}$
매출채권평균회수기간	$\frac{\text{365일}}{\text{매출채권회전율}}$
재고자산회전율	$\frac{\text{매출원가}}{\text{평균재고자산}}$
재고자산평균회전기간	$\frac{\text{365일}}{\text{재고자산회전율}}$
총자산회전율	$\frac{\text{매출액}}{\text{평균총자산}}$
〈유동성〉	
유동비율	$\frac{\text{유동자산}}{\text{유동부채}}$
당좌비율	$\frac{\text{당좌자산}}{\text{유동부채}}$
〈레버리지〉	
부채비율	$\frac{\text{총부채}}{\text{자기자본(또는총자산)}}$
이자보상비율	$\frac{\text{이자비용차감전순이익}}{\text{이자비용}}$

3. 재무비율분석의 한계점[35)]

재무비율을 통한 재무제표분석기법을 실제로 유용하게 이용하려면 이들이 지니고 있는 한계점을 인식하고 있어야 한다. 재무비율의 주요 한계점으로는 다음과 같은 것이 있다.

① 재무비율분석은 재무제표의 자료에 근거한 것이므로 재무제표의 한계를 그대로 나타낸다. 예를 들면, 취득원가에 의하여 자산평가를 하고 있기 때문에 자산이 적절히 평가되고 있지 못하며, 또한 회계처리방법이 다양하여 기업간 회계자료의 비교가능성이 침해되고 있다.

② 한 기업의 재무비율을 기간별로 비교할 때에는 비교되는 두 기간간의 기업 여건의 변화를 고려해야 한다. 예를 들면, 생산품목이나 판매대상지역이 크게 변화했다든지, 경제여건이나 판매가격 등에서 변화가 발생했을 때 이를 고려하지 않고 직접적으로 비교하는 것은 적절하지 못하다.

③ 특정기업의 재무비율을 다른 유사한 기업과 비교할 때 비교되는 기업간의 차이를 고려해야 한다. 예를 들면, 두 기업이 서로 상이한 회계처리방법을 이용하고 있다든지, 자본조달방법이나 영업방법 등에 현격한 차이가 있을 때 이를 고려하지 않고 직접적으로 비교하는 것은 적절하지 못하다. 특히 기업이 다각화되었을 때는 적절한 비교대상을 선정하기가 쉽지 않다.

④ 많은 경우에 주관적인 판단이 요구된다. 예를 들면, 단기 채무상환능력이 매우 양호하게 나타난 이유가 주로 현금을 과다하게 보유하여 발생한 것이라면 이에 대한 종합적인 결론을 내리기 위해서는 때로는 주관적인 판단을 필요로 한다.

이러한 한계점을 고려할 때 재무제표 분석을 적절히 수행하기 위해서는 전문적인 통찰력이 필요하기 때문에 많은 경험을 통한 지식의 축적이 요구된다. 특히 재무제표 분석 결과만으로 기업경영을 평가하는 지표로 사용해서는 안된다. 재무제표 분석은 단지 앞으로 상세히 검토해보아야 할 분야를 부각시켜 주는 것일 뿐이다. 따라서 재무제표에 근거한 재무비율로부터 적정한 결론을 도출하기 위해서는 이와 관련된 다른 요인들에 대한 추가적인 조사를 병행해야 한다.

---

35) K-IFRS 중급재무회계, 송인만 · 윤순석 · 최관, 신영사, p.1032

익힘문제

1. 경영자가 자신이 운영하는 기업의 재무제표를 분석하는 목적은 무엇인가?

2. 재무비율분석이란 어떠한 분석기법인가?

3. 자기자본이익률이란 무엇인가?

4. 이자보상비율이란 무엇인가?

연습문제

1. 재무비율

다음은 20×1년 (주)열매의 재무상태표와 손익계산서이다.

재무상태표

(주)열매 20×4년 12월 31일 (단위 : 원)

자 산		부 채	
유동자산		유동부채	
현 금	₩3,800,000	매입채무	₩2,300,000
매출채권	2,700,000	미지급비용	1,500,000
재고자산	3,400,000	유동부채 계	₩3,800,000
유동자산 계	₩9,900,000	비유동부채	
비유동자산		장기차입금	₩14,000,000
토 지	₩22,000,000		
기계장치	12,900,000	자 본	
감가상각누계액	(7,300,000)	보통주(액면금액 ₩5,000)	₩10,000,000
비유동자산 계	₩27,600,000	이익잉여금	9,700,000
		자본 계	₩19,700,000

손익계산서

(주)열매 20×4년 1월 1일~12월 31일

매 출 액	₩3,800,000
매출원가	1,700,000
매출총이익	₩2,100,000
영업비용(이자비용 ₩98,000 포함)	780,000
법인세차감전순이익	₩1,320,000
법인세비용	264,000
당기순이익	₩1,056,000

[추가정보]

- 기초매출채권 : ₩2,500,000, 기초재고자산 : ₩3,800,000

다음의 비율들을 구하시오(단, 모든 거래는 외상으로 이루어진다고 가정하자).

(1) 유동비율 (2) 당좌비율 (3) 재고자산회전율

(4) 매출채권회전율 (5) 재고자산평균회전기간 (6) 매출채권평균회수기간

(7) 매출액순이익률　　(8) 부채비율　　(9) 자기자본비율
(10) 이자보상비율

2. 매출채권회전율과 재고자산회전율

(주)열매의 재무상태표 중 일부는 다음과 같다.

현　금 ₩650,000　매출채권 ₩120,000　재고자산 ₩290,000

(주)열매의 당기 기초재고자산은 ₩380,000이고 매출액은 ₩1,100,000이고 매출원가는 ₩850,000이다. 또한 기초매출채권은 ₩120,000이다. 거래는 외상으로 일어난다고 가정하자.

(1) 매출채권회전율과 매출채권평균회수기간을 계산하시오.

(2) 재고자산회전율과 재고자산평균회전기간을 계산하시오.

3. 재무비율

다음은 (주)열매의 비교재무상태표이다.

비교재무상태표

	20×4년 12월 31일	20×5년 12월 31일
현　금	₩1,320,000	₩2,780,000
매출채권	880,000	700,000
재고자산	2,240,000	2,580,000
유형자산	1,170,000	890,000
자산합계	₩5,610,000	₩6,950,000
매입채무	₩570,000	₩820,000
미지급비용	320,000	780,000
장기차입금	1,190,000	1,120,000
납입자본금	3,000,000	3,400,000
이익잉여금	530,000	830,000
부채와자본합계	₩5,610,000	₩6,950,000

(주)열매는 20×5년 7월 7일에 ₩400,000을 증자하였다. 또한 20×5년 당기순이익은 ₩210,000이다.

(1) 각 연도말의 유동비율을 구하고 변화된 이유를 설명하시오.

(2) 20×5년 수익성에 관한 지표를 하나 구하시오.

(3) 20×5년 레버리지에 관한 정보를 주는 지표를 하나 구하고 이를 해석하시오.

4. 재무비율

다음은 (주)열매와 (주)제주의 20×1년 재무제표이다.

손익계산서

	(주)열매	(주)제주
매 출 액	₩600,000	₩3,740,000
매출원가	410,000	2,860,000
영업비용	160,000	700,000
이자비용	1,000	20,000
법인세차감전순이익	₩29,000	₩160,000
법 인 세(20%)	5,800	32,000
당기순이익	₩23,200	₩128,000

재무상태표

	(주)열매	(주)제주
유동자산	₩180,000	₩470,000
비유동자산	250,000	1,150,000
자산합계	₩430,000	₩1,620,000
유동부채	₩120,000	₩580,000
비유동부채	170,000	400,000
자기자본	140,000	640,000
부채 및 자본 합계	₩430,000	₩1,620,000

기타 자료

	(주)열매	(주)제주
기초총자산	₩370,000	₩1,510,000
기초총자기자본	150,000	610,000
기초유동부채	110,000	520,000
기초총부채	220,000	900,000
평균외상매출액	70,000	32,000
평균재고자산	65,000	340,000
영업활동으로 인한 현금흐름	41,000	200,000

모든 거래는 외상으로 이루어진다고 가정하자.

(1) 다음의 재무비율들을 구하시오.

① 유동비율 ② 당좌비율 ③ 재고자산회전율 ④ 매출채권회전율

⑤ 총자산순이익률 ⑥ 자기자본순이익률 ⑦ 부채비율

(2) 두 기업의 유동성, 수익성, 활동성을 비교하라.

5. 매출채권회전율

(주)열매의 20×4년 기초와 기말의 매출채권 잔액은 각각 ₩200,000, ₩150,000이다. 당해 현금매출액이 ₩170,000이고 매출채권회전율이 3.0이라면 매출액은 얼마인가? (단, 매출채권회전율 = 외상매출액/평균매출채권이라 하자)

6. 이자보상비율

(주)열매의 20×1년 12월 31일의 손익계산서는 다음과 같다. 이자보상비율은 얼마인가?

이자비용	(₩20,000)
법인세차감전이익	780,000
법인세비용	(156,000)
당기순이익	624,000

7. 주당순이익

(주)열매의 20×1년 동안의 당기순이익은 ₩7,200,000이다. 당해 평균유통보통주식은 10,000주이고, 당기 우선주 배당금은 ₩1,200,000이다. 이때 당해의 주당순이익은? (단, 보통주와 우선주 모두 액면금액은 ₩5,000이다)

연습문제 해답

1. (1) 유동비율 : 유동자산/유동부채

= ₩9,900,000/₩3,800,000 = 261%

(2) 당좌비율 : 당좌자산(재고자산을 제외한 유동자산)/유동부채

= ₩6,500,000/₩3,800,000 = 171%

(3) 재고자산회전율 : 매출원가/평균재고자산

= ₩1,700,000/₩3,600,000 = 0.47

(4) 매출채권회전율 : 매출액/평균매출채권

= ₩3,800,000/((₩2,700,000+₩2,500,000)/2) = 1.46

(5) 재고자산평균회전기간 : 365일/재고자산회전율

= 365/0.47 = 777(일)

(6) 매출채권평균회수기간 : 365일/매출채권회전율

= 365/1.46 = 250(일)

(7) 매출액순이익률 : 당기순이익/매출액

= ₩1,056,000/₩3,800,000 = 27.8%

(8) 부채비율 : 총부채/자기자본

= ₩17,800,000/₩19,700,000 = 90%

(9) 자기자본비율 : 자기자본/총자산

= ₩19,700,000/₩37,500,000 = 53%

(10) 이자보상비율 : (이자비용+법인세차감전이익)/이자비용

= ₩1,418,000/₩98,000 = 1447%

2. (1) 매출채권회전율 : 매출액/평균매출채권

= ₩1,100,000/₩120,000 = 9.17

매출채권평균회수기간 : 365일/매출채권회전율 = 365/9.17 = 39.8(일)

(2) 재고자산회전율 : 매출원가/평균재고자산

= ₩850,000/₩335,000 = 2.54

재고자산평균회전기간 : 365일/재고자산회전율 = 365/2.54 = 143.7(일)

3. (1) 20×4년 : ₩4,440,000/₩890,000 = 499%

20×5년 : ₩6,060,000/₩1,600,000 = 378%

유동자산의 변화는 크게 없으나 유동부채가 급격히(약 2배) 증가하여 120% 가량 유동비율이 악화되었다. 이는 기업이 단기부채를 상환할 수 있는 능력이 악화된 것을 의미한다.

(2) 자기자본순이익률 = ₩210,000/((₩4,230,000+₩3,530,000)/2) = 5.4%

총자산순이익률 = ₩210,000/((₩6,950,000+₩5,610,000)/2) = 3.3%

(3) 여기서 알 수 있는 것은 부채비율이다.

부채비율 = ₩2,720,000/₩4,230,000 = 64%

부채비율이 100%보다 낮은 것으로 보아 장기적으로 부채를 상환하는 데 큰 문제가 없을 것으로 판단된다.

4.

	(주)열매	(주)제주
유동비율	150% = ₩180,000 / ₩120,000	81% = ₩470,000 / ₩580,000
당좌비율	95.8% = (₩180,000−₩65,000) / ₩120,000	22.41% = (₩470,000−₩340,000) / ₩580,000
재고자산회전율	6.31 = ₩410,000 / ₩65,000	8.41 = ₩2,860,000 / ₩340,000
매출채권회전율	8.57 = ₩600,000 / ₩70,000	116.88 = ₩3,740,000 / ₩32,000
총자산순이익률	5.8% = ₩23,200 / (₩430,000+₩370,000)/2	8.18% = ₩128,000 / (₩1,620,000+₩1,510,000)/2
자기자본순이익률	16% = ₩23,200 / (₩140,000+₩150,000)/2	20% = ₩128,000 / (₩640,000+₩610,000)/2
부채비율	207% = ₩290,000 / ₩140,000	153% = ₩980,000 / ₩640,000

(2) (가) 수익성 : 총자산순이익률과 자기자본순이익률이 모두 (주)제주가 높다. 이는 기업의 투하자본 대비 수익이 상대적으로 (주)제주가 높다는 것을 의미한다.

(나) 유동성 : 유동성은 (주)열매가 우수하다. (주)제주는 유동비율이 100%보다 낮은 것으로 보아 단기채무 상환에 어려움을 겪을 가능성이 높다.

(다) 활동성 : 재고자산회전율은 큰 차이가 없으나 매출채권회전율은 (주)제주가 월등히

높다. 이는 (주)제주의 매출채권의 현금화능력이 (주)열매에 비해서 높다고 말할 수 있다.

5. 평균매출원가 = (₩200,000 + ₩150,000)/2 = ₩175,000

외상매출액 = 평균매출원가×매출채권회전율

= ₩175,000×3 = ₩525,000

매출액 = 현금매출액 + 외상매출액 = ₩695,000

6. 이자보상비율 = (이자비용 + 법인세차감전이익)/이자비용

= ₩800,000/₩20,000 = 40

7. 주당순이익 = (당기순이익 − 우선주배당금)/유통보통주식수

= (₩7,200,000 − ₩1,200,000)/10,000

= ₩600

부 록 현가계산표

〈표 1〉 복리이자요소(CVIF)

CVIF = $(1+i)^n$ (n=기간, i=기간당 할인율)

	1%	2%	3%	4%	5%	6%	7%	8%	9%	10%	11%	12%	13%	14%	15%
1	1.01000	1.02000	1.03000	1.04000	1.05000	1.06000	1.07000	1.08000	1.09000	1.10000	1.11000	1.12000	1.13000	1.14000	1.15000
2	1.02010	1.04040	1.06090	1.08160	1.10250	1.12360	1.14490	1.16640	1.18810	1.21000	1.23210	1.25440	1.27690	1.29960	1.32250
3	1.03030	1.06121	1.09273	1.12486	1.15763	1.19102	1.22504	1.25971	1.29503	1.33100	1.36763	1.40493	1.44290	1.48154	1.52088
4	1.04060	1.08243	1.12551	1.16986	1.21551	1.26248	1.31080	1.36049	1.41158	1.46410	1.51807	1.57352	1.63047	1.68896	1.74901
5	1.05101	1.10408	1.15927	1.21665	1.27628	1.33823	1.40255	1.46933	1.53862	1.61051	1.68506	1.76234	1.84244	1.92541	2.01136
6	1.06152	1.12616	1.19405	1.26532	1.34010	1.41852	1.50073	1.58687	1.67710	1.77156	1.87041	1.97382	2.08195	2.19497	2.31306
7	1.07214	1.14869	1.22987	1.31593	1.40710	1.50363	1.60578	1.71382	1.82804	1.94872	2.07616	2.21068	2.35261	2.50227	2.66002
8	1.08286	1.17166	1.26677	1.36857	1.47746	1.59385	1.71819	1.85093	1.99256	2.14359	2.30454	2.47596	2.65844	2.85259	3.05902
9	1.09369	1.19509	1.30477	1.42331	1.55133	1.68948	1.83846	1.99900	2.17189	2.35795	2.55804	2.77308	3.00404	3.25195	3.51788
10	1.10462	1.21899	1.34392	1.48024	1.62889	1.79085	1.96715	2.15892	2.36736	2.59374	2.83942	3.10585	3.39457	3.70722	4.04556
11	1.11567	1.24337	1.38423	1.53945	1.71034	1.89830	2.10485	2.33164	2.58043	2.85312	3.15176	3.47855	3.83586	4.22623	4.65239
12	1.12683	1.26824	1.42576	1.60103	1.79586	2.01220	2.25219	2.51817	2.81266	3.13843	3.49845	3.89598	4.33452	4.81790	5.35025
13	1.13809	1.29361	1.46853	1.66507	1.88565	2.13293	2.40985	2.71962	3.06580	3.45227	3.88328	4.36349	4.89801	5.49241	6.15279
14	1.14947	1.31948	1.51259	1.73168	1.97993	2.26090	2.57853	2.93719	3.34173	3.79750	4.31044	4.88711	5.53475	6.26135	7.07571
15	1.16097	1.34587	1.55797	1.80094	2.07893	2.39656	2.75903	3.17217	3.64248	4.17725	4.78459	5.47357	6.25427	7.13794	8.13706
16	1.17258	1.37279	1.60471	1.87298	2.18287	2.54035	2.95216	3.42594	3.97031	4.59497	5.31089	6.13039	7.06733	8.13725	9.35762
17	1.18430	1.40024	1.65285	1.94790	2.29202	2.69277	3.15882	3.70002	4.32763	5.05447	5.89509	6.86604	7.98608	9.27646	10.76126
18	1.19615	1.42825	1.70243	2.02582	2.40662	2.85434	3.37993	3.99602	4.71712	5.55992	6.54355	7.68997	9.02427	10.57517	12.37545
19	1.20811	1.45681	1.75351	2.10685	2.52695	3.02560	3.61653	4.31570	5.14166	6.11591	7.26334	8.61276	10.19742	12.05569	14.23177
20	1.22019	1.48595	1.80611	2.19112	2.65330	3.20714	3.86968	4.66096	5.60441	6.72750	8.06231	9.64629	11.52309	13.74349	16.36654

〈표 2〉 연금의 복리이자요소(CVIFa)

$$CVIF_a = \frac{(1+i)^n - 1}{i}$$ (n=기간, i=기간당 할인율)

n / i	1%	2%	3%	4%	5%	6%	7%	8%	9%	10%	11%	12%	13%	14%	15%
1	1.00000	1.00000	1.00000	1.00000	1.00000	1.00000	1.00000	1.00000	1.00000	1.00000	1.00000	1.00000	1.00000	1.00000	1.00000
2	2.01000	2.02000	2.03000	2.04000	2.05000	2.06000	2.07000	2.08000	2.09000	2.10000	2.11000	2.12000	2.13000	2.14000	2.15000
3	3.03010	3.06040	3.09090	3.12160	3.15250	3.18360	3.21490	3.24640	3.27810	3.31000	3.34210	3.37440	3.40690	3.43960	3.47250
4	4.06040	4.12161	4.18363	4.24646	4.31013	4.37462	4.43994	4.50611	4.57313	4.64100	4.70973	4.77933	4.84980	4.92114	4.99338
5	5.10101	5.20404	5.30914	5.41632	5.52563	5.63709	5.75074	5.86660	5.98471	6.10510	6.22780	6.35285	6.48027	6.61010	6.74238
6	6.15202	6.30812	6.46841	6.63298	6.80191	6.97532	7.15329	7.33593	7.52333	7.71561	7.91286	8.11519	8.32271	8.53552	8.75374
7	7.21354	7.43428	7.66246	7.89829	8.14201	8.39384	8.65402	8.92280	9.20043	9.48717	9.78327	10.08901	10.40466	10.73049	11.06680
8	8.28567	8.58297	8.89234	9.21423	9.54911	9.89747	10.25980	10.63663	11.02847	11.43589	11.85943	12.29969	12.75726	13.23276	13.72682
9	9.36853	9.75463	10.15911	10.58280	11.02656	11.49132	11.97799	12.48756	13.02104	13.57948	14.16397	14.77566	15.41571	16.08535	16.78584
10	10.46221	10.94972	11.46388	12.00611	12.57789	13.18079	13.81645	14.48656	15.19293	15.93742	16.72201	17.54874	18.41975	19.33730	20.30372
11	11.56683	12.16872	12.80780	13.48635	14.20679	14.97164	15.78360	16.64549	17.56029	18.53117	19.56143	20.65458	21.81432	23.04452	24.34928
12	12.68250	13.41209	14.19203	15.02581	15.91713	16.86994	17.88845	18.97713	20.14072	21.38428	22.71319	24.13313	25.65018	27.27075	29.00167
13	13.80933	14.68033	15.61779	16.62684	17.71298	18.88214	20.14064	21.49530	22.95338	24.52271	26.21164	28.02911	29.98470	32.08865	34.35192
14	14.94742	15.97394	17.08632	18.29191	19.59863	21.01507	22.55049	24.21492	26.01919	27.97498	30.09492	32.39260	34.88271	37.58107	40.50471
15	16.09690	17.29342	18.59891	20.02359	21.57856	23.27597	25.12902	27.15211	29.36092	31.77248	34.40536	37.27971	40.41746	43.84241	47.58041
16	17.25786	18.63929	20.15688	21.82453	23.65749	25.67253	27.88805	30.32428	33.00340	35.94973	39.18995	42.75328	46.67173	50.98035	55.71747
17	18.43044	20.01207	21.76159	23.69751	25.84037	28.21288	30.84022	33.75023	36.97370	40.54470	44.50084	48.88367	53.73906	59.11760	65.07509
18	19.61475	21.41231	23.41444	25.64541	28.13238	30.90565	33.99903	37.45024	41.30134	45.59917	50.39594	55.74971	61.72514	68.39407	75.83636
19	20.81090	22.84056	25.11687	27.67123	30.53900	33.75999	37.37896	41.44626	46.01846	51.15909	56.93949	63.43968	70.74941	78.96923	88.21181
20	22.01900	24.29737	26.87037	29.77808	33.06595	36.78559	40.99549	45.76196	51.16012	57.27500	64.20283	72.05244	80.94683	91.02493	102.44358

〈표 3〉 현가이자요소(PVIF)

$$PVIF = \frac{1}{(1+i)^n}$$ (n=기간, i=기간당 할인율)

n / i	1%	2%	3%	4%	5%	6%	7%	8%	9%	10%	11%	12%	13%	14%	15%
1	0,99010	0,98039	0,97087	0,96154	0,95238	0,94340	0,93458	0,92593	0,91743	0,90909	0,90090	0,89286	0,88496	0,87719	0,86957
2	0,98030	0,96117	0,94260	0,92456	0,90703	0,89000	0,87344	0,85734	0,84168	0,82645	0,81162	0,79719	0,78315	0,76947	0,75614
3	0,97059	0,94232	0,91514	0,88900	0,86384	0,83962	0,81630	0,79383	0,77218	0,75131	0,73119	0,71178	0,69305	0,67497	0,65752
4	0,96098	0,92385	0,88849	0,85480	0,82270	0,79209	0,76290	0,73503	0,70843	0,68301	0,65873	0,63552	0,61332	0,59208	0,57175
5	0,95147	0,90573	0,86261	0,82193	0,78353	0,74726	0,71299	0,68058	0,64993	0,62092	0,59345	0,56743	0,54276	0,51937	0,49718
6	0,94205	0,88797	0,83748	0,79031	0,74622	0,70496	0,66634	0,63017	0,59627	0,56447	0,53464	0,50663	0,48032	0,45559	0,43233
7	0,93272	0,87056	0,81309	0,75992	0,71068	0,66506	0,62275	0,58349	0,54703	0,51316	0,48166	0,45235	0,42506	0,39964	0,37594
8	0,92348	0,85349	0,78941	0,73069	0,67684	0,62741	0,58201	0,54027	0,50187	0,46651	0,43393	0,40388	0,37616	0,35056	0,32690
9	0,91434	0,83676	0,76642	0,70259	0,64461	0,59190	0,54393	0,50025	0,46043	0,42410	0,39092	0,36061	0,33288	0,30751	0,28426
10	0,90529	0,82035	0,74409	0,67556	0,61391	0,55839	0,50835	0,46319	0,42241	0,38554	0,35218	0,32197	0,29459	0,26974	0,24718
11	0,89632	0,80426	0,72242	0,64958	0,58468	0,52679	0,47509	0,42888	0,38753	0,35049	0,31728	0,28748	0,26070	0,23662	0,21494
12	0,88745	0,78849	0,70138	0,62460	0,55684	0,49697	0,44401	0,39711	0,35553	0,31863	0,28584	0,25668	0,23071	0,20756	0,18691
13	0,87866	0,77303	0,68095	0,60057	0,53032	0,46884	0,41496	0,36770	0,32618	0,28966	0,25751	0,22917	0,20416	0,18207	0,16253
14	0,86996	0,75788	0,66112	0,57748	0,50507	0,44230	0,38782	0,34046	0,29925	0,26333	0,23199	0,20462	0,18068	0,15971	0,14133
15	0,86135	0,74301	0,64186	0,55526	0,48102	0,41727	0,36245	0,31524	0,27454	0,23939	0,20900	0,18270	0,15989	0,14010	0,12289
16	0,85282	0,72845	0,62317	0,53391	0,45811	0,39365	0,33873	0,29189	0,25187	0,21763	0,18829	0,16312	0,14150	0,12289	0,10686
17	0,84438	0,71416	0,60502	0,51337	0,43630	0,37136	0,31657	0,27027	0,23107	0,19784	0,16963	0,14564	0,12522	0,10780	0,09293
18	0,83602	0,70016	0,58739	0,49363	0,41552	0,35034	0,29586	0,25025	0,21199	0,17986	0,15282	0,13004	0,11081	0,09456	0,08081
19	0,82774	0,68643	0,57029	0,47464	0,39573	0,33051	0,27651	0,23171	0,19449	0,16351	0,13768	0,11611	0,09806	0,08295	0,07027
20	0,81954	0,67297	0,55368	0,45639	0,37689	0,31180	0,25842	0,21455	0,17843	0,14864	0,12403	0,10367	0,08678	0,07276	0,06110

〈표 4〉 연금의 현가이자요소(PVIFa)

$$\text{PVIFa} = \frac{1 - \frac{1}{(1+i)^n}}{i}$$ (n=기간, i=기간당 할인율)

n / i	1%	2%	3%	4%	5%	6%	7%	8%	9%	10%	11%	12%	13%	14%	15%
1	0.99010	0.98039	0.97087	0.96154	0.95238	0.94340	0.93458	0.92593	0.91743	0.90909	0.90090	0.89286	0.88496	0.87719	0.86957
2	1.97040	1.94156	1.91347	1.88609	1.85941	1.83339	1.80802	1.78326	1.75911	1.73554	1.71252	1.69005	1.66810	1.64666	1.62571
3	2.94099	2.88388	2.82861	2.77509	2.72325	2.67301	2.62432	2.57710	2.53129	2.48685	2.44371	2.40183	2.36115	2.32163	2.28323
4	3.90197	3.80773	3.71710	3.62990	3.54595	3.46511	3.38721	3.31213	3.23972	3.16987	3.10245	3.03735	2.97447	2.91371	2.85498
5	4.85343	4.71346	4.57971	4.45182	4.32948	4.21236	4.10020	3.99271	3.88965	3.79079	3.69590	3.60478	3.51723	3.43308	3.35216
6	5.79548	5.60143	5.41719	5.24214	5.07569	4.91732	4.76654	4.62288	4.48592	4.35526	4.23054	4.11141	3.99755	3.88867	3.78448
7	6.72819	6.47199	6.23028	6.00205	5.78637	5.58238	5.38929	5.20637	5.03295	4.86842	4.71220	4.56376	4.42261	4.28830	4.16042
8	7.65168	7.32548	7.01969	6.73274	6.46321	6.20979	5.97130	5.74664	5.53482	5.33493	5.14612	4.96764	4.79877	4.63886	4.48732
9	8.56602	8.16224	7.78611	7.43533	7.10782	6.80169	6.51523	6.24689	5.99525	5.75902	5.53705	5.32825	5.13166	4.94637	4.77158
10	9.47130	8.98259	8.53020	8.11090	7.72173	7.36009	7.02358	6.71008	6.41766	6.14457	5.88923	5.65022	5.42624	5.21612	5.01877
11	10.36763	9.78685	9.25262	8.76048	8.30641	7.88687	7.49867	7.13896	6.80519	6.49506	6.20652	5.93770	5.68694	5.45273	5.23371
12	11.25508	10.57534	9.95400	9.38507	8.86325	8.38384	7.94269	7.53608	7.16073	6.81369	6.49236	6.19437	5.91765	5.66029	5.42062
13	12.13374	11.34837	10.63496	9.98565	9.39357	8.85268	8.35765	7.90378	7.48690	7.10336	6.74987	6.42355	6.12181	5.84236	5.58315
14	13.00370	12.10625	11.29607	10.56312	9.89864	9.29498	8.74547	8.24424	7.78615	7.36669	6.98187	6.62817	6.30249	6.00207	5.72448
15	13.86505	12.84926	11.93794	11.11839	10.37966	9.71225	9.10791	8.55948	8.06069	7.60608	7.19087	6.81086	6.46238	6.14217	5.84737
16	14.71787	13.57771	12.56110	11.65230	10.83777	10.10590	9.44665	8.85137	8.31256	7.82371	7.37916	6.97399	6.60388	6.26506	5.95423
17	15.56225	14.29187	13.16612	12.16567	11.27407	10.47726	9.76322	9.12164	8.54363	8.02155	7.54879	7.11963	6.72909	6.37286	6.04716
18	16.39827	14.99203	13.75351	12.65930	11.68959	10.82760	10.05909	9.37189	8.75563	8.20141	7.70162	7.24967	6.83991	6.46742	6.12797
19	17.22601	15.67846	14.32380	13.13394	12.08532	11.15812	10.33560	9.60360	8.95011	8.36492	7.83929	7.36578	6.93797	6.55037	6.19823
20	18.04555	16.35143	14.87747	13.59033	12.46221	11.46992	10.59401	9.81815	9.12855	8.51356	7.96333	7.46944	7.02475	6.62313	6.25933

김원기

국민대학교 회계학과 졸업
국민대학교 대학원 석사
배재대학교 경영학 박사
대덕대학 세무회계과 교수
저서 : 회계원리(선학사)
원가관리회계(두남)
대학생을 위한 일반실용한자(선학사)
원가회계(법경사)
신회계학개론(법문사)
알기 쉬운 원가회계(선학사)
회계원리연습(대경)
한눈에 보는 유통회계(글로벌 출판사) 등
논문 : KOSDAQ 시장에서 주식분할 공시의 정보효과에 관한 실증적 연구
회계정보 유용성과 공시에 관한 연구
재무제표 분석을 통한 기업 도산 예측에 관한 연구
우리나라 벤처기업의 실태에 관한 연구 외 다수

박주현

국민대학교 회계학과 졸업
경희대학교 경영대학원 경영학 석사
국민대학교 회계정보학과 경영학 박사
경복대학 경영학부 교수
쌍용자동차 회계부 및 경영관리실 근무
한국경제신문 창업자문위원
한국프랜차이즈 협회 자문위원
프랜차이즈 경영가이드북(산업자원부) 집필위원
저서 : 알기 쉬운 회계원리(선학사)
원가관리회계(두남출판사)
원가회계(법경사)
프랜차이즈경영론 (글로벌출판사)
한눈에 보는 유통회계(글로벌출판사) 등
논문 : 주식분할의 정보효과에 관한 실증적 연구(대한경영학회)
국가연구개발사업비 집행실태 분석에 관한 연구(한국경영컨설팅학회) 등

박경재

한성대학교 무역학과 졸업
한성대학교 경영학 석사
국민대학교 경영학 박사
국민대학교 경영학부 외래교수
저서 : 한눈에 보는 유통회계(글로벌출판사)
논문 : M&A와 전부인식영업권(Full Goodwill)의 가치관련성
내부회계관리제도 투입요소가 재량적 발생에 미치는 영향
손실기업의 가치평가와 회계정보의 중요도 변화
체신금융의 책임경영체제 발전 방안